卫生健康职业教育校企合作创新教材

社会学

（供公共管理与服务大类相关专业用）

主　编　谭晓玉　黄铁牛

副主编　郭海秀　王培汕　赵　艳

编　者　（以姓氏笔画为序）

王培汕（广东江门中医药职业学院）

邓晓霞（广东江门中医药职业学院）

苏妙玲（广东江门中医药职业学院）

李　鑫（长沙民政职业技术学院）

邱玉华（广东江门中医药职业学院）

张怀磊（江门市耆安养老评估中心）

赵　艳（长沙民政职业技术学院）

顾　敏（江门市第三人民医院）

郭海秀（广东江门中医药职业学院）

黄铁牛（长沙民政职业技术学院）

梅　睿（广东江门中医药职业学院）

谭晓玉（广东江门中医药职业学院）

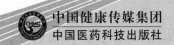

中国健康传媒集团

中国医药科技出版社

内 容 提 要

　　本教材为"卫生健康职业教育校企合作创新教材"之一，系依据公共管理与服务大类相关专业培养目标，按照本套教材编写指导思想和原则要求，由多位教学经验丰富的教师悉心编写而成。内容涵盖社会学的基本概念、基本理论和研究领域。本教材结合中国社会运行的新动态、新趋势撰写，结合学习目标、学习内容设计"岗位情景模拟"，具有由浅入深、简明扼要、理论与实践相结合的特点。

　　本教材主要供高等职业院校公共管理与服务大类相关专业师生使用，也可供医学及相关专业学生提高人文素养和把握现代医学生理、心理、社会融合趋势参考使用。

图书在版编目（CIP）数据

社会学 / 谭晓玉，黄铁牛主编 . —北京：中国医药科技出版社，2023.8

卫生健康职业教育校企合作创新教材

ISBN 978-7-5214-4111-6

Ⅰ . ①社… 　Ⅱ . ①谭…②黄… 　Ⅲ . ①社会学 – 高等职业教育 – 教材 　Ⅳ . ①C91

中国国家版本馆CIP数据核字（2023）第154038号

美术编辑 　陈君杞

版式设计 　南博文化

出版 **中国健康传媒集团** ┃ 中国医药科技出版社

地址 　北京市海淀区文慧园北路甲22号

邮编 　100082

电话 　发行：010-62227427 　邮购：010-62236938

网址 　www.cmstp.com

规格 　787×1092mm $^{1}/_{16}$

印张 　15 $^{3}/_{4}$

字数 　322千字

版次 　2023年8月第1版

印次 　2024年1月第2次印刷

印刷 　大厂回族自治县彩虹印刷有限公司

经销 　全国各地新华书店

书号 　ISBN 978-7-5214-4111-6

定价 　**69.00元**

获取新书信息、投稿、
为图书纠错，请扫码
联系我们。

数字化教材编委会

主　编　谭晓玉　黄铁牛

副主编　郭海秀　王培汕　赵　艳

编　者　（以姓氏笔画为序）

王培汕（广东江门中医药职业学院）

邓晓霞（广东江门中医药职业学院）

苏妙玲（广东江门中医药职业学院）

李　鑫（长沙民政职业技术学院）

邱玉华（广东江门中医药职业学院）

张怀磊（江门市耆安养老评估中心）

赵　艳（长沙民政职业技术学院）

顾　敏（江门市第三人民医院）

郭海秀（广东江门中医药职业学院）

黄铁牛（长沙民政职业技术学院）

梅　睿（广东江门中医药职业学院）

谭晓玉（广东江门中医药职业学院）

前言

　　本教材的编写基于团队成员长期的教学经验，参考国内外代表性教材，兼顾专业性和通识性，旨在提供社会学基础知识，引导学生主动观察社会现象，深入思考社会问题，积极参与社会实践。

　　与同类教材相比，本教材力求把握以下几点。第一，根据国家治理体系和治理能力现代化的要求，结合高等职业院校公共管理与服务大类相关专业教学需要，在微观和宏观层面对社会学的基本理论进行了较为全面的介绍。针对高等职业院校学生培养特点、高等职业院校教学需要，在开展社会治理、基层治理调研的基础上，概括我国社会建设中的重要实践经验，充实相关理论，由浅入深。教材集基础性、应用性和实用性于一身，能够帮助高等职业院校学生正确认识社会运行和社会发展规律，提升高等职业院校学生社会学素养，增强学生了解国情、体察民情的意识，激励学生积极参与社会治理、社会建设。第二，贴合高等职业院校学生群体成长需求。本教材的读者是高等职业院校公共管理与服务大类相关专业的在校大学生，因而注重拓宽学生的职业视野，在坚持教材编写规范性和严谨性的同时，也强调教材的通识性和可读性。第三，合理进行体例安排。每章均设"学习目标""岗位情景模拟""重点回顾""目标检测"等模块。"学习目标"模块方便学生从整体上把握全章重难点内容；"岗位情景模拟"模块有助于学生结合章节所学内容把握社会运行规律、反思社会问题、分析社会现象，促使学生将理论与实践相结合；"重点回顾"模块对全章核心内容进行整理总结，深化学生对所学知识的理解；最后通过"目标检测"模块对学生的学习效果进行检验，并提供参考答案和详细解析。各模块的设置循序渐进，符合学生学习本门课程的规律。

　　本教材包括导论及十一章的内容。导论综述了社会学的研究对象、社会学发展的历史以及学习社会学的意义和方法。从第一章"个人与社会"、第二章"社会网络与社会群体"到第三章"婚姻、家庭与社会"，主题从个体领域扩展到群体领域，同时也涵盖了个人融入社会的逻辑过程。第四章"社会组织与社会工作"整体阐述了社会组织管理和社会工作方法。第五章"社会制度与社会保障"阐述了社会制度的构成、特征与功能，制度创新与制度变迁，社会保障相关内容。第六章"社会生活方式与文化"将研究视野延伸到生活方式和文化领域。第七章"社会流动"探讨了社会流动的类型及当代中国的社会流动。

第八章"社区与城市化"、第九章"社会变迁与社会发展"介绍了社会发展与社区发展以及中国的现代化进程等。第十章"社会问题"、第十一章"社会控制"探讨了社会问题的控制和治理等。这一编写框架集社会学的抽象与具体、宏观与微观、理论与现实、动态与静态研究于一体,融合了国内其他类型教材的关键内容,也更符合高等职业院校学生学习实际。

需要说明的是,本教材参考了国内外学者许多新的研究成果,但可能未完全表达到位,希望学者和读者予以理解。鉴于编者水平所限,教材中难免存在疏漏和不足之处,恳请专家、广大师生提出宝贵意见并给予指正,以利不断完善。

编 者

2023 年 5 月

目录

导　论

学习目标

1.重点掌握社会学发展的历史及学习社会学的方法。

2.学会运用社会学基础知识，分析社会学与其他学科的异同。

3.增强社会学素养，积极参与中国特色社会主义社会建设。

　　虽然我们身处社会，但对于社会的认知和了解仍停留在感性的层面。对研究社会的社会学，许多人也好奇其具体研究内容。社会学具有广阔的研究领域和丰富的研究素材。社会学研究什么？社会学的研究价值为何？如何学习和运用社会学？这些都是社会学研究的基本问题。本章简要介绍社会学的发展脉络及社会学的研究领域、学习方法，与读者共同解答这些社会学的基本问题。

第一节　社会学及研究领域

　　社会学是什么？社会学的研究对象有哪些？社会学与其他学科有何异同？这些是社会学的入门基础，也是我们学习社会学需要初步解决的问题。

一、社会学的定义

　　每个人都生活在社会中，但对什么是"社会"却众说纷纭，社会学者对社会的定义也缺乏统一的定义。在我国古代，"社"的意思起源于祭祀地方土地神的场所，《白虎通·社稷》中有"封土立社，示有土也"，"会"有会合、集会等意思，"社会"就是人们在祭祀土地神时在一起集会，例如，我国广大地区仍有在正月或特定日期举办"社火"等祭祀仪式的传统。

　　简单而言，社会学（sociology）研究的是人群之间的互动、关系及以此形成的各类规则。

二、社会学的研究对象

对社会学的研究对象，社会学家大致将其分为三类。一类是以社会为研究对象，侧重研究社会的结构、运行、秩序等；一类是以个人及群体的社会行为、社会关系为研究对象；还有一类认为，社会学研究的是其他学科不研究或各个学科交叉的边缘区域。

社会生活中的任一现象都与其他社会因素、社会现象存在各类联系、互动，共同构成一个联系紧密的有机整体。社会生活中的各类现象、状态都是社会学研究的内容，因此，社会学的研究对象极为广泛。社会学在观察、研究这些不同的研究对象时，从全面、综合、整体的角度界定研究对象。我国著名社会学家费孝通先生把社会学概括为：社会学是研究与揭示社会结构、功能与社会发展规律的综合性的社会科学学科。或者如中国人民大学社会学教授郑杭生先生所表述的：社会学是研究社会良性运行和协调发展的条件和机制的科学。部分社会学家对社会学研究对象的观点见导论表1。

导论表 1　部分社会学家对社会学研究对象的观点

观点	社会学是研究整体的科学	社会学是研究人及其行为的科学	社会学是研究社会群体及群体生活的科学	社会学是研究社会组织及其过程的科学	社会学是研究社会关系的科学
代表人物	孔德	马克思·韦伯	孔德、斯宾塞	迪尔凯姆、帕森斯	齐美尔、罗斯

三、社会学的研究领域

（一）社会学的研究层次

人类社会的复杂、广袤为社会学研究提供了丰富的素材，社会学研究领域极为广泛，社会学者在长期的研究、实践中不断深入，逐步形成了不同的研究领域。我国社会学界通常按照社会学研究的理论层次，将社会学研究划分为理论社会学和应用社会学。

1.理论社会学　主要研究社会学理论、社会学历史和社会学方法。社会学理论包含社会结构和过程、社会运行和发展、人类行为等。理论社会学就是研究一个个分散的个体如何构成复杂的社会，以及推动这个复杂社会运转、变化的规律。

2.应用社会学　是针对某一类社会现象进行具体研究的社会学，也称分支社会学。随着跨学科交叉领域的发展和社会现象的日益复杂，应用社会学的研究领域不断扩展，形成了医学社会学、家庭社会学、教育社会学、发展社会学、法律社会学等一系列分支社会学，一些具体领域的研究尚不够成为分支社会学的，通常被称为"某某研究"，例如农民工研究；也有一些研究领域在社会发展下也逐步形成分支社会学，例如妇女研究逐步形成妇女及性别社会学等。

（二）社会学与其他社会科学学科的关系

社会学和其他社会科学都把社会作为研究对象，其他社会科学通常研究某一领域、某一现象等，社会学在整体层面研究社会。社会学家在社会学与其他社会科学的关系方面进行了广泛讨论。对社会学与其他学科的关系主要有以下几种观点。①综合论：孔德认为社会学是最高层次的社会科学，可综合其他社会科学。斯宾塞认为社会学与其他社会科学是整体与局部的关系，社会学不能代替其他学科。②平等论：迪尔凯姆、韦伯认为社会学与其他社会科学都是社会科学学科中的一门，社会学与其他学科都是平等的地位。③特殊论：我国学者郑杭生等认为社会学既要接受哲学原理的指导，又对许多学科的综合研究发挥一定的指导和组织协调作用，是具有相对独立和特殊地位的综合性经验科学。

1.社会学与人类学的关系 人类学与社会学都是综合性的社会科学学科，人类学主要研究人类是如何产生发展的，其对象是完整的、小规模的、古老社会中的人。人类学与社会学的差异主要是：①社会学侧重研究人与社会的互动、关系，人类学侧重研究人的起源及发展；②社会学在研究方法上侧重定量研究，如统计调查，人类学在研究方法上侧重定性研究，如个案分析。

2.社会学与政治学的关系 政治学与社会学联系密切，政治学运用社会学的理论、方法研究政治现象的社会因素、政治行为等，是主要研究权力的形成、行使与运作的学科。社会学与政治学的差异主要有：①社会学侧重于经验研究，政治学侧重于理论研究；②社会学侧重研究政治与社会的关系，政治学侧重研究政治制度。

3.社会学与经济学的关系 经济学是研究各种经济关系和经济活动规律的科学。经济学与社会学都注重从整体思考研究各部门（组成）之间的关系，社会学侧重于研究经济和整个社会的关系，经济学侧重于经济活动的生产、经营、分配等内部规律。经济学与社会学相互交叉形成经济社会学。

4.社会学与心理学的关系 心理学是研究人的心理现象、规律的科学，侧重于研究个体的知觉、情感、动机等内在的心理过程。社会学侧重于研究人的社会行为，心理学侧重于研究人的行为的内在机制。社会环境对人的心理行为产生影响，社会学与心理学相互交叉形成社会心理学，从人类的共性心理来研究人与社会的关系。

5.社会学与历史学的关系 历史学与社会学都是对人类社会开展综合性研究的学科，历史学侧重于通过以往研究社会发展的规律，社会学不仅研究以往的社会发展规律，同时也研究当下的社会变迁。历史学侧重于纵向研究，即根据时间先后顺序研究人类社会，研究目的是总结经验；社会学侧重于横向研究，即同一时期社会构成要素之间的互动，研究目的是关注当下及解决未来问题。

第二节　社会学发展的历史

社会学的起源与发展与当时的社会环境密不可分，了解社会学的发展背景有助于更深入地理解社会学的价值。无产阶级与资产阶级的激烈斗争孕育了社会学，社会学成为资本主义社会各类矛盾的理论反映，马克思开创了批判社会学的传统。中国知识分子引入社会学尝试救亡图存，马克思主义中国化发展对我国政治、经济、社会发展产生了巨大的影响。

一、社会学产生的背景与条件

英国工业革命、法国资产阶级大革命推动社会变革，资本主义代替封建主义成为欧洲西部各国的主要政治制度，政治制度的变革推动生产力得到巨大发展，生产力的巨大变化带来政治、经济、思想、生活领域的巨大变化，由此带来的一系列社会问题，成为社会学产生的重要诱因。随着科技发展和工业化，经济的快速发展、物质财富的快速积累并未带来资本主义宣扬的"自由、平等、博爱"，社会贫富差距日益扩大，社会矛盾和冲突日益激烈，贫民窟、童工、犯罪、生态破坏、环境污染等社会问题层出不穷。资产阶级学者从改良社会、维护资产阶级统治的立场开始研究社会问题，马克思、恩格斯则从社会革命的角度研究资本主义社会和社会主义社会。

二、西方社会学的形成和发展

社会学者一般认为，1838年法国学者奥古斯特·孔德在其著作《实证哲学教程》中最先使用"社会学"（sociologie），标志着社会学作为一门专门的学科的成立。孔德提出的"科学层次论"将科学划分为天文学、物理学、化学、生物学、社会学，将社会学作为一门独立学科与其他学科并列。

受实证主义思潮的影响，孔德提出社会学研究的实证方法包括观察法、实验法、比较法、历史法。孔德认为社会是一个有机的整体，社会学理论体系可分为两个部分：社会静力学和社会动力学。社会静力学研究社会的结构和制度，社会静力学研究社会的"和谐"和"秩序"；社会动力学研究的是达到"完全社会"的各种推动力，社会动力学研究社会的"发展"与"进步"。

赫伯特·斯宾塞把生物学进化论用于社会学研究，斯宾塞的社会学理论主要是社会有机体论和社会进化论。斯宾塞认为社会与生物有机体类似，各器官各司其职、相互配合，各器官发挥其功能平衡、协调，从而保障整个有机体的平衡、协调；社会分工是社会有机体保持正常运转的保证，社会是由相互联系的各部分构成紧密的整体体系。期宾塞把物种生存竞争、自然选择的原则纳入到社会学理论，认为进化是自然界的普遍规律，人类社会也与其他生物群体一样在不断进化，优胜劣汰、适者生存，社会进化既然是自然的普遍规律，那么人类社会也应该遵循这种自然规律，不人工干预。

19世纪末至20世纪初，社会学在西方逐步成为一门独立学科，其间的主要代表人物是法国社会学家迪尔凯姆和德国社会学家韦伯，迪尔凯姆与韦伯一起被公认为西方现代社会学的奠基人。迪尔凯姆在法国大学中第一个开设社会学课程，是历史上第一个获得社会学教授职位的人，于1898年创办《社会学年鉴》。迪尔凯姆的社会学理论贡献主要包含社会事实论、社会团结论、宗教社会学及为社会学奠定研究范围和研究方法。韦伯把社会学定义为"一门想解释性地理解社会行为，并且通过这种办法在社会行为的过程和影响上说明其原因的科学"，韦伯的主要著作有《新教伦理和资本主义精神》《经济与社会》《儒教与道教》等。韦伯的社会学理论主要集中于社会学研究方法、宗教社会学和政治社会学等领域。

20世纪40年代至70年代，西方社会学中心从欧洲转向美国，随着美国社会的激烈变化，各种思潮林立，社会学理论出现以帕森斯为代表的结构功能主义、以科塞为代表的社会冲突论、以霍曼斯等为代表的社会交换论、以戈夫曼等为代表的符号互动论、以马尔库塞为代表的社会批判论等。

20世纪中期以后，各种社会政治活动及反主流文化思潮深刻影响欧美社会，社会学各流派呈现融合趋势，超越传统的理论框架，吸收、引进其他理论，社会学与其他学科交流融合也日益紧密，新的研究视角、理论流派呈现多元化趋势，出现以安东尼·吉登斯为代表的结构化理论、以哈贝马斯为代表的沟通行动理论、以布迪厄为代表的实践反思论等。

三、马克思主义与社会学的发展

工业革命的诞生及资本主义的发展推动社会变迁速度加快，引发了众多新的社会矛盾，无产阶级与资产阶级的激烈斗争孕育了社会学，马克思对资本主义社会进行了深入的研究和剖析，虽然马克思没有直接运用"社会学"的概念，但马克思主张对现实社会进行分析和批判，开创了批判社会学的传统。

马克思对传统的思辨哲学采取了科学的分析和批判的态度，明确把对社会的研究从头脑思辨中解放出来，使之成为真正的实证科学。几乎在孔德提出社会学构思的同时，马克思在《1844年经济学哲学手稿》中已经形成了新唯物史观的萌芽。马克思围绕无产阶级革命及未来社会建设，对资本主义社会尖锐批判，成为社会批判范式的先驱。马克思在构建社会学理论的同时，深入探讨了具体的社会学理论，例如人的本质、社会关系、社会制度、阶级和阶级斗争、人口理论、婚姻与家庭、城乡发展等，为马克思主义社会学的发展指明了研究方向。马克思的社会学研究包含以下几个方面。

马克思主张基于经济基础解释社会现象及社会关系，认为经济基础具有决定意义，生产力决定生产关系，经济关系是形成其他一切社会关系的基础。社会研究要从这些基础中探索各种思想观念及其行动产生的原因，另一方面要探索这些观念是由什么样的方式方法产生的。

马克思重视社会现象之间的辩证关系。马克思认为社会是一个相互联系的有机整体，研究社会问题不能单独、孤立地看待事物，应从经济基础出发研究社会现象及社会关系，需要重视与之互动发生作用的文化、政治、法律、心理等因素。

马克思认为客观规律支配社会的运动。研究社会不能停留在描述、记录社会事实的层面，更关键的是要找到社会事实之间的内在联系和客观规律，发现、寻找客观的社会运行规律是社会研究的关键。

与资产阶级社会学家不同，马克思深刻分析了资本主义社会的基本矛盾，揭示了资本主义社会被社会主义社会、共产主义社会最终取代的历史必然性，引导人们客观地认识社会，寻求改造社会的对策。马克思提出了解决资本主义矛盾的根本对策，即通过工人阶级的革命运动最后达到社会的解放。

四、社会学在中国的发展

随着鸦片战争列强不断侵略、蚕食，当时的中国一步步沦为半殖民地半封建社会，人民深受苦难、饱受屈辱，激烈的种族存亡危机、社会矛盾刺激大批进步知识分子救亡图存向西方寻找真理，西方社会学从19世纪末开始传入中国。其中，马克思主义的引入对我国政治、经济、社会产生深远、重大影响。社会学在我国经历引入、发展、中断、重建等阶段。

（一）中华人民共和国成立前社会学的引入传播

鸦片战争后，在师夷长技、西学东渐的大背景下，进步知识分子积极转向西方寻找真理。

1891年被认为是社会学传入中国的最早时间，康有为在广州万木草堂讲授"群学"，1897年严复在报刊中陆续翻译介绍斯宾塞的社会学研究，并于1903年翻译斯宾塞的《社会学研究》为《群学肆言》，"群"字早见于《周易》"方以类聚，物以群分"等中国古籍，"群学"源自中国古代思想家荀子"人能群"思想，群学的命名体现人在社会中的同质性、社会性，迄今我国仍有众多社会学者以"群学"为主题研究社会。

1896年谭嗣同在其著作《仁学》中最先采用"社会学"一词，1902年，梁启超发表《进化论革命者颉德之学说》介绍"麦喀士（马克思），日耳曼人，社会主义之泰斗也。"1902年章太炎翻译日本学者岸本能武太所著《社会学》，被社会学界认为是中国翻译出版的"第一本完整的社会学著作"；同年，吴键常翻译美国社会学家吉丁斯的《社会化理论》。日本明治维新以后国家、社会的巨大变化，吸引了我国大批进步人士前往日本学习，留日学生引进翻译的著作、介绍学说促进了社会学在国内的传播。

随着社会学的广泛传播，我国各大高校开始开设社会学课程，推进社会学科研。上海圣约翰大学于1903年开设了社会学课程，1910年京师政法学堂将社会学作为研修政治学的必修课，1912年北京大学在文科课程中设置社会学，1913年沪江大学设置了社会学系，1917年清华大学开设社会学课程。

1929年7月《社会学刊》（季刊）出版，1930年"中国社会学社"成立，标志着社会学作为一门学科进入我国后得到初步发展。我国社会学者从传播、讲授西方社会学开始，扎根中国社会实际开展社会调查等社会研究，撰写了大量社会学著作，毛泽东1925年经过深入调查撰写了《中国社会各阶级的分析》，1927年又撰写了《湖南农民运动考察报告》。一些社会学者身体力行尝试改造社会，陶行知、晏阳初开展乡村教育和平民教育、梁漱溟开展乡村建设运动，对改造社会进行了努力的探索，但由于不能直面当时我国社会的根本问题，这些改良社会的实验最终未能有效解决当时我国的社会问题。

马克思主义对当时我国社会学发展产生了重要影响，李大钊、陈独秀、毛泽东、李达、瞿秋白等一大批革命知识分子将马克思主义与西方社会学理论相结合，为马克思主义社会学在我国的传播做出了贡献。李大钊于1920年发表《马克思的历史哲学》介绍马克思主义社会学。1923年上海大学创办社会学系，瞿秋白任社会学系系主任并讲授"现代社会学"和"社会哲学概论"两门课程，将马克思主义社会学思想作为重要的学习内容，李大钊、蔡和森、恽代英等共产党员到校任教，共产党人亲自讲课、编写教材，学校举办平民夜校、在工人中间组织工会，广泛地传播了马克思主义社会学思想。

（二）中华人民共和国成立后的社会学发展

中华人民共和国成立后，社会学受苏联等因素的影响，1951—1953年全国高等院校专业调整期间，社会学系、社会学及与社会学关系密切的社会工作等专业相继取消。

1978年党的十一届三中全会召开后，中国社会科学迎来发展的春天。1979年3月15—18日，全国哲学社会科学规划会议筹备处在北京召开社会学座谈会，决定成立中国社会学研究会，推选费孝通教授为会长，标志着中国社会学开始恢复和重建。各个大学纷纷开设社会学专业或成立社会学系、成立社会研究机构，培养了大批社会学教学、科研专业人才，并结合中国国情开展了一系列研究，形成了中国特色社会学发展。

一是社会学的分支学科快速发展。随着我国社会学研究队伍的壮大，社会学分支学科结合我国国情快速形成，已经有社会学理论与方法、农村社会学、城市社会学、妇女及性别社会学、经济社会学、历史社会学、医学社会学、法律社会学、体育社会学、社会保障学、灾害社会学、社会工作、社会心理学等众多学科。

二是社会学本土化取得新进展。社会学针对改革开放、经济和社会发展等时代主题积极思考，结合我国国情开展了全球化、社会运行、社会公正、社会建设、社会治理等一系列研究，推动了社会学本土化取得新进展，社会学研究范围不断扩大，研究领域逐步深入。

三是社会学队伍不断壮大，在各高校设立社会学专业的同时，各地社会学学会、社会学研究机构、研究智库等纷纷成立，在社会学指导下的实践机构数量不断增加，形成了多层次、多方向的人才培养体系，境内外社会学合作交流愈加频密。

（三）马克思主义中国化时代化与社会学

中国共产党领导中国人民推动马克思主义基本原理同中国具体实际相结合、同中华优秀传统文化相结合，有力推进了马克思主义中国化时代化，创造性地提出了有效指导中国式现代化实践的系列思想理论成果，为中国特色社会主义社会学发展指明了方向。

1.毛泽东思想中的社会学理论贡献　毛泽东思想是以毛泽东为主要代表的中国共产党人根据马克思列宁主义的基本原理，把中国革命和建设实践中的一系列独创性经验做了理论分析与概括，形成了适合中国国情的科学指导思想。毛泽东思想深刻揭示了中国革命的具体规律，领导中国人民取得了新民主主义革命的伟大胜利，毛泽东思想蕴含着丰富的社会学思想。

毛泽东注重开展社会调查研究，他经常深入人民群众开展调查，在《反对本本主义》中提出"你对于某个问题没有调查，就停止你对于某个问题的发言权"即"没有调查就没有发言权"这一观点，他经过深入调查撰写了《湖南农民运动考察报告》《寻乌调查》《兴国调查》《长冈乡调查》《井冈山的斗争》《中国的红色政权为什么能够存在？》等一系列著作。毛泽东思想对中国社会性质问题、中华人民共和国成立前的社会阶级与阶层、如何建设社会主义等中国革命、建设进行了一系列的深入思考，为马克思主义社会学的发展做出了突出的贡献，是对马克思主义在社会学领域的创造性运用和发展。

2.邓小平理论、"三个代表"重要思想、科学发展观中的社会学理论贡献　改革开放是决定当代中国前途命运的关键一招，这一伟大转折不仅体现在实践层面，更体现在理论层面。中国共产党在思想解放与解放思想、伟大实践变革与重大理论创新的互动中，聚焦"中国特色社会主义道路"这一总问题，坚持把马克思主义同中国实际相结合，邓小平理论、"三个代表"重要思想、科学发展观中形成了具有中国特色的社会主义社会学思想。

邓小平理论、"三个代表"重要思想、科学发展观指引认清我国社会主义社会所处的发展阶段及其特点，把握社会主要矛盾和社会问题，以社会主义和谐社会为目标，以发展为主题，认真分析与把握我国社会发展过程中的新情况、新问题，促进现代化建设各领域相协调，促进生产关系与生产力、上层建筑与经济基础相协调，正确处理改革发展稳定的关系，促进社会良性运行。

3. 习近平新时代中国特色社会主义思想中的社会学理论贡献 党的十八大以来，以习近平同志为主要代表的中国共产党人顺应时代发展，紧紧抓住新时代中国社会主要矛盾的变化，从理论与实践的结合上系统回答了新时代坚持和发展什么样的中国特色社会主义、怎样坚持和发展中国特色社会主义这个重大时代课题，创立了习近平新时代中国特色社会主义思想。

习近平新时代中国特色社会主义思想为中国特色社会主义社会学学科发展建设提供了新的理论指导和根本遵循。中国特色社会主义社会学在习近平新时代中国特色社会主义思想的指导下，坚持以人民为中心的发展思想，积极回应"世界百年未有之大变局"提出的社会发展新问题，应对人类社会共同挑战及重大问题提供中国智慧，深刻把握当代中国发展的新阶段新特征，直面"发展起来以后的问题不比不发展时少"这一时代发展挑战，深刻阐明社会主义生态文明理念，深刻洞察信息化及数字技术、人工智能等给社会变革带来的巨大挑战和机遇，加强社会良性运行与协调发展的条件与机制研究，为全面建成小康社会提供了理论指导。以习近平同志为核心的党中央基于改革开放以来我们党在社会发展领域的思想创新和理论创新成果以及各地发展民生事业和创新社会治理的实践，在党的十八届三中全会上首次提出"社会治理"这一重要概念，深刻阐明了推进社会治理现代化、建设社会治理共同体的思想，形成党组织"总揽全局、协调各方"的领导体系，发展和完善了共建共治共享的社会治理格局，为中国社会研究和社会发展提供了思想指南。

一代又一代中国共产党人将马克思主义的普遍真理和中国具体实践统一起来，紧密结合时代特征，不断吸收新的时代内容，马克思主义中国化时代化指引中国社会学面向现代化、面向世界、面向未来。中国共产党领导人民成功走出中国式现代化道路，打破了"现代化就是西方化"的迷思，为发展中国家走向现代化开辟了新途径，为人类社会探索更好的社会制度提供了中国方案，成为加快构建中国特色社会学、建构中国自主的现代化知识体系的"富矿"。

第三节 学习社会学的意义和方法

科学地认识社会，我们才能正确地改造社会，中华民族伟大复兴为社会学发展提供了新的机遇，学习社会学不仅帮助个人增强综合素养，更可在推动国家治理体系和治理能力现代化进程中发挥独特作用。

一、学习社会学的意义

当前我国的社会发展与其他国家、其他历史阶段具有截然不同的时代特点和因素，中国社会的"新发展阶段"与"世界百年未有之大变局"相互交汇，信息化、智能化发展进一步加快了社会变迁的速度，碎片化接收的信息会让人歪曲、狭隘了解社会。学习社会学有助于科学、正确认识我国社会发展性质、特点和存在的社会问题，推动解决具体社会问题，促进我国社会和谐发展。

（一）为社会决策提供科学依据

社会政策对全社会成员影响范围广，如人口生育政策、养老、婚姻家庭关系等无不涉及千千万万社会成员，为确保科学决策，一些决策部门在制定社会政策时会广泛征求社会意见，组织开展社会调查，国内外蓬勃发展的智库为科学决策开展一系列调查、分析、研究，为社会政策提供专业、科学意见，推动社会政策达到预期目标，保障社会和谐、促进社会发展。

（二）科学预测社会发展趋势

社会学通过调查、研究，从纷繁复杂的社会现象中寻找社会规律，把握社会发展的本质特点，对社会发展趋势、可能性做出预测，例如社会学研究者对我国老龄化的研究，提出养老金、老年人照护、婚姻及家庭关系、社会适老化改造等一系列预测。

（三）实施社会控制，促进社会发展

我国社会转型发展时期，社会结构的变迁衍生出众多不稳定、不和谐现象，社会学研究者针对转型时期的社会保障、社会救助、人口流动、脱贫攻坚等开展了众多的调查研究，形成的科研成果为党和政府的科学决策提供了专业参考，一些社会学科研成果运用到实际的决策、执行中，有力地解决了社会治理的难点、热点问题，为保障社会稳定、促进社会和谐发展提供了重要的支持。例如一些地区以民众的幸福感为目标建设社会质量体系，发挥社会学专长，评估、监测社会治理的质量。

社会学不仅可以从宏观上分析、观察社会，学习社会学也可以帮助个人得到全面发展。

（四）客观地认识和理解自我

学习社会学可以帮助解释我们周边的日常生活、行为，接纳自己及周边社会成员、群体，将个人纳入整体的历史阶段、社会环境，更科学、客观地把握自我定位。

（五）适应社会发展挑战

社会的快速发展节奏令个人积累的传统知识、经验及认识的社会规则面临快速迭代，要紧跟社会的发展步伐，需要对社会有更科学、深入的认识，避免被碎片化的信息影响判断。学习社会学的过程不仅有助于掌握社会调查、分析等一系列的职业技能，还能帮助学习者更快理解新事物、新现象，跟上社会发展步伐。

二、学习社会学的方法

（一）把握理论

理论具有描述、解释、预测三大功能，学习社会学可以先抓住社会学有关概念，通过概念梳理，回顾理论产生背景、脉络，在学习时尝试运用理论的三大功能，描述、解释社会现象，分析、预判社会发展趋势，加强学习效能。

（二）抓好体系

社会学研究对象广泛、形成分支学科众多，学习之初可能对广袤的知识体系难以把握，初学者可从各分支学科的经典著作入手，理清学科起源，进而熟悉该领域知识体系，更加全面地了解社会学。

（三）联系实践

社会学绝非纯理论纸上谈兵，学习社会学可以脚踏实地，运用社会学的理论、视角、专业方法开展社会调查、社会实践，结合最新颁布的有关政策进行分析、研究，通过社会实践将社会学理论、知识融会贯通。

目标检测

参考答案

一、单项选择题

1.在我国，一些社会学家也将社会学称为（　　）。

A.社会建设　　　　　　　　　　B.社会治理

C.群学　　　　　　　　　　　　D.社学

2.孔德提出的（　　）将科学划分为天文学、物理学、化学、生物学、社会学，首次将社会学作为一门独立学科与其他学科并列。

A.社会学　　　　　　　　　　　B.科学层次论

C.行为科学　　　　　　　　　　D.理论社会学

3.（ ）是历史上第一个获得社会学教授职位的人。

    A.迪尔凯姆   B.斯宾塞

    C.孔德   D.帕森斯

4.赫伯特·斯宾塞把生物学进化论用于社会学研究。下列不属于斯宾塞社会学理论研究范围的是（ ）。

    A.社会有机体论   B.社会进化论

    C.社会分工   D.符号互动论

5.下列不属于马克思主义社会学的是（ ）。

    A.社会改良

    B.通过工人阶级的革命运动最后达到社会的解放

    C.资本主义社会必然被社会主义社会、共产主义社会最终取代

    D.主张对现实社会进行分析和批判

二、思考题

1.简述如何立足自身实际开展社会实践。

2.请结合所在专业，阐述如何运用社会学为科学决策提供支持。

3.简述当前社会学在中国发展的特点。

第一章　个人与社会

📖 **学习目标**

1. 重点掌握人的社会属性、社会结构与社会交往、社会化概念与类型等。
2. 学会运用社会化相关知识，分析社会化对个人成长的意义。
3. 提高个体的社会适应能力。

社会是由一定数量的组织组成的有机整体，作为个体的人必须要通过一定的社会组织实现自我价值，个人与社会的关系是社会学的基本问题。本章侧重探讨人的属性和社会的本质，社会结构与社会交往，人的社会化，以及社会角色相关问题。

第一节　人的属性和社会的本质

社会学研究的是社会。社会是看起来简单实际上却十分复杂的人类共同生活的现象。社会是人们相互交往的产物，是人类生活的共同体。个人与社会是对立统一的关系，两者相互依存、相互制约、相互促进。社会是由一个个具体的人组成的，离开了人，就没有社会。同时，人是社会的人，离开了社会，人也无法生活，社会是人的存在形式。

一、人的属性

在社会学中，对人的现象和本质的研究离不开两个基本方面——人的自然属性和社会属性。人的自然属性是以人的物质性的肉体及其特性为基础的，人的社会属性则是由人所处的社会关系所决定的，并在后天的社会实践中不断发展。

（一）人的自然属性

人类来源于自然界，与自然界其他生物一样，也要进行新陈代谢、繁衍后代，经历生老病死，具有与动物类似的自然属性。自然属性是人与生俱来的属性，即生物性。人的生物性表现为人首先是一个生物体，即有生命的动物；其次表现在人的本能。所谓"人的自然属性"，是指人作为一种生命有机体与生俱来的各种生理机能及其现象。每一个正常的人都会表现出自己的一些自然属性，如食欲、性欲、求生欲、体力与智力、遗传与变异等。理解人的自然属性或本性的重要意义在于，保障个人的自然欲得到满足，使其潜质得以不断发挥和完善，是社会存在、运行和延续最起码的条件，也是社会秩序、社会和谐得以维系的基本前提。

（二）人的社会属性

社会属性是人的本质属性。所谓"人的社会属性"，是指人作为构成社会的组成部分和终端，通过自己的群体生活，通过人与人的相互交往，自然继承或逐渐获得的社会品性。从来到人世的那天开始，每个人就从属于一定的社会群体，和周围的人发生各种各样的社会关系，通过社会生活，逐渐融入特定社会关系网络，逐渐发展起自主选择和行动、生活技能、人际交往沟通、与他人合作的能力，还有理性思考和判断、道德感、责任感、理想、信念等，这些都是人的社会属性的重要方面。人是在不断变化的社会关系中塑造自我，成为真正现实的、具有个性特征的人。社会生活是不断变化、发展的，人的社会属性也是具体的、可变的。新的社会生活和历史条件丰富着人的社会属性的内容，从而不断推进人的自我型塑和自我完善。正因为如此，人的发展与社会的发展构成一个互促共生的过程。

作为一个现实的、社会的人，其生物性和社会性同时集于一身。生物性是一个人存在和活动的物质基础，社会性则是人区别于动物的最本质的特征。人的社会属性与人的自然属性相互联系，社会生活是人的自然禀赋得到进一步发展的重要条件。人同时具有生物性和社会性，但人受生物性和社会性影响的领域和程度不同，在社会生活中，当他作为一个社会成员出现时，他的行动主要受社会性影响，即遵照文化和社会规范的要求去行动。

（三）人的现象和本质

现象是事物的表面特征以及这些特征的外部联系，是人通过自己的经验可以把握的。事物的现象是人通过感官能够感觉到和知觉到的，或者凭借科学仪器可以观察到的。人们在社会生活中、在与他人交往中所具有的各种特征以及这些特征之间的相互联系等，会表现出不同的现象。譬如，人的表情、情绪和声音的变化，人的身体特征、容貌、衣着、举止等。

本质是事物的内部联系，是事物的根本性质，是事物内在的、相对稳定的规定性。所谓"人的本质"，是指人的质的规定性。也就是说，人的本质是由人的内在规定性决定的。人的本质不是固有的、天赋的，而是社会实践，特别是生产实践的产物；人的本质是具体的，是通过他的实际的社会行动（如生产活动、日常生活活动、社会活动等）表现出来的。人不是孤立存在的，而是通过一定的社会关系联结在一起，任何人的行为决策都难以脱离其所处的社会条件。随着社会生活的变化和发展，人的本质会反映出一定的动态性。人的本质的实践性、具体性、动态性，综合来讲，可以说就是现实的"社会关系的总和"，如家庭关系、人际关系、职业关系、亲属关系、社会交往关系等。在现实的社会实践中，人能够积极地表现自己的本质，不断展现人的社会联系，并建立人们之间新的社会联系方式，这一过程也使人的社会本质获得了更为丰富的表现。

二、社会的本质

"社会"一词我们经常会用到，但要问起什么是社会，却并不容易回答。有人认为，社会就是一群人或一群人的组合。显然，这种看法既肤浅又片面。

（一）什么是社会

"社会"一词中国古已有之，在我国的古籍中，"社会"很少作为一个概念来使用，"社"和"会"两字是分开使用的。综合各种古代的记载，"社会"这个词早年的意义是指许多人为了一个共同的目的聚集在一个地方进行某种活动。在西方国家，社会学者对"社会"一词也有不同的理解。有的社会学家认为社会是许多人的集合，有的认为社会是一种包括人类习惯、情操、民俗在内的文化遗产，有的认为社会是建立在个人意识上的独立实体。学者们虽然对"社会"一词都有一定的研究，但并没有指出社会的本质究竟是什么。马克思认为，社会是人们交互作用的产物，是由多种要素相互作用、共同构成的有机体。

在社会学看来，社会是由有一定联系、相互依存的人组成的超乎个人的、有机的整体，它是人们的社会生活的体系。可以从以下几个方面来理解社会的概念：第一，社会是由有意志的个体组成的，是人们共同生活的结合体；第二，社会是有意志的个体通过互动而形成的，社会是一个互动的体系，共同的兴趣和结合在一起带来的利益是人们结成社会的深层原因；第三，社会是由相关的社会关系积累、联结而成的，社会是社会关系的体系，这些社会关系是在具体情况下人们共同活动的规范。

社会的主要特征包括：社会是由人群组成的，人是社会系统中最基本的构成要素；社会的存在和发展是以物质资料的生产活动为前提的，人们在这一活动中所结成的生产关系是社会系统的基础和本质；社会以人与人的交往为纽带，人们在交往过程中形成了多种多样的联系；社会是一种有文化的系统，人类在生活中创造的文化成为构成社会的重要因素；社会是具有自我调节机制的系统，具有改造自然的能力，创造自身生存和发展的条件。

（二）社会的本质

在社会学研究中，社会的本质是在社会的演变和变迁中表现出来的，是具体的、历史的、生动的。现代性带来了社会生活的空前变迁，在这一过程中，社会生活脱离了自然形成的传统习俗秩序，不断向人为构建的工程化秩序转变。

社会离不开人们的交互活动。社会是人的集合，作为人与人之间结合而成的共同体，必须有一定的联系纽带。社会关系就是这样的纽带。社会是人们相互交往的产物，人们的相互交往过程形成了社会关系。一个社会是由诸种群体、组织、机构、部门等构成的，而它们又都是以一定的社会关系为纽带，将一定数量的社会成员结合在一起的。整个社会从本质上看，就是社会关系的总和。

物质生产活动是人的最基本和最首要的活动，其他一切社会活动都是在此基础上进行的，人类进行物质生活资料的生产，要同自然界发生关系，同时人们之间也要发生一定的社会关系，这就构成了生产力和生产关系。物质生产方式是生产力和生产关系的辩证统一。生产力和生产关系的相互作用构成生产方式的矛盾运动。

社会具有多样性、复杂性和变动性。社会的多样性不仅表现为宏观社会和具体社会的差异，还表现为人们社会活动的多样性和组合方式的多样性。在不同的社会活动中，人们会结成不同性质的群体，如经济领域中的组织不同于政治领域中的组织。人类社会与动物群体相比具有复杂性，这种复杂性是由组成社会的人的复杂性所决定的。人是有丰富需要的、有意识的行动者。人的需要的复杂性和人必须借助群体的力量才能满足需要以及人们所处的具体环境的复杂性，决定了人们所组成的社会组织形式及其运行相当复杂。社会是变动不居的，这种变动性既表现为社会形态的更替、社会制度的翻新，也表现为社会运行机制的变化乃至于社会成员的行为方式的变化。社会总是在变化的，要全面客观分析社会，就必须注意到其变动的一面。

第二节　社会结构与社会交往

个人和社会分别表现了人类生命共同体的两个侧面。在这一节中，我们通过社会结构以及人们在社会生活中的相互交往，从另一侧面进一步了解"人"与"社会"。

一、社会结构

所谓社会结构，可以理解为社会系统的各个组成部分及要素之间持久的、稳定的相互联系模式。"联系模式"主要指社会构成部分或要素的组成方式，包括排列方式、比例关系、结合的紧密程度等。社会结构有广义和狭义之分，广义的社会结构是关于社会构成部分或要素的一切联系模式的总称，狭义的社会结构通常指的是阶级结构、阶层结构。本教材所讲的社会结构，指的是广义的社会结构。

社会结构分为宏观社会结构与微观社会结构。①宏观社会结构：指社会的整体结构，即整个社会的构成状况，包括社会的经济结构、政治结构和文化结构。其中，社会经济结构体现着社会的经济基础，对于社会政治结构、文化结构等具有决定性的影响和制约作用。通过对社会宏观结构的研究，人们可以了解社会的全貌和架构，把握社会运行的整体趋势。②微观社会结构：主要是指社会的各种要素或基本单位之间的结构现象。社会结构的要素或基本单位包括个人、角色、群体、组织、社团、社区等。这些基本的结构单位或要素有机统一，构成了社会的结构现象，形成了一个整体性社会的结构系统。在不同的社会中，微观社会结构的要素或单位的统一方式和机制是不同的，因此，从微观社会的结构现象中也能看到社会的基本状态和发展趋势。

二、社会交往

人类社会现象是复杂多变的，有些表现为相对静止状态，有些则表现为运动变化状态。社会交往就是社会的动态表现之一，因而它是社会学研究的重要内容。

（一）社会交往的内涵

所谓社会交往，是指作为主体的个人、群体、民族、国家等，运用语言、符号、意义等不同的手段或方式，在社会生活中与自然、与社会之间形成的各种相互关系和相互作用。更进一步地说，社会交往是以物质生产活动为基础而形成的人类所特有的广泛的生存方式、活动方式和发展方式。

社会交往源于人类的物质生产活动，并通过物质生产活动得以展开、丰富和发展。人类（包括个体、群体、共同体等）是社会交往的主体，社会交往是人类行动区别于其他动物的根本标志。人类作为社会交往主体，以社会实践为桥梁，在交往过程中形成互为主体和客体的关系；这种交互作用和交互影响，增进了个人与个人、个人与群体、群体与群体、群体与社会以及个人、群体与社会之间的相互依赖。人们借助语言、符号、意义等手段形成彼此沟通、相互理解，促进社会行动的关联程度，深化社会关系和社会合作；社会交往既是人们共同生活的基础，也是社会进步与人的全面发展的统一过程。

社会交往是一个涉及社会生活的各个领域、层次和方面的概念。从范围上说，社会交往的含义有广义和狭义之分。从广义上说，社会交往涉及社会生活的各个方面，是整个社会的经济、政治、思想文化、生活领域的交往的总和。从狭义上说，社会交往通常是指与物质生产过程相联系的某一特定方面的交往，譬如市场经济活动中，各种资源转换、资本流通、劳动产品交换、商业贸易往来等。从社会的不同层次的意义上说，社会交往可以从宏观层面、中观层面和微观层面来考察。宏观层面的社会交往主要是指民族、国家、整体社会等较大型的社会共同体之间的相互关系，中观层面的社会交往主要是指社会群体、组织、局部社会之间的交往关系，微观层面的社会交往主要是指个人之间的人际交往以及初级群体之间的相互关系。从内容上说，社会交往既包括人与自然、人与人之间物质意义上的交往，也包括人类的思想、意识、文化、文明等相互之间的精神意义上的交往，还包括人类个体、两性之间的生活和生理意义上的交往。

（二）社会交往与社会发展

马克思主义社会学的社会交往理论以历史唯物主义和社会实践等理论为基础，涉及社会交往的来源、基础、变迁、发展前景等内容，进一步丰富了个人与社会的关系理论。

1.人的需要是社会交往的源头 社会交往作为人类活动的特有方式，是与人的需要密切联系的。任何人都有不同的需要，既有衣食住行等物质方面的需要，又有娱乐、自尊和成就等精神方面的需要，这些需要的满足都可通过社会交往来实现。最初，人类为了维持生存的需要，以群体行动的方式，从自然界中获取各种生活资料。在进一步满足需要的过程中，人们之间的合作关系更为深入，通过彼此为对方提供生存和发展的条件，形成了社会交往过程的互为主、客体的关系。当然，人们通过交往达到的满足只是一种相对满足，在其满足之后还会产生新的需要，从而促使人们进一步进行社会交往。

2.生产活动是社会交往的基础 商品经济的出现是以社会分工为基础的，分别从事不同的劳动并生产不同产品的商品生产者，为了使自己的劳动得到社会的承认并使自己多方面的需求得到满足，就必然与其他商品生产者发生交换关系。另外，商品生产是一种社会化生产，各种生产要素的组合、生产过程的实现及商品的销售都有赖于社会和社会交往。所以说，人的社会交往首先是物质活动，人们在谋求生存的劳动过程中，通过生产协作、产品交换、需要满足，结成交往关系。人与人的社会交往本身就是劳动和生产基础上的交往关系的产物。

3.社会变迁过程贯穿社会交往 物质资料生产提供了人们交往关系形成的基础，同时物质资料生产的演替也推动了社会交往的发展。马克思和恩格斯分析了交往形式的变迁，指出了社会生产力和生产方式的发展使得以往的交往形式变得陈旧，并为更有适应性的新交往形式所取代。他们展现了这种变迁"在整个历史发展过程中构成各种交往形式的相互联系的序列"，已成为桎梏的旧的交往形式总是要让位于进步的个人自主活动方式的新的交往形式。在马克思主义社会学的视野中，这一过程也是人的交往不断从自己与自然、与初始人群的狭隘交往中走出来，从狭小的日常交往发展为广泛的社会交往，从民族的片面性和局限性转变为具有世界性和全球性，从局部的地方性交往进入普遍的人类交往的过程。这样，在马克思主义社会学中，关于社会交往的不断变化和更新的理论向我们呈现出人与社会的成长和转变以及人的全面发展的轨迹，从而成为历史进步的一个显示器。

4.构建人类命运共同体为社会交往提供了广阔的发展前景　全人类共同价值是人类社会实践的产物，也是人类交流交往的结果，汇聚了人类文明进步的精神力量。构建人类命运共同体的重要理念反映了党的十八大以来以习近平同志为核心的党中央对世界百年未有之大变局的客观历史现实的深刻分析，对人类命运前途和时代发展趋势的深刻洞察，对社会、民族、国家、文化和文明面临时代之问的回应。中国坚守和弘扬全人类共同价值，是为了以文明交流超越文明隔阂，以文明互鉴超越文明冲突，以文明共存超越文明优越，建设持久和平、普遍安全、共同繁荣、开放包容、清洁美丽的美好世界。同时，以"一带一路"倡导的"开放、包容、合作、共赢""共商、共建、共享"精神，公平正义、相互尊重、共同发展、互惠共赢的原则，作为构建新型国与国之间的关系，建立国际新秩序和全球治理格局的基础。"世界各国人民应该秉'天下一家'理念，张开怀抱，彼此理解，求同存异，共同为构建人类命运共同体而努力。"构建人类命运共同体的理念展现了人类交往的美好愿景，使马克思主义社会交往理论提升到了新的发展阶段。

（三）社会交往与人的相互关系

在社会交往理论中，对人们在生活中相互交往的关注形成了社会交往的微观过程研究，譬如，人们的交互作用和影响，人与人之间的相互依存、信息沟通，一定的交往方式或模式等等。

1.社会交往是不同的人们参与的社会性过程　社会交往由交往主体、交往对象和交往手段构成。交往主体是全部交往活动的发动者，是一定社会交往结构的中心。例如病人去找医生看病，此时，病人就是交往的主体，交往活动是由病人发起的。交往的性质、目的及需要的不同，直接决定选择不同的交往对象，采取不同的交往手段，从而形成不同的社会关系。交往对象是交往活动的受体，对交往主体及其交往方式有较大的影响，在具体的社会交往过程中，交往对象的地位、职业、声望及熟悉程度将对交往方式、交往气氛及交往主体的交往态度产生较大影响，如我们与陌生人打交道，一般会比较谨慎和小心，而与熟悉的朋友交往则往往更随意些。交往手段是交往主体为实现自己的交往目的，将自己的活动施加于交往对象的一切中间环节。用何种手段实现交往目的，在一定程度上决定着交往的性质。人们在交往过程中展开各种活动，形成相互作用和影响。例如，一个办公室的同事经常一起进行学习、工作、开展社会活动，这些活动使同事们在友谊、感情、知识、生活经验等多方面相互影响，并相互学习、吸取不同的特点或长处。此外，家庭生活、公共生活、职业工作中也都贯穿着社会交往，形成人们的交互作用和影响。

2.社会交往是人与人之间形成相互依赖的过程 人们根据不同的交往目的和需要，提出不同的交往价值目标和评价标准，从而选择多样的交往程序，形成多样化的交往结果。在社会交往中，各种社会性的价值事物形成流动和交换，人们通过交流或交换自己拥有的社会资源、社会资本，从而满足彼此不同的需要。这些需要既包括物质方面的需要，也包括精神、感情等方面的需要；既有经济方面的需要，也有政治的、文化的、生活的需要。正是在这种社会价值事物的流动和交换过程中、在人们满足彼此不同需要的过程中，形成了人与人之间的相依和共存关系。

3.信息沟通是社会交往的一个基本条件和内容 社会交往以及人们的交互作用和影响，都与信息的沟通密不可分。换言之，信息沟通本身就是社会交往的展开和实现方式。它既是人们的知识、思想的交流，也是人们的感受、体验的交流，而且还是人们的行动意向、意义、价值取向的交流。通过这一过程，人们能够了解和把握彼此的心理状态、欲望和需要、行动目标等，从而可能刺激或激发某种需要的行动，也可能抑制甚至化解某些不适当的行动。

4.人们的社会交往总是依循一定的方式展开的 例如，人们在相互问候时，会遵循着共同的"问候程序"，先是看到对方并给对方一个表示从而形成"问候场面"，随后双方同时改变空间朝向关系，用明显的姿势表示"远距离致意"，然后进入"近距离致意"（如握手）。此外，人们在日常对话中也通过一些结构形式来理解彼此的言说。在聚会、仪式和其他集体活动中，社会交往都会体现出某种结构性的特点，或者说较为稳定的方式或模式。

（四）社会交往与社会互动

社会交往是个人、群体、民族、国家等以物质生产活动为基础，在社会生活中广泛发生的人类与自然、社会之间的各种相互关系和相互作用。社会互动是个人之间、群体之间、个人与群体之间发生相互的社会行动或相互影响的过程，侧重于对个人、群体、组织在行动过程中相互联系的现象、方式、规则、秩序等的研究。

群体活动和社会过程是以互为条件和结果的社会行动为基础的。我们生活在富于意义的世界，人们通过行动将自己的想法传递给别人，希望对方做出预期的回应，而对方则根据自己对前者的行动意义的理解做出反应，这就完成了一次社会互动。社会互动的载体是行动，但这里所说的行动并不等于物理意义上的动作，因为在社会生活中，不动声色也是有意义的，它也属于人的行动。另外，社会互动在时间和空间上不一定是两个紧密联系的行动。社会互动是指人们注入了意义的行动之间的相互作用、相互影响。在这一过程中，互动双方对行动所包含的意义的最低限度的相同理解是互动得以形成的条件。

社会互动是社会存在的基本形式，没有社会互动，人的社会性就无从表现，社会就不复存在。人的社会化是在社会互动中完成的，从个性形成和人的发展的角度看，社会互动对促进人们的自我认识有重要的作用。社会互动的基本形式有合作、竞争、冲突、调适等。合作是不同个体或群体之间为了达到共同的目的而互相配合的互动方式，当只靠单个个体的力量不能达成目的时，人们就会寻求由多方参与共同达到目的的行为方式，这就是合作。竞争是不同个人或群体各自为了获得同一目标物而进行的互动方式。竞争可以发生于各种层次，包括个体之间的竞争、群体之间的竞争、国家之间的竞争等。冲突是人与人或群体与群体之间为了各自获得共同珍视的目标物而采取的斗争、压制、破坏以至消灭对方的互动方式，冲突最明显的特点是其破坏性。调适是具有明显差异甚至冲突的双方，通过相互沟通和影响，达到协调和相互适应的过程，调适是改变不协调现象，使双方从排斥、对立和冲突走向相互接纳的互动过程。

第三节 人的社会化

任何社会都是由具体的人组成的，社会的良性运行和协调发展离不开个体的参与和建设。一个人要在社会中生活，必须增强其社会性，这就是人的社会化过程。社会化反映着人与社会的复杂关系，这也是一种有复杂意义的社会过程。

一、社会化的概念与类型

（一）社会化的含义

在人的社会化过程中，社会性增强是从个体和整体发展的角度着眼的。一个人来到世间，最初只是一个生物体，他表现出来的也只是生物性本能。随着个体的发展和被置于社会生活之中，人的行动越来越少受本能支配而受其社会性影响，这表现为他在行动中受社会规范、社会文化的影响。社会化是指个体与社会的互动过程中，逐渐养成独特的个性和人格，从最初的自然的生物个体转变为社会人，并通过社会文化的内化和角色知识的学习，逐渐适应社会生活的过程。简单地说，社会化是指一个人从生物人发展为社会人并不断适应变化发展的社会生活的过程。在此过程中，社会文化得以积累和延续，社会结构得以维持和发展，人的个性得以健全和完善。社会化是一个贯穿人生始终的长期过程。

在关于社会化的界定中，包含三个基本方面：其一，从文化的角度看，社会化是一个文化传递和延续的过程，社会化的实质是人对于文化的内化；其二，从个性形成的角度来说，社会化是一个人的个性形成和发展的过程，社会人就是经由社会化过程而形成有个性的人；其三，从社会结构的角度来分析，社会化过程是一个角色学习过程，社会化就是使人变得具有社会性，具有维持和发展社会结构的功能。

现代社会的成长是不断自我创新的过程，与此相应，人的社会化并不仅仅是延续传统，而且是在创新中构建未来。因此，人的社会化过程还有以下两个重要方面。

第一，社会合作能力的提高。社会合作能力是个人应对现代社会生活的必不可少的一种基本素质。特别是在社会主义和谐社会的构建过程中，对于个人的社会合作能力和人际协调能力的培育，是社会化的一个基本的和重要的方面。

第二，创新能力的培育。在当代，知识创新的速度日益提高，创新能力作为竞争力中最重要的结构要素，决定和标示着国家、地区、企业、群体以及个人的未来命运。如何在新知识和新技术方面引领前沿，如何增强个人的创新能力，这是我们通过人的社会化过程必须应对的一个重要问题。

（二）社会化的类型

社会化包括五种类型，分别是基本社会化、预期社会化、发展社会化、逆向社会化和再社会化。这五种类型中有的是人生必须经历的，比如基本社会化；有的则是不一定会经历的，比如再社会化。

1.基本社会化　是发生于生命早期。其主要任务是向儿童传授语言和其他认知本领，使其内化社会文化规范和价值标准，能够正确理解社会关于各种角色的期望和要求。基本社会化主要发生在儿童时期，是整个社会化过程的基础。

2.预期社会化　是指人们在此过程中学习的不是现在要扮演的角色，而是将来要扮演的角色。比如，学生在大学里进行的大量学习都是为将来在工作中所要扮演的角色做准备，这种学习过程就是预期社会化。预期社会化大量地发生在青年时期。

3.发展社会化　是相对于基本社会化而言的，也是在基本社会化的基础上进行的。它指的是成年人为了适应新形势提出的角色要求而进行的学习过程。比如改革开放之后，政府官员都要重新学习社会主义市场经济知识，这就是发展社会化。发展社会化亦称为继续社会化。

4.逆向社会化　是指晚辈向长辈传授文化规范和知识的社会化。社会化曾经长期被认为是一个单向过程，即长辈将社会文化规范和知识传授给晚辈。如今，社会学家普遍认为社会化是一个双向过程，即不只是长辈传授知识和规范给晚辈，也有晚辈传授知识和规范给长辈。逆向社会化在传统社会中很少见。但在现代社会中，社会变迁速度快，知识更新速度也快，一些成年人往往跟不上形势，他们要想不落伍，就必须接受逆向社会化。

5.再社会化　是指全面放弃原已习得的价值标准和行为规范，重新确立新的价值标准和行为规范。再社会化与发展社会化有本质上的不同：第一，发展社会化着眼于人的完善，而再社会化着眼于人的改造；第二，再社会化的形式一般要比发展社会化剧烈。再社会化虽然着眼于人的改造，但它并不一定是负面的和强制性的。改造罪犯，让罪犯洗心革面，重新做人，这是再社会化，是负面的、强制性的。而其他某些形式的再社会化，比如新兵入伍后要全盘放弃原来的生活方式，接受新的生活方式，这虽然是强制性的，但却不是负面的；一个移民到了新的国家和文化环境以后，可能也要全盘放弃原来的文化，接受新的文化，这种再社会化既不是强制性的，也不是负面的，反而可能是主动的、正面的。

二、社会化的阶段与场所

由于人的社会化是一个终身过程，这一过程呈现出不同的阶段性特征，不同阶段的社会化是在一定的场所中进行的。

（一）社会化的阶段

1.儿童期的社会化　主要是指初级社会化。虽然这一阶段所占的时间比例较小，但却是整个社会化的基础。人刚来到世间时，没有生活自理能力，这一阶段，随着生物体的发育，家庭应该教会他基本的生活技能，启发他心智发展。幼儿期开始产生道德感，除了学习基本的生活技能外，还学习知识和行为规范。若初级社会化失败，将直接影响个人以后的发展。这一时期，个人的社会知识的增长与个人的生理和心理的迅速发展同步进行。儿童期的社会化过程中，个人首先进入或出现在家庭，从而自然而然获得并扮演子或女、兄或弟、姐或妹、孙子或孙女等角色；接着进入邻里，自然而然有选择地获得并扮演伙伴、朋友等角色；进入学校，通过选择和努力获得并扮演小学生、"三好学生"等角色。这一时期的家庭环境和教养方式、父母之间的关系、同龄伙伴群体的影响都是一些重要的因素。

2.青年期的社会化　青年期是人生的一个特殊时期，一般介于11~21岁之间。这一时期，个人在生理和心理上日趋成熟，思维能力和记忆能力有很大提升，兴趣广泛，好奇心强，自我意识形成，个人尊严意识建立。这个阶段，社会化的问题主要来自伴随青春期生理和心理成长所带来的一些困扰，青年人开始思考一些重大的人生问题，寻求自我认同。由于青春期身心发展的不平衡性，这一时期的社会化容易发生自我认同的危机，在青年人中出现程度不同的社会偏离行为。而且由于好奇心强，社会价值多样化，而他们这一阶段经验相对不那么丰富，容易陷入选择困难，一旦选择失误，可能会给其成长带来严重的不利影响。此阶段中，实现家庭、学校和社会几个方面的良好配合，给予其适当的引导，保护他们的合法权益，鼓励他们健康发展，对这个阶段的青年来说十分重要。

3.成年期的社会化　从个人青年期结束后进入成年期直到60岁左右的退休年龄，一般可以视为成年期的社会化，这一阶段的内容主要是发展社会化或继续社会化。这一时期，个人面临着多种选择，选择配偶建立家庭、选择职业建立事业等人生重大事件都发生在这一时期，所以社会化比其他阶段都要复杂。配偶选择的结果将使个人获得丈夫或妻子、女婿或儿媳、姐夫或嫂子、妹夫或弟媳以及父亲或母亲等一系列新角色；职业选择的结果也将使个人获得一系列以业缘为基础的新角色。选择的结果将大大丰富个人的社会性。人们如何在这一过程中继续学习、适当地选择并成功地扮演特定的社会角色，最大限度地发挥自己的自主性和能动性，将直接影响个人的成就和社会地位。

4.老年期的社会化 一般来说，"老年"意味着一个人逐渐步入生命的安宁或消沉的时期，人的社会化面对的主要问题是身体机能、社会地位和声望的下降，以及疾病和死亡。这一时期，个人的身体机能处于逐渐衰退状态，社会生活经验日益丰富与身体机能逐渐衰退造成巨大反差，所以，个人应当以怎样的心态和方式来对待这类必然出现的生命现象，也就成为这一阶段的一个重要问题。由于人口预期寿命的延长，老龄人口在整个人口中的比重将会越来越大，如何帮助老年人顺利实现角色转换，使其通过继续社会化来调适个人与社会的关系，实现老有所为、老有所乐是一个重要的社会问题，现在也已经越来越引起社会的重视。

（二）社会化的主要场所

一般而言，凡是具有或发挥社会化功能的群体、组织或社会部门，都可以构成社会化的场所。人的社会化呈现出初级社会化阶段和次级社会化阶段。相应地，社会化的场所也有一定的区别，可以分为初级社会化场所与次级社会化场所。

1.初级社会化场所 主要是指由初级社会群体形成的社会化环境。这些初级社会群体如家庭、邻里、同龄伙伴群体等，它们的活动及相互关系提供了个人进行最初社会化的条件。对于未成年人来说，家庭是最重要的社会化的机构。家庭是人们来到世间进入的第一个社会群体，新成员因出生而自然属于某一家庭，已有的家庭成员也对新成员负有责任并寄予期望，这些都必然带来对新成员的社会化。同龄群体也称为同辈群体，是由年龄相近的人自发结成的群体，同龄群体对其成员的成长即社会化的影响是通过在游戏和共同活动中的角色扮演来实现的。除此之外，还有一些社会的组织和部门也对初级社会化发挥着很大作用，譬如幼儿教育机构、初等教育机构（如小学、初中）以及传媒、网络等。这些社会的组织和部门的活动、目标以及所提供的环境，对个人最初的社会化有重要影响，因而也是初级社会化的场所。

2.次级社会化场所 主要是指由社会组织构成的社会化环境。这些社会组织如学校、工作单位、职业群体、社团、志趣群体以及传媒、网络等，提供了个人进一步社会化的环境，因而构成次级社会化的场所。学校是向学生传授科学知识、进行道德教育的场所，给学生提供了有组织、有目的地系统化受教育的各种条件。工作单位是以业缘为纽带的社会组织，它是现代社会结构的基础，工作单位是组织人们进行职业劳动的场所，也承担着对职工，特别是青年职工进行教育和培训的责任。大众传播媒介是以社会公众为对象，对其进行信息传播的工具，包括广播、电视、报纸杂志、书籍和网络媒体等。在现代社会，大众传播媒介对青少年的成长发挥着极为重要的影响。大众传播媒介为青少年提供了更多的学习机会和更丰富的知识，但大众传播媒介传播信息的新奇性、刺激性也会对青少年产生特殊的影响。

三、社会化的内容、功能与过程

（一）社会化的内容

人的社会化是一个长期的、十分复杂的过程，社会化的内容也是非常广泛的。人们从不同的立场和角度，对社会化的内容也有不同的认识。概括起来，社会化的内容主要包括以下几个方面。

1.学习生活的基本技能 生活的基本技能，是指一个人进行正常的社会生活必备的能力。一个人要在社会中生存，必须学会一定的生活基本技能。在社会化过程中，个人通过生活基本技能的学习来获得个人自理能力，这是个人正常生存并且参与社会生活、为社会创造财富的基础。在个人的初级社会化阶段，经过日常生活过程的不断培育，逐渐学会吃饭、穿衣、走路等生活基本技能；随着年龄的增长，进一步掌握了洗衣、个人卫生等自我服务技能，以及做饭、清洗碗筷、家庭卫生等家务劳动技能，等等。应该指出的是，衣食住行技能并不是简单的动作，而是一种文化，这些活动包含人们赋予其的某种意义。比如中国人吃饭用筷子、西方人吃饭用刀叉，穿衣要整洁，走路要规矩，都是包含文化意义的。

2.获得谋生的基本手段 作为一个社会成员，人首先要通过劳动自食其力，进而要向家庭成员中的非生产者提供生活资源，此外还要为社会做出自己的贡献。个人通过专业化教育和培训过程，掌握从事专门生产劳动的技能，从而能够在一定的职业领域和生产岗位上发挥作用，即获得了谋生的基本手段。不同时代的社会生产方式有所不同，人类通过劳动获得财富的方式也不同。与此相应的是，在不同的生产方式条件下，人们学习谋生手段的内容、过程、方法以及所需要的时间也是不同的。在现代社会，生产技术变得越来越复杂，一个人获得谋生技能需要通过专业化的教育和培训来实现，这一过程一般要持续到20多岁，个人才能获得与社会的劳动体制及劳动力市场相适应的专业技能，掌握生产性的、专门性的、职业性的劳动技能，成为社会的特定功能系统中的劳动者、工作者和创造者。人们通过学习获得谋生手段，是人的社会化的一项重要任务。

3.学习社会行为规范 社会行为规范也称为社会规范，它是一定群体和社会中社会成员的行为准则。为了保障群体生活的有序进行，人们通过长期摸索形成了与特定群体生活相适应的，说明其成员应该如何及不应该如何的不成文或成文的规定与共识，这就是社会行为规范。社会行为规范是人们在共同生活中创造出来的，大多数行为规范是人们在长期的生活实践、通过时代积累和选择而形成的，它们构成人类文化的重要组成部分。在群体生活和人的社会活动中，行为规范是无处不在的，指导和规范着群体成员的行为。群体和社会的性质不同、活动的领域和场景不同，指导社会成员的行为规范也不同。比如，在家庭生活中，家庭成员应该遵守那些不成文的规矩，这些规范在中国儒家思想中得到了充分表现，而现代家庭中的规范的弹性则相当明显。在社会发生迅速变化时，常常伴随着不同文化之间的相互影响，对已有的秩序形成挑战，促使社会行为规范的调整和转变。

4. 明确生活目标　人类总是为着一定的理想在奋斗。一个人如果没有理想，思想空虚，意志消沉，精神就会萎靡不振。一个民族若是没有理想，就失去了前进的方向和信心。任何群体和社会都对其成员寄予较高期望，这种期望主要表现为对其价值观、人生观的培养，即希望后来者成为群体所期望的人，这些集中表现为对人的生活目标的指点。从个人方面来说，融入社会意味着形成与社会相适应的生活目标，每个人通过确立生活目标并努力实现这一目标，培养对社会生活的了解，提高自己参与社会生活的能力。通过这一过程，个人既可以更好地履行自己的责任和义务，为社会做出更多的贡献，也可以增进与他人的社会关系和社会交往，从而进一步发挥自己的潜能。从社会方面来说，每一个群体和社会都需要形成自己的支持力量，通过指导个体成员明确自己生活目标的过程，培育起与群体和社会相协调的行为方式和参与方式，使更多的个人形成对群体和社会的价值、规范和制度的基本认同，从而获得稳固的社会支持基础，进而促进整个社会的良性运行和协调发展。群体对后来者生活目标的指点受群体目标、群体中权威者对自我人生历程的反思和社会发展趋势以及社会价值系统的影响。

5. 培养社会角色　社会角色是指与社会结构中的具体社会位置相一致的，社会对占据该位置的人的权利和义务的规范性期望的体系。具体来说，社会角色是指一定群体和社会中有特定权利和义务，并按照特定行为规范活动的人。比如，老师、学生、母亲、儿子等，他们都要表现社会所期望的一系列权利、义务和行为规范。社会角色是社会结构中具体位置的体现，一个具体的社会就是由一系列相关的社会角色结合而成的。个人社会化使个人懂得并扮演一定的社会角色。在任何一个社会中，人们只有相应地扮演不同的社会角色，这个社会才能达到良性运行和协调发展的状态，而人们的角色学习和角色实践也是在社会化的过程中实现的。所以，从社会的角度来看，人的社会化就是要培养社会角色，即将他培养成群体和社会认为合格的角色。比如，父母希望儿女能够成才、成家立业，为家庭发展做出贡献；教师希望学生全面发展，将来成为社会栋梁。在这里，好儿女、好学生都是人们所希望的角色。社会化的基本任务就是培养人按照要求成为合格的社会角色。群体和社会关于生活技能、谋生手段、社会规范和生活目标的教导都是培养社会角色的组成部分。

（二）社会化的功能

1. 文化传承　人的社会化有助于社会文化的传承和发展。社会是由人群构成的，人是社会的主体。人类的世代更替与动物的繁衍是完全不同的，它是一个继承和发展社会文化的过程，没有社会化，社会文化就不能顺利地传给下一代。一个人要从生物人转变为社会人，就要使自己不再依靠生物本能来生存和适应环境，而必须去掌握和内化社会的文化，以文化的方式来适应环境进而积极改变环境。正是这一过程使得个人与自然界的一般动物彻底区分开来。因此，文化的传递和延续是社会化过程的一个基本功能。人的社会化是实现文化传承的根本途径。每一个社会成员不仅终身都在继承文化，而且还要努力地创造文化，将更为丰富的文化成果传递给后人。也就是说，只有经过社会化，接受一定的社会文化，掌握一定的社会文化，才有可能发展社会文化，将人类积累的文明成果传递下去，否则社会文化会后继无人而中断。

2. 个性发展　人的个性结构一般分为3个组成部分，即个性倾向性、个性心理特征和自我意识，它们的形成都离不开社会化。首先，个性倾向性主要包括需要、动机、兴趣，以及理想、信念、世界观等，主要是通过后天培养和社会化形成的。其次，个性心理特征如能力、气质、性格等，是个人的多种心理特点的结合，表现了一个人与别人不同的差异性和独特性，是个人独特的心理体验、情感和精神活动，也是社会化过程的产物。最后，自我意识作为个性或人格的核心组成部分，是个人对于自我的一种自觉意识，也必须在社会化过程中通过与其他人的互动和交往，在认识和把握他人对自己的态度和评价的基础上，逐渐形成对自我的自觉认识和把握。个人的社会化过程受到社会环境和归属群体的影响，一方面形成社会人的共性，成为社会的一个新成员；另外一方面，个体在不同因素的作用下形成社会人的个性。共性保证了个体能够为整个社会所接受，个性使得个人在社会中区别于他人成为一个独特的个体，在为社会共同价值目标实现做出贡献的过程中，实现个人的人生价值。

3. 角色学习　从社会结构的角度看，社会化过程是一个人的角色学习过程。个人的角色能力是在社会化过程中，通过不断学习获得的。个人通过学习了解自己在群体或组织中所处的社会地位，掌握角色的行为模式，学会遵循一系列权利和义务规范，领悟群体和社会对自己所承担角色的期待。而且，人们在通过社会化获得角色能力的过程中，也逐渐学会胜任多种社会角色，使自己的角色行为与其他人的角色行为相互协调和相互补充，避免角色之间的矛盾和冲突，等等。人的角色能力对于社会结构的维系和优化具有重要意义。人类社会是一个不断发展变化的系统，总是处于不断的变迁之中。人通过社会化，不断更新观念，接受新事物，学习新知识，也能够不断适应社会的变迁。

（三）社会化的过程

社会化过程既是连续的，又具有阶段性特征。以人的生命周期为标准来看，人的社会化过程可分为儿童期、青年期、成年期、老年期四个阶段。在每个阶段，人的身心发展状况有很大的差别，社会化也有不同的任务和特点。

1.早期社会化　包括儿童期和青年期的社会化。

（1）儿童期　是社会化过程的开端，进行的主要是初级社会化。瑞士学者让·皮亚杰曾经研究过个体的认知发展。根据他的研究结果，儿童的主要认知方式是具象思维，主要靠感觉和模仿来认识整个世界，非常容易受到外界环境的影响。这决定了具体生活环境特别是家庭环境在儿童社会化过程中的重要性。家庭关系对儿童的成长有重要影响。父母经常与孩子沟通的家庭，孩子会相对自信、有朝气；相反，父母之间的冲突容易使孩子的心理机能较差，发生情绪混乱，甚至罹患精神分裂症。早期社会化是人的社会化的初步完成阶段，中国古代的"孟母三迁"说明古人就已经非常重视早期社会化，特别是环境对人的重大影响。

（2）青年期　是人生的一个特殊时期，是个人能否成为一个社会合格成员的关键时期。青年期的起止时间因个体和社会条件而有差别。青年期之所以特殊，是人的成长在生理与心理方面相对成熟，开始出现青春期性征，由此而带来很多生理和心理上的困扰。在此期间，社会化的内容和重心开始转向对各种社会角色的认识、选择自己未来的社会角色。有些人因各种原因在这一阶段中断学校学习，步入社会，充当一定的社会角色。青年期大量进行的是预期社会化。预期社会化在整个社会化过程中都在进行，但在青年期表现得最为明显。而青年人在成长过程中很容易遭遇"自我认同危机"，即对自己的角色定位认识不清，所作所为与社会的角色期待不相符合。"自我认同危机"不能及时化解，有可能导致偏离行为。

2.成人继续社会化　早期社会化完成后，并不意味着个体社会化的结束，特别是现代社会的急剧变化、科学技术的迅猛发展及个体进取精神的增强，都使得成人继续社会化变得必不可少。在成年期，人在生理上已经完全成熟，并将面临许多重大生命事件的发生，比如恋爱、结婚、生子、就业等等。成年人的社会化主要是在初级社会化的基础上的发展社会化或继续社会化。在这一阶段，初级社会化已经完成，自我形象已经基本确立，人格已经基本定型；个体有很强的自主选择和创造能力，不但能够根据自己的意志去选择扮演某种角色，还能根据自己的意志去创造某种角色。个人在成年期需要扮演的角色比人生任何其他时期都要复杂，并且，扮演得成功与否将直接影响个体在社会分层中的地位。

在成人期，继续社会化甚至可能包括再社会化。一是因为个体所处的环境发生根本变化，如移民到文化反差巨大的社会，为了适应新的生活环境，个体必须对早期的社会化内容进行更新。二是个体在基本社会化过程中，可能会出现偏差或失败，如越轨和犯罪，从而导致个体必须接受强制性的再社会化，如劳动改造，以弥补早期社会化的不足。

此外，个体在进入老年期后，社会化所要面对的主要问题不仅包括生理方面，而且包括来自社会方面的因素，如家庭、社会地位的变化。如何让老年人适应自身及社会环境的变化，幸福地安度晚年，是老年人继续社会化的核心内容。中国正进入老年化社会，因此，关注老年人继续社会化问题的意义非常重大。

第四节　社会角色

社会互动往往和社会角色联系在一起。在日常生活中，大多数社会互动是社会角色之间的互动。人际互动之所以有序进行，是因为互动的双方都遵循一定的角色规范而进行交往，如果一方角色失调，就可能使互动中断或者改变原来的互动方向。社会角色的形成和扮演也是在社会互动中完成的，没有另一方参与互动，角色就失去了依存的条件而无法完成实际的角色行为。

一、社会角色的含义

"角色"一词原来是戏剧中的一个专有名词，是指戏剧舞台上所扮演的剧中人物及行为模式。各种角色各具特点，相互配合而演绎一个故事。后来，社会学者将这一概念借鉴和引申到社会生活中，认为社会角色是"个人在团体中所扮演之职务和必要之行为"。在不同的社会互动情境中，人们扮演着不同的社会角色。角色往往不是孤立存在的，而总是与其他角色联系在一起，这样一组相互联系、相互依存、相互补充的角色就形成了"角色集"或"角色丛"。角色集包括两种情况：一种情况是多种角色集于一人身上，每个人身上都可能汇集了十几种乃至几十种角色，如一个中年男子，他既是一个父亲，又是一名教师，乘坐出租车时他是一名乘客，来到商场他又是一名顾客；另一种情况是一组相互依存的角色，如丈夫与妻子、父母与子女、老师与学生等。角色集反映了人与人之间的关系。

社会角色是指与人们的某种社会地位、身份相一致的一整套权利、义务的规范与行为方式。它是人们对具有特定身份的人的行为期望。角色是构成社会群体或组织的基础。社会角色总是和社会地位或身份联系在一起。在每一次高度结构化的社会互动中，社会都为其提供一个"剧本"，用以指导分配给不同社会成员的不同角色的扮演。具体来说，社会角色包括以下四个方面的含义。

1.角色是人的社会地位的表征 这里所说的社会地位是人们在社会关系体系或社会结构中所处的位置。人们生活在一定的社会中,总会有自己的位置或地位,这种地位是由于人们之间的相互关系而形成的,它必须依靠这种关系才能表现出来,而具体表现形式就是社会角色。在社会生活中,每天都有许多完全陌生的人呈现在我们面前,我们可以通过他们的角色扮演过程,如衣着打扮、行为举止、言谈话语等,来判断其社会地位。社会角色是社会地位的外在的、动态的表现形式,而社会地位则是社会角色的内在依据,当然,对于角色扮演者的社会地位的认知需要一个过程。

2.角色是人们的一整套权利、义务的规范和行为模式 任何一种社会角色,实际上是一种社会所期待的行为模式,其行为模式由一系列的权利和义务构成。首先是一系列的权利,即这种角色有权要求别人进行某种活动;其次是一系列的义务,即别人有权要求这种角色进行某些活动,表现出某种行为。权利和义务总是相伴而生的,人类社会在长期的社会生活实践中逐渐形成了各种角色的一整套各具特色的行为模式,这就要求某种社会角色扮演者按照社会的期望履行义务,相应地,也享有这个角色所具有的权利。权利和义务结合起来,就形成了特定社会角色所特有的行为方式,从而与其他社会角色区别开来。例如,作为护士角色,她有权要求患者服从临床护理安排;另一方面,别人也有权要求她表现出护士角色应有的行为,打针、换药、送药等都要认真服务,要关心、爱护患者等。

3.角色是人们对于处在特定位置上的人的行为的期待 任何人扮演某一角色都应该具有和这一角色地位相一致的行为,这是一种社会期待。行为模式是人们共同活动经验的积累和结晶,当某种行为模式被认为是有益和有效时,它就逐渐被人们固定下来,成为指导人与人之间关系的规则。社会角色总是与一定的行为模式相联系,如教师要为人师表,医生要救死扶伤,干部要办事公正、不谋私利等,这样,当人们知道某人处在某种地位上时,便预先就期望他具备一套与此地位相一致的行为模式——角色。当然,并不是每一个处在特定地位上的人都能够具备该地位应有的角色行为。比如,在教师中总会有些人不能为人师表,在领导干部中总会有些人缺乏领导才能,等等。在这种情况下,他们就不能满足人们对这种角色的期待,人们就会认为他们承担这样的角色是不称职的。

4.角色是社会群体或社会组织的基础 社会群体或社会组织是人们通过一定的社会联系而结成的社会共同体,而社会角色是构成这些社会共同体的社会细胞。例如,家庭是由夫、妻、父、母、子、女等角色所构成的血缘群体,学校是由学生、教师、教学管理人员、后勤管理人员等角色组成的社会组织。推而广之,任何社会群体和组织都是由不同的社会位置及其外显的角色构成的。所以,社会角色是社会群体与社会组织的基础单位,如果失去了这些角色,社会群体与组织就将不复存在。

二、社会角色的类型

（一）先赋角色和自致角色

根据人们获得角色方式的不同，可以将社会角色划分为先赋角色和自致角色。

1.先赋角色　也称归属角色，指建立在血缘、遗传等先天的或生理的因素基础上的社会角色，是人们与生俱来或在其成长过程中自然而然获得的角色。也就是说，当一个人的角色不是由自身的努力，而是由出生这一先天因素所决定时，它就属于先赋角色。比如人的性别、种族、民族、家庭出身等角色就属于先赋角色。先赋角色是个人后天社会行为的基础，无法随意更改。先赋角色主要反映的是个人获得角色的被动性。

2.自致角色　也称成就角色、自获角色，指主要通过个人的活动与自觉学习和努力而获得的社会角色。一个人通过自己的努力获得某种社会地位，相应地，他也就获得了某种社会角色。社会学认为，自致地位和自致角色的获得与个人的努力有关，也与社会制度有关。在现代的开放社会中，人们通过个人努力获得自己所期望的地位和角色的可能性更大。

（二）规定性角色和开放性角色

根据社会角色规范是否明确，可以将社会角色划分为规定性角色和开放性角色。

1.规定性角色　是指对个体行为、行为规范和标准有明确而严格的限定的角色。其角色的权利和义务有比较严格和明确的规定，即对此种角色的权利与义务、应当做什么和不应当做什么都有明确规定。属于这类角色的有警察、法官、医生、会计、社会工作者等等。

2.开放性角色　是指角色的权利和义务没有严格、明确规定的社会角色。这类角色的承担者可以根据自己对角色的理解和社会对角色的期望，在一定范围内活动。例如，父母、夫妻、子女、亲戚、朋友、同学等大量日常生活中的角色都属于开放性角色。开放性角色的行为有较大的选择余地，即当事人可以根据约定选择他们认可的行为。

（三）功利性角色和表现性角色

根据角色所追求目标的不同，可以将社会角色区分为功利性角色和表现性角色。

1.功利性角色　指那些以追求效益和实际利益为目标的社会角色。这种角色行为是计算成本、讲究报酬、注重效益的，其行为的价值就在于实际利益的获得。如商人、企业家、经理等各种从事生产性、经营性活动，以盈利为目标的社会角色，就属于功利性角色。功利性角色在社会上所起的作用主要是实现效率目标。

2.表现性角色　指不是以获得经济上的效益或报酬为目的，而是以表现社会制度与秩序、社会行为规范、价值观念、思想道德等为目的的社会角色。如法官、警察、学者、教授、艺术家等，他们所承担的主要是表现性角色。表现性角色在一个社会中所起的主要是表现社会公平、社会正义的作用。

（四）自觉的角色和不自觉的角色

根据人们承担社会角色时心理状态的不同，可以将社会角色区别为自觉的角色和不自觉的角色。

1.自觉的角色 指人们在承担角色时，明确意识到自己正担负着一定的权利、义务，意识到周围人都是自己所扮演的角色的观众，因而努力用自己的行动去感染周围的观众。一般说来，在以下社会情境中，人们会扮演自觉的角色：第一，一个人刚刚充当某一社会角色的时候；第二，在他人在场或者人们对此角色提出了明确要求的时候；第三，在特定的环境与任务中。

2.不自觉的角色 指人们在承担某一角色时，并没有意识到自己正在充当这一角色，而只是按习惯性行为去做。比如一个青年人并不总是感到自己是青年人从而主动地按照社会上业已形成的对青年人的角色期望去行为，而是按照自己已经形成的、习惯性的行为方式来行为，表现出活泼、上进、思维敏捷、敢于探索等青年人的特点。

除此之外，社会角色还可以从其他角度进行分类。比如按照角色承担的延续时间长短，可把社会角色区分为永久性角色和伴随性角色。永久性角色是伴随人一生的角色，伴随性角色是随着社会位置或年龄因素的变化而改变的角色。一般来说，先赋角色大多是永久性角色，自致角色主要是伴随性角色。按照角色承担者对角色期望所达到的程度，可把社会角色分为理想角色与现实角色。理想角色是社会对某种角色理想的、期待的行为方式，现实角色是处于某一社会位置上的人实际上表现出来的角色。人们之所以对许多角色扮演行为不满意，就是因为理想角色和现实角色之间存在差距。

三、社会角色的扮演

（一）角色扮演的含义

一个人承担某种社会角色，并按这一角色要求的行为规范去做，称角色扮演。社会是一个大舞台，每一个社会成员都面临角色扮演的问题。人们承担一种角色，就会以某种方式去扮演，这是社会对社会成员的要求，也是他们获得应有权利、履行应尽义务的机会，是社会得以正常运行的基础。角色扮演实际上表现为一个动态的过程。

（二）社会角色的扮演过程

社会角色的扮演是包含当事人对角色规范的理解、对情境的定义或解释和做出反应的复杂过程。这一过程通常包括以下几个阶段。

1.角色确定　也称角色定位，即确定一个人的实际地位、身份、能力及其他条件与他所承担的角色一致、等同的过程，是个体或群体在社会关系和社会结构中确立自己身份地位并得到社会和他人认可的过程。①角色确定：包括自我确定和社会确定两个方面。自我确定是个人或群体对众多社会角色的选择，也就是如何给自己定位的问题，对于个人来说，就是要回答"我是谁"的问题。在回答"我是谁"的过程中，确定自己的实际地位、与别人的关系，从而承担起某种角色。②社会确定：是社会对个人或组织的选择，就是社会根据角色规范、要求和程序，从角色候选人中筛选角色扮演者的过程。凡是符合要求者才被允许担任某一角色，不符合要求者将被拒绝。准确、恰当地确定自己在社会系统中的角色地位，是成功扮演角色的前提条件。

2.角色表现　人们在确定了所要担当的角色后，直接面临的一个问题就是怎样把这个角色表现出来。宣布某人为某一社会角色固然重要，但要让人们真正相信他是这一角色，就要通过一系列的环节使他表现出来。

社会角色的表现需要"布景"与"道具"。一般来说，"布景"或"道具"有两个方面的作用。一是象征性作用，即它们象征着某一种角色的标志或活动场所，也间接证明着某一种角色的有效性，如医院的红十字、绿色的邮政信箱等都具有象征性。二是实用性作用，即它们是某些角色在实际活动中所必需的物质工具。一个角色的更为直接的表现是他的仪表、风度。一个人的衣着、打扮、仪容、外表往往会给人留下深刻印象，并引起人们对其内在品质的联想。在角色表现上，还应注意前台与后台之分，实现角色之间的配合。所谓前台的表现，是指人们正在充当这些角色时的表演；所谓后台的表现，是指在表演某种角色前的准备活动。

3.角色建构　人们在扮演某一种社会角色时，首先遇到的就是社会或他人对于这一角色的期望。与此同时，角色扮演者需要对自己的角色加以认识，理解角色规范、积累角色知识、掌握角色技能，并选择合适的表现方式进行表演。在角色扮演的实践中，人们也在不断地建构角色。简单来说，角色建构就是角色扮演者在扮演社会角色的过程中，根据主客观条件，相应地调整其角色行为，努力将角色扮演得更好、赋予角色更丰富的内涵的行为。例如，人们在扮演工人这一角色时，只要按照这一角色的基本期望，即每天按时上下班、完成劳动任务，就算胜任工人角色了；而工人劳模所建构的工人角色通常有更多的内涵。

四、角色失调与角色调适

人们的角色扮演并不是一帆风顺的，由于人的活动的多样性、活动情境的复杂多变以及个人能力的限制，在角色扮演过程中可能会产生一些问题，如出现角色差距或角色冲突，遇到障碍甚至失败，这些就是角色扮演的失调现象。角色失调是角色扮演中出现的社会角色内部或角色之间的矛盾、失调等现象。如果处理得当，角色失调会推动角色的重构，从而使角色扮演过程更加完善；反之，则可能导致角色的冲突与失败，使角色扮演中断。下面介绍几种常见的角色失调现象。

（一）角色混淆

角色混淆是指人们对自己所要扮演的角色和角色的规范认识不清，将某一角色的行为与其他角色的要求混同的现象。这种现象常表现为人们并非故意地使用不应该的行为规范来处理与他人的互动。

任何角色都有一套与之相适应的行为规范，对角色的认知就是对角色的规范的认知。如果一个人的认识能力有限，他就可能会出现难以掌握角色规范中比较复杂的要求的现象。如幼儿可能会采用对家人的行动来对待客人，不会根据复杂的情境采取对应的行动等。

角色扮演通常与一定的情境相联系，某种情境中的角色行为不能用于另一种情境。人们由于已经习惯某种情境中的角色关系，有时可能会把这种角色行为带进另一种场合，从而发生角色混淆。如有的人将工作中的上下级关系移至业余时间，下级在非工作场合对上级毕恭毕敬，有的人把工作中的角色行为模式带入家庭生活等。在社会活动中未能及时"转场"是造成角色混淆的重要原因之一。

（二）角色距离

在现实生活中，社会赋予某种角色的规范与角色扮演者的实际表现常常存在一定的差距，可以将这种角色期待与角色表现之间不相匹配的情况称为角色距离。角色距离的存在有多方面的原因，可能是角色扮演者尚未完全领会他们的角色，可能是角色扮演者自身的素质、能力、水平无法胜任该角色，也可能是因为个人的原因而拒绝按照他人对角色的期待去扮演角色。

角色距离是普遍存在的。角色距离的存在是社会对角色的期望和角色扮演者的扮演过程存在差距，从而引发不同角色的冲突。因此，对于能够胜任而没有领会角色要求的角色扮演者，应该帮助其理解角色期待；对于无法胜任角色任务的角色扮演者，就应帮助其提升能力或中断其角色扮演。

（三）角色冲突

在日常生活中，一个人通常扮演着很多种角色。个人在其角色扮演的实际过程中，当许多角色同时对同一个人提出各种不同的角色要求时，就可能在时间和精力分配上出现问题。如一位妇女，她作为企业管理者要忙于事业，但同时作为妻子和母亲，她又被要求在家庭生活中投入更多的时间，这种一个人承担的多种角色之间的矛盾一般称为角色冲突。另外，人们也往往把不同的人所扮演的相对角色之间的矛盾称为角色冲突，如丈夫与妻子、父母与子女、邻居之间、顾客与服务员之间的冲突等。

角色冲突会妨碍社会角色的正常扮演，影响人们的正常生活和工作，因此应尽力避免。对一个人承担的不同角色之间的冲突，应促使社会角色单一化，即尽量使人们在一种社会场合只扮演一种角色；对于不同人所承担的相对角色之间的冲突，需要更多地通过角色沟通与交流来消除矛盾；对于涉及社会价值观念的角色冲突，需要利用社会公认的价值观念来调整角色行动。

（四）角色不清

角色不清指在角色扮演中，社会大众或角色的扮演者对于某一角色的行为标准不清楚，不知道这一角色应该做什么、不应该做什么和怎样去做。社会的急剧变迁常常是造成社会角色不清的最主要原因。个人对角色规范理解不透是造成角色不清的主观原因。

在社会与文化迅速变迁的时期，很多社会角色规范在原来的基础上已有所变化。人们会感到，很多角色的行为规范超出了他们过去习以为常的那个范围。如教师这个角色，其角色规范早已由知识传授转变为注重素质培养和关注学生的全面发展。在社会变迁过程中，还会不断产生一些新的职业与新的社会角色。当一种新角色初次在社会上出现时，社会还没有来得及对它的权利义务做出明确规定，作为角色承担者的本人也不清楚，其他人的看法也有分歧，角色不清便由此产生。只有通过长期互动，社会为它规定了明确的规范后，这种角色不清才能消除。另外，虽然有些社会角色的规范是明确的，对于应该做什么、不应该做什么有具体规定，但因个人在角色扮演前对角色规范认识模糊，或是由于在知识、技能方面准备不足，也容易引起角色不清。例如法盲的违法犯罪行为，在某种程度上就是对公民的角色规范认识不清而造成的。

（五）角色中断

角色中断是一个人先后承担的两种角色之间发生矛盾的现象。在角色转换过程中准备不足是造成角色中断的主要原因。人们在一生中随着年龄和多方面条件的变化，总会依次承担多种角色。例如，任何一个人都要经历从婴幼儿到青少年、成年、老年的变化，相应地，就要依次承担小朋友、学生、劳动者、退休人员等角色。通常情况下，人们在承担前一种角色时会为承担后来的角色做某些物质上与精神上的准备，因而不会发生角色中断。比如，青年男女在从恋爱角色进入夫妻角色时，要事先在物质上准备家庭所必备的物品如家电、家具等，在恋爱过程中双方要了解清楚各自的生活习惯、性格以及家庭生活须知的常识等。角色中断的发生是由于人们在承担前一种角色时并没有为后一阶段所要承担的角色做好准备，或前一种角色所具有的一套行为规范与后来的新角色所要求的行为直接冲突。如一位大学生因在校期间荒废学业，专业功底薄弱，在就业择业中自身又消极应付，导致其他同学已就业而他仍在待业。解决因准备不足而产生的角色中断的办法是：从角色承担者个人来说，应对自己的人生有所设计，应了解人在一生中不可避免地要相继承担的角色的特点，为未来的角色做些准备工作；对于家长来说，应注意对子女的成长进行指导；对于社会来说，应加强对各种不同角色的培养、培训和咨询工作，对于那些因社会原因而造成角色中断的人提供相应的社会支持。

（六）角色失败

角色失败是在角色扮演过程中发生的一种较为严重的失调现象。它是指由于多种原因而使角色扮演者无法进行成功的角色扮演，或中止扮演，半途而废，或虽未退出角色，但困难重重，步履维艰。

虽然在社会角色的扮演中，角色失败的现象较少发生，但是，由于角色失败会给社会造成严重后果并使角色承担者受到重大打击，应予以重视。从角色失败的结果上看，通常可分为两种情况。一种情况是角色承担者不得不半途退出角色，例如，夫妻双方因矛盾发展到无法调和的程度，难以再继续共同生活，只能以离婚终止夫妻角色的扮演。诸如此类的还有经营者因经营不善而破产、工人被解雇、干部因失职而被罢免、学生中途退学等等。另一种情况是角色扮演者虽然还处在某种角色的位置上，没有退出角色，但实践证明其角色扮演已经失败了，例如专业技能欠缺经常不能完成工作任务的技术人员。

需要指出的是，角色失败通常是件坏事，但是如果能及时调换角色扮演者，将会减少损失或减轻影响，这既有益于个人，也有利于社会。例如，夫妻感情已经破裂，如果人为维持一种不和不散的局面，对双方而言都是痛苦的，不如让双方都退出角色，开始一种新的生活。

社会成员在社会生活中遇到角色冲突等角色失调问题是常有的事。在面对各种各样的角色失调问题时，要理顺角色关系，更好地扮演自己的社会角色，就需要进行合理的角色调适。角色调适要遵循三个基本原则：第一，在特定情境中，从属角色应服从主导角色或以主导角色为主；第二，根据社会主流价值观，权衡不同角色的价值合理性程度；第三，规避扮演损害公共利益的角色。

➡ **岗位情景模拟**

刘某作为公司最年轻的高管，对业务得心应手，但最近自己感到较为烦心。他想送女儿出国留学，但母亲最近因病入院治疗，需要手术及术后护理，留学费用、住院诊疗费用加起来负担不小，每日奔波于家庭、医院、单位让他感觉身心疲惫。供应链某厂商了解到他的情况后，准备到医院来看望及带来一个"大红包"慰问，并表示支持小孩留学。面对将要留学的女儿、住院的母亲，刘某陷入了沉思。

讨论：请运用角色的相关知识分析刘某扮演的角色及如何处理角色冲突。

参考答案

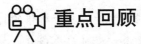 重点回顾

重点回顾

 目标检测

参考答案

一、单项选择题

1.下列关于人与社会关系的说法中，错误的是（　　）。

A.每个人都存在和活动于具体的、基于特定历史的现实社会中

B.每个人从来到人世的那天起，就从属于一定的社会群体，同周围的人发生各种各样的社会关系

C.人的社会关系的总和决定了人的本质

D.个人的发展与社会毫无关系

2.社会的本质是（　　）。

A.个人的会合，只是个空名　　　　B.一切社会关系的总和

C.人群的聚集　　　　　　　　　　D.各种各样的团体

3.社会化是指个体与社会的互动过程中，从最初的自然的生物个体转变为（　　）的过程。

A.社会人　　　　　　　　　　　　B.生理健康的人

C.成年人　　　　　　　　　　　　D.心理健康的人

二、思考题

1.请简要回答，社会化的功能有哪些？

2.社会角色的扮演要经历哪几个阶段？

第二章 社会网络与社会群体

学习目标

1. 重点掌握社会网络的类型与功能、社会群体的特征与类型。
2. 学会运用初级群体知识，分析常见社会现象，如农村初级群体变化等。
3. 正确处理个体与社会群体的关系。

社会互动是社会形成的基础。生物意义上的人，通过社会交往和社会化的过程，与社会中的其他人形成复杂的社会关系，人的各种社会关系交织而构成社会网络，社会网络中密切互动的人们在产生共同利益和集体意识的基础上形成各种各样的社会群体，从而形成复杂的社会结构。本章主要介绍社会网络、社会群体的相关概念、理论及实践的发展，并对初级社会群体进行介绍和分析。

第一节 社会网络

人们在社会交往与互动中，形成各种社会关系，组成社会网络，结成社会群体，进而生成复杂的社会结构。

一、社会关系与社会网络

所谓社会关系，是指人们在社会交往中形成的以社会生产关系为基础的各种联系的总称。

社会交往与互动是社会关系的生成和实现机制。对人类社会来说，社会交往和社会互动有着十分重要的意义。社会交往是一种普遍的社会现象，以人类社会为研究客体的各门社会科学无不研究社会交往。社会互动是指社会主体之间为了满足各种需要而发生的、以信息传播为基础而形成的个人与个人、个人与群体以及群体与群体之间的相互沟通、相互作用和相互了解，从而在经济、政治、文化以及心理等方面产生相互影响和相互依赖的社会行动过程。社会网络是行动者在互动中形成的社会联系，大多数社会互动发生在社会网络结构中，同时社会互动也形成新的社会网络。个人会有意识地通过各种社会互动和交往建构社会网络并获取各种资源。

生产关系是一切社会关系的基础，在此基础上建立起来的政治、道德、法律、艺术、科学、教育、宗教等关系都是次生关系。马克思指出，无论是野蛮人还是文明人，为了满足自己的需要，为了维持和再生产自己的生命，必须进行生产活动，而各个人借以进行生产的社会关系，即社会生产关系，是随着物质生产资料、生产力的变化和发展而变化和改变的。生产关系总合起来就构成所谓的社会关系，构成所谓的社会。因此，社会关系和生产力密切相关。随着新生产力的获得，人们改变自己的生产方式，随着生产方式即谋生的方式的改变，人们也就会改变自己的一切社会关系。

从不同的角度出发、依据不同的标准，可将社会关系划分为不同类型。例如按社会关系的主体，可划分为个人与个人的关系、个人与群体的关系和群体与群体的关系；按人们交往的密切程度，可划分为首属关系（如朋友关系、夫妻关系）和次属关系（如同行关系、上下级关系）；按社会关系建立的基础，可分为血缘关系、地缘关系、业缘关系、趣缘关系；按社会领域，可分为政治关系、经济关系、伦理关系、法律关系、宗教关系等；按社会关系规范化程度，可分为正式关系与非正式关系；按社会关系矛盾的性质，可划分为对抗性关系与非对抗性关系；按社会交往的方向与选择，可划分为垂直关系和水平关系；按社会关系存在的形态，可分为动态关系（即人们相互作用的模式，主要有暗示、模仿、顺应、同化、交换、合作、竞争、冲突、强制等）与静态关系（即社会关系的构成模式，如家庭结构、阶级结构、职业结构等）。

在现实生活中，人要满足生存、发展和自我实现等方面的需要，就必须要进行各种社会实践活动。每个人不但要参与多领域的社会生活，而且要借助广泛的社会交往，与他人发生各种各样的联系，在其所参与的任何一个领域都会形成多种角色关系，因此在人们身上就会形成许多纵横交叉的关系。人的本质是一切社会关系的总和，意味着人处于结构化、模式化、网络化的社会关系系统之中。我们把以某一社会成员或某些相互联系的社会成员为基础形成的纵横交叉的关系称为社会网络或社会关系网络，并把承载众多关系的社会成员称为社会网络的"结点"。社会关系的纵横交错构成了社会网络，社会网络是社会关系的系统，它因某一社会成员、社会群体的社会活动而形成和存在，这种网络对于置身其中的社会行动者的意识和行为有着重要影响。对于这些社会成员或社会群体来说，社会网络是与其角色丛、复式角色和它们之间的交叉关系相一致的。正如社会角色是由具体的人来扮演，社会网络也有其归属和领域特征，即它是谁的社会网络、是谁在哪个方面的社会网络。因此，也可以认为社会网络是集中在某一社会成员或某些社会成员身上的、能够对其产生支持作用的社会关系体系。

社会网络与社会关系都是人们在交往与互动中形成的联系，是各种联系的集合。从某种意义上讲，社会关系和社会网络的概念是可以互换的。然而，社会网络分析对比社会关系研究来讲，更为微观和具体，有更明确的分析指向，也更强调社会行动者，并历史地形成了一种概念和理论体系。

社会网络与群体在某些方面具有相似性，表现在其成员都有一定的交往，共享某种程度的认同感和团结感，有某种共同的目标和期望。但是社会群体成员的同质性和凝聚力更强，社会网络成员之间可能异质性较强并且联系也相对松散；个人所属的群体往往是有限的，个人所属的网络则是多重的，如同学网络、朋友网络、亲戚网络等。

在社会网络领域，最富有新意、富有挑战性的是互联网对人们交往行为的影响。当前互联网技术越来越发达，人们之间的交往早已超越传统的时空界限，突破地域、职业、性别、年龄等因素的限制，交往方式大大丰富，互动空间得到扩展，人们可与距离更远、范围更广泛的人群建立联系。而通过互联网等途径的人际交往具有跨时空性、匿名性、符号性、便捷性等特点，使得以互联网为媒介的社会网络同日常生活中面对面沟通的社会网络在情感交流、社会信任等方面都有一定的差异，它使人们之间的互动变得更加快捷和频繁，也可能使原本直接的互动变得间接，进而使互联网所传达的信息复杂化。

二、社会网络的类型与功能

社会网络是社会行动者（个人、群体、组织等）之间关系的集合。组成社会网络的结点具有多样性，网络关系的种类也可以是多样的，如亲属关系、朋友关系、邻里关系等，社会网络的类型也是多样的。按照标准的不同，社会网络有不同的类型。

（一）社会网络的类型

1.按网络的结点是个人还是群体，社会网络可分为人际关系网、家庭网、组织关系网、国际关系网等。

2.按网络所涉及的社会关系的类型，社会网络可分为信息网络、资金网络、讨论网、聊天网、情感支持网、社交圈、生意圈等。

3.按网络成员之间关系的强弱程度，社会网络可分为强关系网络和弱关系网络。强关系是指人们在其中投入更多时间、更多情感，并且彼此更为亲密也更为频繁地提供互惠性服务的关系。弱关系则是指那种自我卷入不多甚至没有卷入的关系。

4.按照网络成员相互联系的密切程度，社会网络可分为封闭性网络与开放性网络。封闭性网络中，成员间交往频繁、联系紧密；开放性网络中，成员间交往稀少、联系较为松散。社会网络的封闭性对于规范的形成十分重要，一定程度的封闭为系统内部的人际信任提供了条件。

（二）社会网络的功能

人们的生活机遇与其社会关系网络有密切关系，社会网络在人们的日常生活中发挥着重要的功能，不同的网络能为其成员提供各种支持和保障，从物质的到情感的和精神的。当个人在面对众多的决定与选择，抉择困难的时候，除了个人自己的意见之外，会很大程度上受到来自同事网络、朋友网络或者家庭网络的影响。另外，网络也是信息和建议的基本来源，当个体逐步步入新的环境并开始接触新事物时，社会网络会给个体提供重要的信息参考。

大多数社会网络分析都强调社会网络的积极功能，然而建立和维护网络也是需要付出一定的时间和精力的。而且社会网络也存在局限性，当人们过分依赖网络的时候，会限制人们获得信息的其他机会与渠道。

第二节　社会群体

荀子曾说："人之生也不能无群。"《荀子·王制》中提到，"力不若牛，走不若马，而牛马为用，何也？曰：人能群，彼不能群也。"这些话反映了人类社会生活的两个事实：一是人们为了生存，为满足基本的物质和精神上的需要，必须组成群体而生活。二是人类的群体生活与动物的群体生活有着本质区别。人们在社会互动中形成社会群体，社会生活是以群体的形式进行的，人们总是生活在不同规模与类型的群体之中。群体是人们生存与生活的基本单位，是社会结构的要素之一，也是联系个人与社会的重要中介和桥梁。

一、社会群体的含义与特征

人的本质和人类社会的特征说明，社会性的人只有在一定的社会关系中才能表现出其本质，人只有在社会群体中才能过社会人的生活。

所谓社会群体，是指处在社会关系中的一群个人的集合体。这个集合体的存在，不仅个人自己能够意识到，而且也为群体之外的人们所意识到。也就是说，群体成员有共同的认同及某种团结一致的感觉，对群体中的每个人的行为都有相同而确定的目标和期望。

社会群体是社会赖以运行的基本要素之一，社会群体有广义与狭义之分。广义的社会群体，泛指一切通过持续的社会互动或社会关系结合起来进行共同活动，并有着共同利益的人类集合体。狭义的社会群体是指由持续的直接交往而联系起来的具有共同利益和情感的人群。

社会群体具有不同于其他人群的特征。

第一，社会群体成员之间具有直接、明确和持久的社会关系。

一定的社会关系是社会群体存在的基础。社会关系是人们之间稳定的互动模式，它是成员之间权利、责任和义务的反映。在现实生活中存在着的一些社会关系，如家庭、邻里、同学、同事等，这些社会关系把社会成员紧密联系起来，社会关系是构成社会群体的纽带。需要注意的是，社会群体内的社会关系是直接的和持久的，它具体地反映于群体成员的共同活动中。

第二，社会群体有明确的成员关系和共同的归属感。

明确的成员关系并基于一定的角色分工使得群体成员具有相同或类似的身份，进而取得某种一致的情感，使成员与非成员有所区别。如家庭作为一个群体，有父母、子女等，各个成员之间关系十分明确。群体内的成员与群体外的人可以通过某种标志明显区分开，如军队的军服、学校的校徽，都是某种便于区分的群体标志。另外，特定社会群体中的成员们彼此之间有某种行为期待，而对非本群体的外界人却未必有这种期待。同时，成员对社会群体归属感的变化，会直接影响群体凝聚力的大小。

第三，社会群体成员之间具有持续的社会交往。

社会群体成员之间会经常反复地进行互动，他们之间的关系不是临时性的。群体中的共同利益和感情关系是在比较持久的社会交往中确立的，在长期的互动进程中，社会群体成员彼此之间加深了解，建立起感情。只有有持续性交往的人们才能形成社会群体，从不发生相互作用或偶然发生几次相互作用的个人，往往不构成现实的社会群体。如在某种交通工具上的乘客和在街道上擦肩而过的人们，相互之间也可能存在个别的相互作用和共同活动，但这种相互作用和相互活动转瞬即逝，因而不能成为一个群体。一般来讲，群体成员相处的时间越长，交往越频繁，彼此之间的了解就越深，感情也越牢固，如夫妻间的恩爱、同窗好友的感情、乡亲邻里的怀念等往往使人终生难忘。

第四，社会群体成员有一致的群体意识和规范。

社会群体成员间在相互交往的过程中，通过心理和行为的相互影响，会产生和遵守一些共同的信念、信仰、价值和态度，遵循一些模糊的或明确规定的行为规范。社会群体中的成员，如果没有较为明确的和统一的行为规范的约束，就难以步调一致地进行共同活动。这种行为规范，有的是成文的规章制度，有的是未形成文字的约定俗成的规则。在社会群体中，遵守规范的成员往往会受到其他成员的欢迎和接纳，不遵守规范的成员则会受到其他成员的排斥甚至抛弃。当然，社会群体的行为规范也不是一成不变的，它会随着群体的发展而变化。群体意识是超越成员个体意识之上的较为完整统一的意识，但不能对群体外的非成员施加影响。当群体面临来自外部的压力或者是内部少数成员的反叛时，群体意识和群体规范将更为清晰，其作用也更为明显。

第五，社会成员间有共同的奋斗目标，并有一定的分工协作和一致行动的能力。

群体成员的共同期待是指这些人聚集起来结合成一个群体，并有某种共同的期望，希望达成某种共同的目的。通常共同的目标难以靠群体内某一成员个体单独的力量圆满完成，如一个人不可能独自踢好一场足球赛。在许多情况下，个人的需要的满足必须以与他人合作为中介，于是结合成群体并有效地合作成为个人达到目标的手段，共同的合作期望使人们走到一起并结合成群体。在实际操作中，共同的目标可能非常明确，也可能比较模糊，可能是一个，也可能是几个。在不同的群体中，内部分工协作程度不一，如小型群体中，内部成员的分工不很严格；但在一些大规模的群体中，内部成员的分工协作是明确的、严格的、制度化的。在群体意识和群体规范的作用下，社会群体随时可以产生共同一致的行动。

通过对社会群体特征的归纳，我们可以看出，并不是任意集中在一起的人都可以称为群体。社会群体与人群聚集体不同，人群聚集体是偶然或者碰巧在同一时空聚集在一起的人，如列车中的乘客、电影院里的观众，他们虽然也是一群人，但是他们的关系是临时性的，列车一到站，电影一结束，大家就各奔东西，他们之间没有重要的相互作用，也没有共同的归属感，不构成社会群体。一次短暂的邂逅，也许会令两人彼此产生很好的印象，但是如果不能继续交往下去，也形成不了社会关系。当然，统计群体也不是本章中所讲的社会群体。统计群体是社会对具有某种共同特征或相似身份的众多社会成员的称谓，比如大学生群体、留守儿童群体等。他们之间同样没有持续的互动和特定社会关系的支撑。按照社会现象分类标准而区分的人群，如按照年龄或性别区分的老年、青年、儿童、男人、女人等，他们虽然具有某些相同特征，但没有共同的目标、互动交往和归属感，甚至彼此之间从未谋面，因此这些"类"也不同于社会群体。

人们聚集在一起形成社会群体并过群体生活，是基于什么原因呢？从发生学的角度很难精确地描述某种社会群体的形成过程。例如家庭这一基本的人类社会群体形式，就是漫长历史过程的产物。不过，群体的一个重要方面就是其形成、存在与发展很大程度上取决于个人与社会的双重需要。从个体层面来看，只有在群体生活中，个体才能满足其生理、安全、爱和情感以及自尊等各方面的需要。古人很早就已经认识到群居是基本的社会现象。人类之所以要群居，有多方面的原因。第一是生产的需要，人类的物质生产活动是社会性的活动，个人不能孤立地进行生产活动，为了进行生产，人们相互之间便发生一定的联系和关系，物质资料生产以及人类自身生产的需要促成了群体关系的发生和群体的形成。第二是安全的需要，人们最初结群生活，是为了要共同对付自然环境的威胁和压力，这是群体形成的最重要的原因。第三是精神上的需要。"人非草木，孰能无情。"人的精神生活，如信仰、情操、态度、价值、观念等，离开人的群体生活，非但不能发生，也没有表达和交流的对象。而从社会层面来看，群体是社会生产过程的必然产物，群体生活是社会生活的本质。社会群体是个人与社会之间联系的中介，通过群体，分散的社会成员被组织到相互联系的社会整体中。社会也是通过家庭、邻居、友伴等各种群体和相关制度安排而使个体实现社会化的。社会群体还能不断强化社会成员与社会各方面的联系，从而使人们在观念和行动上与社会达成一致。

二、社会群体的类型

社会中存在各种各样的社会群体。依据标准的不同，可以将群体划分为不同的类型。下面介绍社会学中对社会群体的几种主要分类。

（一）初级群体和次级群体

根据群体成员之间关系的亲密程度，可以将社会群体分为初级群体和次级群体。

1.初级群体　又称基本群体或首属群体，是指其成员间相互熟悉和了解，以感情为基础结成亲密关系的社会群体。典型的初级群体有家庭、邻里、朋友和亲属等，他们是初级群体的典型形式。复杂组织中的一些非正式群体，如军队中的战友群、学校里的"哥们儿"群体等，也属于初级群体。

2.次级群体　又称次属群体，指其成员为了某种特定的目标集合在一起，通过明确的规章制度结成正规关系的群体。与初级群体相比，次级群体成员间的感情联系很少，面对面的接触有限，主要是依据既定的角色联系在一起。各种类型的正式组织，如学校、工厂和政府部门等，可看作次级群体的典型形式。随着社会的现代化转型，次级群体将越来越成为社会的主要群体形式。不过，在现实社会中，很多初级群体实际上都具有一些次级群体的特性，大多数次级群体中也存在着各种初级关系和初级群体，如工厂中关系密切的同事。

（二）正式群体和非正式群体

任何社会群体内部都是有行为规范的，它是约束成员和成员共同活动的基础。但是，不同群体的规范形式也有不同。

根据群体的正规化程度及其成员间的互动方式，可以将群体划分为正式群体和非正式群体。

1.正式群体　正规化程度高，成员间的互动采取制度化、规范化的方式，成员的权利、义务及彼此间的关系都有明确的且常常是书面形式的规定。

2.非正式群体　正规化程度低，成员间的互动较为随意，成员的权利、义务及彼此间的关系没有明确的尤其是成文的规定。在一些非正式群体中，成员间通过经常性的自由交往，也可形成一些约定俗成的行为规范和角色期望。

（三）内在群体和外在群体

美国社会学家萨姆纳为了描述群体成员对自己人与他人的感情而使用了"内群体"和

"外群体"两个概念。

根据成员对群体的心理归属，可以区分出内在群体和外在群体。

1. 内在群体　是指成员对其有团结、忠心、亲密及合作等感觉的群体，也就是成员在心理上自觉认同并有强烈归属感的群体，例如单位同事。在内在群体中，成员具有相互爱护及相互同情的情感，与同属于一个群体的人在一起，彼此容易认识和了解，因而感觉自然自在。

2. 外在群体　是指成员对其感到陌生，很少有亲近感和归属感，甚至对其抱有怀疑和偏见的群体。内在群体中的成员对外在群体及其成员甚至会有蔑视、厌恶、仇视、挑衅等敌对态度，在心理上无任何归属感。

（四）所属群体和参照群体

按照群体成员的身份归属以及心理认同，可以将群体区分为所属群体和参照群体。

1. 所属群体　也称隶属群体，指的是成员身份所属的群体，它规定了成员的身份和活动空间。

2. 参照群体　也称参考群体，是指某些成员用作其所属群体的参照对象的群体，这些成员通过参照群体来认知、评价所属群体，并由此影响对其所属群体的情感和态度以及成员自身的价值观，削弱或者加强所属群体的团结。参照群体一般是与所属群体同类的群体，但是也不尽如此。根据成员的不同参照需要，会形成不同的参照群体，同一参照群体的意义在不同时期也有可能发生变化。

（五）先赋群体和自致群体

根据群体成员资格获得方式，可以区分出先赋群体和自致群体。

1. 先赋群体　是指个人生来就具有该群体的属性，且此种属性一般不能由个人选择和改变的群体。例如，性别群体、年龄群体、种族群体等。

2. 自致群体　是指个人通过后天努力获得进入资格或个人自由选择的群体，例如大学生群体。

（六）血缘群体、地缘群体、业缘群体和趣缘群体

根据群体内人际关系发生的缘由及其性质，可以将群体划分为血缘群体、地缘群体、业缘群体和趣缘群体。

1. 血缘群体　基于成员间血统或生理联系而形成的群体，例如亲属等。其历史最为悠久，是个体学习、参与社会生活的出发点。

2. 地缘群体　基于成员间空间或地理位置关系而形成的群体，例如邻里和同乡是地缘群体的典型形式。地缘群体中，有的是从血缘群体发展而来的，有的则纯粹基于地理原

因，这两种地缘群体在内部结构和运行上也有差别，它们对社会的发展和运行状况也有不可忽视的影响。

3.业缘群体　基于成员间劳动与职业间的联系而形成的群体，例如同事等。业缘群体包括各种各样的社会经济组织、政治组织和文化艺术组织等具体形式。这类群体的出现是生产力日益发展、社会分工越来越细的结果。

4.趣缘群体　基于成员间兴趣、爱好、志向等的相同或相近而形成的群体，包括通常人们所说的各种业余爱好群体，如棋友群体。由于网络通信技术的发展，一些人还结成各类"网友"群体，这是趣缘群体的一种新形式。

（七）利益群体和信仰群体

按维系群体的力量的性质，我们可以区分出利益群体和信仰群体。

1.利益群体　是指人们在获取利益以满足自身需要的社会活动中形成的、以利益关系为主要联系纽带的社会群体，例如市场中的合作伙伴等。

2.信仰群体　是指社会生活中基于共同的价值观和信仰而形成的各种群体，如宗教群体、政党群体等。从空间特征上看，信仰群体成员可能没有明显的共居地，但却有共同的归属感、共同的价值观、亚文化及强大的凝聚力。

三、社会群体的结构

社会群体作为个人与社会之间的桥梁，其内部已因成员间的相互作用而形成了一定的结构模式。规范、地位、角色、权威及成员间的关系都是这种结构模式中的要素。对于群体结构与过程的分析，可以从群体凝聚力、群体规范、群体领导与决策等方面入手。

（一）群体凝聚力

群体凝聚力也称为群体内聚力，指群体吸引其成员，把成员聚集于群体中并合为一体的力量，它是不同个体结合成群体的基本要素和内在机制。群体凝聚力是群体对成员的吸引力和成员之间的团结，是群体得以维持的原因，它的形成是一个由个体之间互相吸引变为个体对群体依赖的过程。群体凝聚力表现为成员对群体的认同感、归属感等。群体凝聚力的高低，在很大程度上决定着群体行为的效率和效果。

群体凝聚力的发展一般表现为三个层次。第一是群体成员间的人际吸引，群体成员由于共同的兴趣、愿望或共同的目标而相互了解、共同行动，形成相互之间的认同，这种心理和行为取向使群体成员之间形成某种程度的团结，使人们愿意在一起。第二是成员对规范的遵从，群体成员之间持续的互动会形成一定的行为规范，这是互动的参与者都接受并共同认可的、指导互相行为的规则。这种规范的形式可能是正式的，也可能是非正式的，成员把自己的目标与群体的目标相结合，接受群体规范的约束。第三是群体成员行为与群体目标的一致性。成员个人目标上升为群体目标或成员把群体的目标自觉地看成自己的目标，并将群体规范内化为自身的行为准则，这是群体得以形成和维持的基本动力。从成员个人目标上升为群体目标是复杂的过程，成员意识到个人目标的实现需要通过群体目标而达到，那么成员就会认同群体目标，群体凝聚力就会加强，各成员因此对群体有强烈的认同感与归属感，产生高度整合的一致行动，这是群体凝聚力的最高层次。群体行动的成功与成员对成功的分享会进一步强化相互认同和群体认同，群体的凝聚力又会得到进一步增强。

影响群体凝聚力的因素包括成员个人、群体自身以及环境等多个方面。第一，群体自身对其成员是否具有吸引力，会对群体凝聚力产生重要影响；第二，个人利益和群体利益之间保持一致，就会激发群体成员积极性，提高群体凝聚力；第三，群体成员目标、理想、动机、兴趣爱好等的同质性越高，凝聚力也就越高；第四，领导因素对群体凝聚力的影响，领导者的领导方式，群体成员对领导者的信任程度，群体成员与领导者之间的关系等都会对群体凝聚力产生影响；第五，群体外部的威胁，当群体面临外部环境的巨大压力与威胁时，其凝聚力也会大大增强。

群体凝聚力对群体及其成员产生的作用，表现为群体对成员的控制力强，群体成员的自信心和安全感增强，群体成员之间人际关系的协调一致等。群体凝聚力对社会的作用则视群体意识及其价值规范的内容而有正面、负面及中性之分。

（二）群体规范

群体规范是指一个群体期望其成员共同遵守的行为方式的总和，是群体中成员共同认可的、用于评判行为的标准。群体规范规定了对其成员行为可接受和不能容忍的范围，意味着某种情境下群体对其成员的行为方式的期待。任何社会群体都有自己特定的群体规范，如家庭中的规矩、朋友间的相处之道、组织中的规章等都属于特定的群体规范。群体规范的效应存在于一定的范围之内，群体规范被群体成员认可并接受后，就成为以最少的外部控制影响群体成员行为的手段。

群体规范具有维持和巩固群体、指导和矫正群体行为、树立评价标准、产生群体动力等作用。一般来讲，群体规范是在群体成员掌握使群体能够有效运作所必需的行为的过程中逐步形成起来的，群体中的一些关键事件可能会缩短这个过程，并能迅速强化新规范，这种关键事件通常是群体制定某种规范的起因。另外，群体规范的形成还受模仿、暗示、从众、服从等因素的影响，是群体成员为着目标的实现而发生相互作用的结果。

群体规范在群体成员的共同活动中一经形成，便具有一种公认的群体约束力量，并不断内化为群体成员的心理尺度，成为对各种言行的判断标准。群体规范还指示了人们满足需要所采取的方式和相应的行为目标，从而规定了人们日常行为的范围和准则。最后，群体规范由于能够促成群体成员行为的一致和协调，发挥了维持群体生存的功能。

群体与群体之间，尤其是正式群体与存在于其内部的非正式群体之间规范上的冲突与对立，往往会造成一些混乱状态，影响群体的正常运行及其目标的达成。

（三）群体内部关系

群体内部关系指成员间彼此交流与作用的状态和过程，是群体结构的重要组成部分。我们可以从三个方面对其进行考察。

第一，从群体规模来看，群体规模的大小直接影响着群体成员间关系的数量和形式。一个由三四人组成的群体内部的相互关系，与一个由五十人或者五百人组成的群体内部的相互关系显然是不同的。随着群体规模的增大，群体内潜在关系也在增多。

第二，我们可以利用"社网图"来分析群体成员间关系的状态及该群体结构的紧凑程度。"社网图"是美国社会学家莫里诺使用过的一种表示群体内成员间个人偏好的示意图，它由一个个圈圈及彼此间的连通线组成，比较形象、直观，是分析群体内部关系的重要方法，被广泛应用于群体领导资格、信息传递途径、宗派集团分析等课题。但是，在研究大规模群体时，"社网图"就显得过于复杂，连通线错综交织，难以看清关系，只能借助计算机等工具进行处理。

第三，我们可以通过群体内部信息沟通方式，来分析群体成员的地位结构类型和凝聚力状况。一般而言，群体内部的信息沟通有两种形式：一种是以"星型"结构为代表的分散方式，另一种是以"轮形"结构为主的集中方式。

从群体维持和发展的角度而言，群体要存续和发展，必须处理好以下几方面的内部关系：首先，群体要维护成员利益、满足成员需求，成员可以从事活动实现自己的目标，但也不能妨碍群体目标的实现；其次，群体赋予其成员一定的地位和作用，并以此谋求成员之间的统一；最后，群体能够满足其成员的一定需求并提高成员的能动性。

（四）群体领导与决策

在群体互动的过程中，个体的心理和行为受到群体的影响，同时群体本身也会受到其个体成员的影响。为了实现共同的目标，协调成员间的关系，需要强有力的个体发挥对群体行为的影响作用，这就是群体中的领导。群体中存在着领导者和追随者，这是群体结构的一个重要特征。所谓群体领导，是指在群体内部关系网络中处于中心位置，并能对群体其他成员进行引导和施加影响的角色，在群体中扮演着发号施令、作出决策、解决成员间纠纷和提供支持等的角色。承担这一角色的人，或者具有某些突出的品行，或者对群体活动积极参与并做出了实际贡献。他们可从群体内自发产生，也可从群体外加以委任。群体领导关注的取向也有不同，有的关注怎样达到群体工作目标，为群体提供信息，控制、协调、组织群体完成特定任务；有的关注群体互动及情感和人际关系。根据领导者对群体成员采取的控制方式的不同，领导风格可分为权威型、民主型和放任型三种。①权威型：这种类型的领导者独自决定群体政策和分配任务。②民主型。这种类型的领导者倾向于与群体成员讨论、交流以确定政策和任务，从而保证群体行动的一致。③放任型：这种类型的领导者除了一些被动的管理工作外，几乎不对群体成员加以指导或组织，任其自由行动。

所谓群体决策，是指在群体活动中，群体针对遇到的问题和应对策略及行动做出判断和决定的过程，是群体发挥作用的重要步骤。群体决策相对于个体决策，可以集思广益，提高决策水平。群体决策一般经历以下几个连续的阶段：第一阶段是搜集信息，群体成员通过分析这些信息来决定自己的态度；第二阶段是成员对搜集到的信息做出评估，表明自己的看法，并对他人的意见做出反应；第三阶段是做出决定，在这一阶段，成员可能会因为随着联盟的组成和一个正在形成的多数派将其观点强加于少数人而会出现紧张情绪；一旦决定做出，就进入第四阶段，这时成员们普遍努力恢复他们之间的融洽关系，以保证群体继续团结。

第三节　初级社会群体

初级群体是人类社会的基本组成单位，是人们生活中最重要的一种群体，是最基本的社会群体形式。因其是人类参与社会生活时最初接触到的、经常面对面交往的紧密的人际关系群体，也成为社会学研究的重要对象。

一、初级社会群体的特征与类型

初级社会群体反映着人们最直接、最简单的社会关系，它对个人的理想和个性的形成起着基本的作用，是人们赖以生存和发展的基本单位。

（一）初级社会群体的特征

与次级群体相比，初级群体一般具有以下几个方面的特征。

1.初级群体的规模比较小　规模较小是与较频繁的交往及较亲密的关系联系在一起的。因为只有在小群体中，人们之间才可能进行比较深入的交往。如果人数过多，就必然发生次级关系，而失去初级群体的特征。也正是因为初级群体人员少、规模小，才能建立起紧密的、具有浓厚感情色彩的初级社会关系。规模的扩大会导致群体成员之间关系数量的急剧增长，而在大量成员结成关系的情况下，群体难以形成普遍的亲密的人际关系。

2. 成员间有直接的、经常的面对面互动　在人数较少的初级群体中，人们可以直接地、面对面地交往，不需要什么中间环节。如果没有直接的面对面互动，就不会有初级社会群体的形成，正是在直接交往中，互动双方才能彼此加深了解，对于彼此的言谈举止、音容笑貌都非常熟悉，产生一种亲密的感情，增进彼此间的感情联系。初级群体的形成与维持还有赖于成员互动的经常性，并非所有的面对面互动都能构成初级社会群体，短暂的接触很难形成初级关系，如医生和患者、售票员和乘客的关系就是如此。

3. 成员间相互扮演多重角色，表现了全部个性　在初级群体中，成员间并没有明确、严格的分工，不可能仅仅保持一种角色关系。一般来说，人们之间的关系由一种角色关系转变为多重角色关系，是初级群体形成的一个标志。从单纯的"同事"转变为亲密的"朋友"就是如此。由于持续而全面的交往，初级群体中的成员表现了他们全部的个性，包括兴趣、爱好、习惯、气质、信仰、情操、工作作风等各个方面。成员之间可以相互进行多方面的评价。

4. 成员间的交往富于情感　在初级群体中，人际关系比较亲密。成员之间的交往不只停留在就事论事的表层关系上，而是富有"人情味"。每个成员都希望了解对方的内心，进行情感上的交流。成员间期望相互关心与安慰，有一种共同的心理维系，情感交流是成员间亲密关系的基础。亲密的人际关系在群体成员中产生了"我们"感，这又使得在群体生活中的成员们具有不可替代性。

5. 成员难以替代　在一般次级群体中，某一职位空缺，可以按程序随意挑选一个人来顶替，同事关系可以不断变更。但在初级群体中，成员间存在着富于情感色彩的多种角色关系，因而某个特定成员是不能随意由另外一个人来代替的。在这一点上，初级群体中成员间的关系具有特殊性。群体中任何一个成员的缺失，都会给其他成员造成很大的心理影响。例如，夫妻离异、亲人病故等等，会给所有相关人员心头蒙上阴影。

6. 群体的整合度高　在初级群体中，成员频繁地直接交往，加深彼此的了解，彼此熟悉，关系极为复杂且密切，利益休戚相关，群体意识很强，行动上高度一致，群体整合程度高。尤其是在维护和争取群体利益与荣誉方面，所有成员在行动上往往表现出高度的一致。有些成员也可能厌恶其他成员，但整个群体仍然起作用，如家庭群体中涉及荣誉利益或成员安全时，所有成员总是表现出一致对外。个别成员的偏离、背叛，会招致严厉的制裁。

7. 群体控制依靠非正式手段　在初级群体中的各种社会关系，如成员间的关系、成员与群体之间的关系，一般没有明确、严格的规章、制度和法律，主要依靠传统习惯、风俗、道德伦理、群体意识等非正式的手段来控制和维持。成员角色也具有多样性，没有严格的分工。例如，这一特征在家庭中就体现得最为明显。

（二）初级社会群体的类型

初级社会群体的主要类型是家庭、儿童游戏群体和邻居以及朋友圈子。

1.家庭 是人类最古老、最基本的社会组织形式，它是建立在婚姻和生育基础上的社会群体。一般地，家庭是作为一个统一的单位在社会生活中出现的，家庭成员之间关系密切、群体意识强，它是最典型的初级社会群体。

2.儿童游戏群体 是由在一起玩耍的儿童自然而然形成的社会群体。这类群体的规模一般不大，儿童的年龄相近。参加这一群体的儿童的兴趣比较相近，即能够玩在一起；居住位置上较为靠近；从家庭背景来看，儿童的父母辈之间一般不存在明显的矛盾和冲突，不反对儿童玩在一起。

3.邻居 是人们由于居住地域上的邻近而在日常生活交往中形成的初级社会群体。邻居作为初级社会群体，其形态不像家庭、家族那么具体，其规模大小不一。正所谓"远亲不如近邻"，邻居在日常生活中守望相助。在传统社会中，邻居的初级社会群体特征十分明显。在现代社会中，社会分工的复杂化、居住格局的变化、社会流动的加剧都给相邻家庭之间经常性的、深入的交往带来障碍，邻居的初级社会群体特征正在淡化。

4.朋友圈子 是志同道合、兴趣相投的人形成的社会群体，主要是基于成员的共同志趣而形成的，他们聚集起来不是为了功利性目标，成员在群体中是自由的、放松的，由此获得的满足感也常常是不可替代的。

二、初级社会群体的功能

初级群体的功能是多方面的。我们可以从正功能和负功能两个方面分析初级群体的功能。

（一）初级社会群体的正功能

初级群体的正功能主要体现在以下三个方面。

1.承担着社会化的任务，是个人社会化的基本场所 由于初级社会群体是一个人最初参与并在其中长期生活的群体，它对儿童、少年的成长和人格的养成具有极其重要的功能，初级社会群体在社会化过程中发挥着重要作用。社会化是在人际互动中进行的，由于最直接、最亲密的人际互动，促成了对群体成员的社会化，其基本内容包括促进社会成员个性的形成和发展，培养社会成员的生活技能，传递社会的价值观念和文化等。通过介入各种群体（家庭、邻里、友伴、同学等）的活动，个体逐渐形成关于社会的具体认识。如：成员最早从家庭中建立亲密的感情联系，学习语言，并将文化规范和价值标准逐渐内化，指导行为，这种初级群体——家庭对成员的影响一直持续到成年甚至终生。

2.满足人们的情感需要 任何社会群体都是为满足人们的某种需要而存在的，初级社会群体可以满足人们多方面的需求，如感情需要、减轻心理压力、防止人性异化等。初级社会群体与其他社会群体重要的区别就在于其功能的综合性，这使它能够满足人在生存安全、社会交往、精神愉悦等方面的需要，它能以人为本地，全面地、真正地关心成员，尽量满足成员的需要。随着社会分化的加速，初级群体在历史上承担过的部分功能，如生产、教育、福利等，已经转移给专门化的社会组织。

3.有助于维护社会稳定和维持社会秩序 初级社会群体是社会最基本的单位，确定了人类的社会生活和社会行动之间比较稳定的社会关系，使特定的社会功能的实现被赋予可以把握的结构形式。初级社会群体稳定和有效地发挥功能，满足成员的需要，从而减少对整个社会秩序的压力。初级社会群体是在潜移默化中保存和传递社会文化的重要力量。社会的伦理道德、风俗习惯等都需要通过初级群体内化为社会成员的行为规范，从而发挥其社会控制效力。另外，初级社会群体的形式本身也发挥着维护社会秩序的重要功能。初级社会群体通过其规范和内聚力的作用，有效地控制着群体成员的行为。成员对初级社会群体的认同感、归属感、荣誉感和责任感，会使得其自觉维护群体利益，做有利于群体的事情，认同社会的主流价值，这也有利于实现社会秩序。从历史上看，初级社会群体的大规模破坏必然引起整个社会的动乱。例如，农民家庭破产，被逼得卖儿鬻女，妻离子散，往往就会导致农民起义。因此，初级社会群体自身的稳定是社会安定的基础。

（二）初级社会群体的负功能

初级社会群体作为人们社会生活的基本形式和社会运行的重要基础，并不总是对其成员的成长和社会发展发挥积极的作用。在特定条件下，初级社会群体由于其自身的封闭性和排他性而在社会生活中产生负面影响或负功能。

第一，从微观心理角度看，初级社会群体的过分发展可能压抑个性的形成和个人积极性的发挥，限制个人的社会发展。群体与成员的亲密关系、群体对其成员的需要的过度满足可能造成个人对初级社会群体的过分依赖，从而抑制个人在社会中的发展。初级社会群体中的成员间关系亲密，成员对群体的忠诚感强，在某些时候，会发生个体意识消退的现象，容易发生个体对群体意识和规范的盲从。那些与群体中其他成员发生不愉快、不遵守群体规范的人会被孤立、冷落乃至遭受惩罚，因此，个人发挥其积极性，自觉谋求自身更大发展的心理与行为就会受到一定的抑制。

第二，从宏观结构角度看，正规组织中初级社会群体的存在有可能干扰正式组织关系，破坏组织结构，妨碍组织效率的提高和组织目标的实现。这主要表现为初级社会群体中非正式的个人化的关系模式与正规组织中正式的、非个人化的关系模式相冲突，群体规范与组织规则不一致，从而导致群体目标与组织目标的偏差乃至相悖。如一些社会组织中裙带关系、帮派集团等的存在，就在一定程度上成为损害组织形象、降低组织效率的重要因素。当初级社会群体的某些价值与社会发展的要求不一致时，成员对群体的忠诚可能会损害社会利益。

总之，初级社会群体在社会生活中的作用既有其积极的一面，又有其消极的一面。初级社会群体过度发达或过度萎缩都不利于社会的良性运行。我们应当通过科学分析，合理掌握一个"度"，使初级社会群体既能充分发挥其正功能，又不致压抑个人发展，干扰正规组织。

三、初级社会群体的社会影响

在传统社会，初级社会群体比较发达，不论在群体形式还是功能方面，初级社会群体都居于重要的、不可替代的地位。进入现代社会以来，初级社会群体呈现出逐渐衰落的景象，这与工业化、城市化和现代价值观念的影响直接相关。

（一）社会转型期初级群体的衰落趋势

从群体成员资格的获取看，传统乡土社会是相对封闭凝滞的社会，人员社会流动率低，人们的生活范围主要是所在的家族和社区，并受特定传统与家族关系的支配，因此，他们所属的初级社会群体多是先于个人而存在的。现在，社会的发展促使了开放与人员流动，交通越来越便利，人们的交际面也大大拓宽，人们选择、组合初级社会群体的自由度有所增加。除了出生于其中的家庭外，人们可以充分发挥主动性，自由挑选朋友、伙伴和伴侣。

从发展趋势看，在社会转型的过程中，初级社会群体会呈现出日益衰落的趋势。具体表现在以下方面。

1.**社会分化加剧，初级社会群体原有功能不断发生转移** 随着社会分工的加剧，社会上出现了一些专门机构承担原来由初级社会群体特别是家庭实现的功能，比如教育功能以及娱乐功能等。这些替代性社会组织的出现减轻了初级社会群体的压力，也使人们在更多方面走出初级社会群体，从而减少了对它的依赖。在今天的城市里，儿童从小就被送到托儿所、幼儿园，后来又上小学、中学乃至大学，主要接受次级群体的教育。在传统的农业生产和手工业作坊中，人们主要以初级社会群体的形式结合起来参加生产劳动，但在今天的工厂、机关中，人们的身份主要是次级群体成员。

2.**初级社会群体内部的成员关系趋于松散** 在现代条件下，人们的经济和社会活动越来越不囿于传统的社会组织。随着社会流动的加速、大众传媒的发展、价值观念的转变以及家庭规模的缩小，人们之间的交往日趋带有短暂性、间接性和功利性的特点。人们普遍参与社会生活，他们在初级社会群体中的深入的、面对面的交往随之减少，一些交往变得形式化。以富于感情色彩为重要特征的初级关系，不仅数量日趋减少，而且质量也在下降。现在，人们比过去拥有更多的次级关系，并通过次级关系去寻求自身的发展。许多中介性专业组织的产生，使"在家靠父母，出门靠朋友"的传统观念发生了很大变化。

3.一些初级社会群体名存实亡 工业化、城市化和现代化对某些初级社会群体具有颠覆性的影响，这使得一些初级社会群体名存实亡或归于解体。传统社会中的村落和邻居，都曾是重要的初级社会群体。而现在农村中大量人口流出，村落已有解体的趋势，城市中的"邻居"成了纯粹的空间上的概念，邻里观念已经非常淡薄。总之，随着社会转型过程的深入，各种大型的、专业化的和非个人的次级群体，如工厂、公司、学校、机关、工会、政党等等，将会迅速发展并在社会生活中逐步占据主要地位。与之相比，初级社会群体的地位和作用都将有所下降。

（二）初级社会群体衰落的社会影响

从初级社会群体正、负功能来看，初级社会群体日趋衰落对社会生活的影响既有其积极的一面，又有其消极的一面。

1.积极影响 从社会变迁与发展的角度来看，初级社会群体衰落的积极意义表现在以下方面。

（1）初级社会群体衰落有可能提供更多的个人自由。许多初级社会群体持保守和传统的立场，过分干涉私人生活，从而妨碍了个性发挥以及个人自行做出决定。摆脱传统初级社会群体的影响，可能扩大人们的私人空间，促进人们自主性的发挥。

（2）初级社会群体的衰落有可能促进更大范围的社会整合。初级社会群体自身具有一定的封闭性和排他性，有时会导致社会成员间的隔阂与对立，妨碍社会的充分一体化。

（3）初级社会群体的衰落与初级关系的淡化，标志着人们更多地依靠正式分工及规章制度等次级关系来处理问题，从而有助于提高工作效率，实现组织目标。这是一个社会走向合理化的表现。

2.消极影响 社会转型过程中，初级社会群体的衰落也带来许多社会问题，其负面影响表现为多个方面。

（1）初级社会群体的衰落削弱了社会支持网络。在初级群体中，成员间的交往是深入的、充满感情的，互动也是频繁而持续的。而对于处于转型过程中的国家与社会而言，在社会保障等现代正式制度和政策体系还不完善的情况下，初级社会群体的衰落使得很多社会弱势成员陷于生存和发展的不利境地。

（2）初级社会群体的衰落削弱了非正式控制手段的影响力，增加了社会控制的难度。家族、社区等本身是重要的社会控制手段，但由于社会的高度流动，家庭、社区等传统社会群体日益松解，原来支配这些群体正常运行的价值观和规则也受到工具理性的挑战和冲击，社会控制的难度日益加大。

（3）初级社会群体的衰落带来人际关系的疏远、冷漠，人们的情感等精神需要难以得到有效满足，这成为现代社会许多社会问题的根源。人是群体的动物、情感的动物，在家庭、邻里、社区等初级社会群体给其成员所提供的支持和保障中，情感和精神是更为重要的方面。在这些群体中，个体之间保持密切而稳定的情感和精神联系，这种功能在很大程度上是其他群体难以替代的。初级社会群体是人的幸福感等个人体验的主要来源之一。初级社会群体的衰落会直接影响社会成员的安全感、信任感，甚至导致生活意义的丧失，也导致社会效率下降和社会活力减弱。

因此，在社会现代化过程中，如何重建、改进和发展那些为广大人民所必需的和乐于接受的初级社会群体形式及其生活，充分发挥初级社会群体在现代社会中的积极功能，促进社会的和谐发展，是当前我国社会建设和社会治理的重要任务之一。

➦ 岗位情景模拟

　　根据工作安排，单位派遣你到某社区工作，社区工作人员正在开展社区走访工作，了解社区居民群众、商户企业、驻区单位等的状况。工作人员说，我们做基层工作的，一要会用脚，走到每个家庭、每个角落了解情况，二要会用口，通过谈话聊天了解社区居民的各方面情况和需求困难。

　　讨论：如果由你代表社区上门去了解群众状况，出发前正在思考要有效了解居民的哪些信息。请你从社会网络、社会关系的角度出发，拟写一份走访谈话提纲。

参考答案

重点回顾

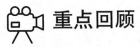 重点回顾

参考答案

 目标检测

一、单项选择题

1.根据群体成员之间关系的亲密程度，可以将群体区分为（　　）。

　　A.初级群体与次级群体　　　　　　B.所属群体与参照群体

　　C.正式群体与非正式群体　　　　　D.内在群体与外在群体

2.（　　）是社会行动者（个人、群体、组织等）之间关系的集合。

  A.社会网络   B.社会控制

  C.社会互动   D.社会组织

3.家庭、邻里、朋友和亲属等是（　　）的典型形式。

  A.次级群体   B.初级群体

  C.地缘群体   D.业缘群体

二、思考题

1.社会网络有哪些功能？

2.初级群体的基本特征有哪些？

第三章　婚姻、家庭与社会

学习目标

1. 重点掌握婚姻的概念、家庭的概念与功能。
2. 学会运用婚姻家庭社会学的相关内容，分析社会中的家庭现象。
3. 树立正确的婚姻、家庭观。

　　家庭是建立在婚姻和血缘基础上的人类生活的共同体，是社会的细胞。和睦、安宁的家庭关系不仅是每个家庭成员人生幸福的重要内容，也是社会稳定的基础。本章将讨论婚姻的概念和本质，人们的择偶观念及婚配模式的特点，关于离婚的社会学解释，介绍代表家庭未来发展和走向的几种主要理论。

第一节　婚姻要义

　　和谐的婚姻生活是大多数人所追求的。婚姻是家庭的基础。一般来说，缔结婚姻意味着家庭的成立。现代家庭问题的产生不少源自婚姻问题，而婚姻的成功与否又与择偶行为有密切的关系。

一、婚姻的概念

　　婚姻是指成年男女双方按照习俗、伦理、法律等规定结为夫妻的一种制度，体现着社会成员自然属性与社会属性的统一。

　　婚姻首先是男女两性的生理结合。古人曾说："食、色，性也。"所以，性是人的自然本能。当男女两性在身体成熟的同时，通常会伴随性心理和性生理的成熟，由此产生一种与异性亲近的欲望，这是促成婚姻的生物性因素。另外，婚姻不仅具有自然属性，更重要的是还具有社会属性。因为并非所有的两性结合都被认定为婚姻，只有在特定的法律、伦理或风俗的规约下的两性关系，才能成为婚姻关系。

二、婚姻的本质

从社会学的角度来看，婚姻家庭是私人领地和社会领地的双重体现。婚姻在表象上是私人行为，在本质上是社会行为。

（一）婚姻在表象上是私人行为

婚姻是私人行为，我国《民法典》明确保障自然人享有婚姻自主权。婚姻的私人行为是指没有缔结婚姻的当事人的参与，婚姻不能成立、不能实现，无论过去、现在和未来都是如此。当代社会崇尚婚姻自由的原则，一个人要不要结婚、和谁结婚、什么时间结婚都是个人的自由，他人和社会都不应干预，《民法典》明确禁止包办、买卖婚姻和其他干涉婚姻自由的行为，禁止借婚姻索取财物。但在任何历史时期、任何地区，都不存在完全、绝对的婚姻自由选择，在现实社会中，婚姻仍然受到当事人之外的宗教、种族、经济收入、家庭及家族期望等因素的影响。

（二）婚姻在本质上是社会行为

人类之所以要有婚姻、要有家庭，社会要用法律、道德、风俗来规范它、限制它，主要不是为满足人的两性生活需要，而是要确立一个基本单位去完成一种基本功能，生儿育女、传宗接代，以使人类社会不致中断。为了人类社会的生存需要进行物质的生产和再生产，为了人类社会的绵续则要生育、抚育和教育。社会需要一种制度——婚姻，形成一个单位——家庭，来完成人类自身传递的任务，这是婚姻家庭存在的基本根据。实践证明，通过婚姻结成的家庭是完成这一功能的最有效的单位，这也是婚姻家庭一直受到社会保护、源远流长的根本原因。婚姻家庭的本质属性是它的社会性。

（三）婚姻的私人性和社会性是辩证统一的

今天，婚姻与家庭的私人性和社会性既是一个现实问题，也是一个理论问题。婚姻与家庭的私人性和社会性是辩证统一的。不能只强调婚姻家庭的私人性而否定了它的社会性，也不能只讲婚姻家庭的社会性而忽视了它的私人性。现实的混乱来源于理论的模糊。进一步阐述婚姻的社会性和私人性的辩证统一，对于既尊重人们的个性选择和隐私，又使人们理性地对待婚姻，自觉履行婚姻家庭的责任和义务，维护家庭文明、和谐和稳定，具有重要的理论和现实指导意义。

三、择偶

婚姻缔结的前奏是选择结婚对象，即择偶。婚姻作为人一生中最重要的抉择之一，择偶不仅是婚姻缔结、家庭建立的前提，而且直接影响婚姻的质量和家庭的形式；同时它又是婚姻制度中较易受到外部社会环境影响的环节。特定社会条件下所形成的择偶标准和方式，往往能够在很大程度上反映当时社会政治、经济、文化的发展状况，揭示社会发展的开放性和现代化程度。

一个人的择偶，在一定程度上会受社会文化观念的影响，甚至会受到社会规范的严格约束。在几乎所有的社会中，都有许多复杂的民间习俗来规范、指导择偶和婚配，如"门当户对""郎才女貌"等就是择偶标准的外显。

择偶标准受到外在社会因素的影响，人们择偶会倾向于选择与自己的阶层、种族、宗教信仰等相同的对象，相对而言，即使在人口大规模流动的今天，跨越阶层、种族、宗教信仰等外在约束的仍然是择偶行为的少数。择偶标准随着社会发展的变化而变化，随着社会生产力的发展，宗教、种族、政治、经济、阶层地位等因素对择偶的影响不断缩小，择偶中的爱情因素影响不断增强。对于择偶，社会交换理论认为择偶是一种社会交换过程，择偶是双方门当户对、同类匹配，如果双方阶层、地位不匹配，则婚姻可能缺乏坚实的基础，会面临婚姻生活、存续的各种困难；梯度理论认为，男性择偶倾向于选择社会地位相当或较低的女性，而女性择偶倾向于选择社会地位比自己高的男性，形成择偶中的"男高女低"模式。作为社会的一分子，人总是生活在一定的社会关系中，择偶的标准、行为也总是会受到社会的影响。

四、婚姻的缔结

婚姻中的决策权归属不同，婚姻结合的过程也不一样。

包办婚姻是按照"父母之命，媒妁之言"建立的。这种婚姻从择偶到结婚往往要遵循一套复杂的世代相传的程序，中国周代的"六礼"就是一个典型的婚姻过程。所谓"六礼"，是指婚姻过程中的纳彩、问名、纳吉、纳征、请期、亲迎六个阶段。随着社会的发展，它已经大大简化，但主要环节如订婚、迎亲仍然被保留下来。至今，一些地区还把按传统规矩结婚视为获得社会承认的必要条件，甚至把它看得比法律要求的婚姻登记更重要。

相比之下，自主婚姻中的规矩就少得多。多数情况下，自主婚姻是当事人在自由交往中，经过相互了解，产生感情而逐步确定婚姻关系的。在这个过程中，当事人要进行一系列的选择，甚至要经过多次的尝试，才能最终找到满意的对象。自主婚姻的择偶过程是一个不断过滤和筛选配偶的过程。在择偶的不同阶段，起作用的过滤因素也不同。居住地的距离是限定择偶范围的最初因素，其次是可以看得见的外在条件，包括个人的身体条件、相貌以及职业、收入、受教育水平等社会经济特征。随着关系的继续发展，价值和态度的相容性成为决定性的因素。价值一致可以缩小双方心理上的距离，促进有效的沟通和互动，这是感情发展的基础。最后，当双方感情发展到一定程度，开始考虑婚姻的现实问题时，角色一致和角色配合就成了影响关系发展的主要因素。在正式结婚之前，男女双方都要对自己的实际角色和期望角色是否一致、双方角色能否配合、角色扮演能否相容等做出判断。此时，双方最重要的是满足互补性需要。

无论在包办婚姻还是自主婚姻中，人们都希望办一个隆重而有意义的婚礼。中国现行有关法律虽然不要求把婚礼作为结婚的程序之一，但大多数人在结婚时都举办过婚礼。不管各国婚礼的形式是多么千差万别，其基本的社会功能是一致的。首先，它宣告了一桩婚姻的诞生并取得社会的承认；其次，它标志着当事人家庭角色的变化，标志着当事人新的生命历程的开始。婚礼是人生重大的典礼，对个人和婚姻本身都有重要的价值。

五、离婚

当人们步入婚姻的殿堂时，一般都怀着美好的憧憬，但后来劳燕分飞的结局又是一些人不得不面对的现实。离婚既是个人的事情，也是社会的问题。如何有效地处理应对婚姻挑战、离婚事宜，既和个人的工作、学习和生活息息相关，又关系到社会的和谐与稳定。虽然人们都崇尚"白头偕老"的婚姻，社会也通过各种力量来维持婚姻家庭的稳定，但现实中离婚还是会频频发生。引起离婚的原因一般包括个性冲突、经济困难、养育孩子中的分歧、宗教信仰、与姻亲的矛盾、性生活不和谐、家庭暴力、第三者插足、感情不和、不良行为等。

现代社会是一个具有高度社会流动性的社会，通过社会流动，个人的社会经济特征不断发生变化，个人发展过程中不可预见性因素很多，要确定理想的配偶就困难得多。结婚时觉得般配的婚姻，很可能若干年后就觉得不是最理想的了，于是造成婚姻的满意度下降，最终导致离婚。一些学者把影响离婚的因素归纳为三个方面；一是从当前婚姻中获得的物质的和心理的满足；二是人们对婚姻替代形式的态度，包括对非婚性行为、非婚生育、同居等的态度；三是离婚的障碍，包括经济和感情方面的成本与付出、法律的障碍以及社会舆论的压力等。

第二节　家庭要义

家庭是由婚姻、血缘或收养关系所组成的社会生活的基本单位。家庭有广义和狭义之分，狭义是指一夫一妻制构成的单元；广义则泛指人类进化不同阶段的各种家庭利益集团，即家族。而不同的研究视角往往仅从某一方面阐释家庭的内涵，如从功能的视角来说，家庭是儿童社会化、供养老人、性满足、经济合作等普遍意义上人类亲密关系的基本单位；从发展的视角来说，家庭在不同的生命周期阶段有不同的形式和功能等。家庭作为一个组织实体，也有其结构和功能。因此，了解家庭结构、家庭功能和家庭关系，对家庭的稳定和社会的发展都将大有裨益。

一、家庭的概念

家庭是两性关系的一种组合形式。男女亲近是人与人之间直接、自然、必然的一种关系。男女亲近以及通过社会规范的力量承认与稳定这种亲近的价值及其相互关系，是形成家庭的社会机制。两性之间既存在生物性关系，又具有社会性关系，当这两种关系结合在一起的时候，就形成了家庭。家庭是以婚姻关系、血缘关系或收养关系为基础的人类生活的基本群体。婚姻关系是家庭的本质关系，血缘关系则是从婚姻关系中派生出来的，是婚姻关系的延续。

二、家庭关系与结构

所谓家庭关系，就是家庭成员之间的关系，是指家庭成员在家庭中的不同地位，扮演的不同角色，相互间有不同的互动与联系方式，以及由于其间的互动与联系方式所产生的相互间的权利和义务。

所谓家庭结构，是指家庭分子间的某种性质的联系，家庭分子间相互配合和组织、家庭分子间相互作用和相互影响的状态，以及由于相互作用和相互影响而形成的家庭规模、类型和家庭模式。家庭结构一般是指家庭中全体分子和各种角色所形成的综合关系与模式。

（一）家庭关系

家庭关系主要是指家庭成员间的人际关系。家庭成员在家庭中扮演着多重角色，相互间承担着一定的义务和责任。家庭成员之间的密切交往和情感联系，构成家庭生活的丰富内容。通过角色扮演和日常相处，家庭成员之间建立起密切的家庭关系。与其他社会关系相比，家庭关系具有一定的特殊性，它是自然性与社会性的统一。这是因为在家庭关系中，血缘是一条重要的纽带。由血缘形成的自然联系以及建立在它之上的权利义务关系是客观存在的，不随个人的喜恶和意志而改变。家庭关系具有强烈的感情色彩，家庭成员血脉相连，在共同生活中，不仅是利益共同体，也在心理和感情上形成了依恋与关怀的密切联系。家庭就是由这些复杂的家庭关系编织而成的。

家庭关系包括三大类：姻缘关系、血缘关系和收养关系。家庭关系的数量取决于家庭规模和结构。家庭规模越大，家庭中的夫妇数量越多，家庭关系越复杂。现代社会中，随着家庭规模小型化、家庭核心化，家庭关系也趋于简单化。在上述种种家庭关系中，夫妇关系和亲子关系是最基本的，是形成其他家庭关系的基础。

1.姻缘关系　是指基于婚姻而产生的家庭成员之间的关系，如夫妇关系、婆（公）媳关系、岳（父母）婿关系、姑嫂关系、妯娌关系、连襟关系等。婚姻不单是两个人的结合，还沟通了男女双方原有的社会关系。在姻缘关系中，夫妇关系是基础，其他关系都是由夫妇关系衍生的，其他姻缘关系的存在以夫妇关系为前提，并随着夫妇关系的瓦解而解除。在传统社会的大家庭中，由于多对夫妇同居在一个屋檐下，姻缘关系十分复杂，容易发生家庭成员间的矛盾。现代社会中，随着家庭规模缩小和核心家庭化，家庭中的姻缘关系日趋简单。

家庭小型化和核心家庭化的结果是夫妇关系在家庭中越来越重要。夫妇关系的好坏决定着家庭的存续和家庭生活的质量。夫妇关系可以具体化为夫妻在性生活、生育和避孕行为、经济活动、家务劳动、家庭事务决策以及子女培养教育等活动中体现出来的权利、责任关系。夫妇关系不仅受夫妻双方的个人和家庭因素的影响，也在很大程度上受宏观的社会经济文化状况，特别是社会性别规范的影响。

对夫妇关系，可以从三个方面来考察：一是角色关系，二是权力关系，三是感情关系。角色关系反映的是家庭中夫妇的性别角色分工状况，即夫妇在家庭中承担的责任和从事的工作。传统的家庭性别角色分工，遵循的是"男主外、女主内"的原则。丈夫外出工作，养家糊口；妻子操持家务，照料老小。在这种男外女内的分工模式下，妻子工作的价值常常会被低估，导致男女在家庭中的地位不平等。现代社会中，随着经济结构的变化和妇女受教育水平的提高，大量妇女走出家庭，参加社会工作，妻子对家庭的经济贡献越来越大，妇女的家庭地位也相应提高。家庭中的性别角色分工逐步走向夫妻和谐地共同承担家庭生活负担和家务劳动，并有平等的机会参与家庭之外的社会活动。当然，男女家庭地位平等并不意味着夫妇角色差异的消失。

2.血缘关系　是指具有共同血统的家庭成员之间的人际关系，如父母与子女关系、兄弟姐妹关系、（外）祖孙关系等。按照血缘关系的亲疏程度，家庭成员可分为直系血亲和旁系血亲。直系血亲是指具有直接血缘关系的亲属，即生育自己和自己所生育的上下各代亲属，包括父系和母系，如父母与子女、祖父与孙子女、外祖父与外孙子女等；旁系血亲是指具有间接血缘关系的亲属，即非直系血亲但在血缘上与自己同出一源的亲属，如兄弟姐妹与自己同源于父母，伯、叔、姑与自己同源于祖父母，舅、姨与自己同源于外祖父母等，都属于旁系血亲。

血缘关系以生理上的血缘联系为基础，具有天然不可选择性。个人不能选择、否认和改变自己的血统，因此，具有血缘关系的亲属天生就容易产生一种亲近感。俗话说"血浓于水"，指的就是人间这种基于血缘纽带的深厚情感。

（1）父母子女关系　又称亲子关系，是最基本的血缘关系。父母与子女之间的关系，不因父母离婚而消除。父母养育子女，传承血脉和家业，不仅获得心理和精神上的满足，更具有提供安全和养老保障、提高家庭社会地位等一系列社会功能。在很多社会中，养育子女被视为父母的责任与义务。中国传统社会重视传宗接代，尤其重视亲子关系。父母子女之间是一种无私的亲情，父母抚养子女和子女赡养父母都是建立在亲情之上的不可推卸的责任，不同于其他的交换关系。在不同的社会文化环境中，抚养和赡养责任的内涵有所不同。中国的传统是重视双向责任，父母要抚养和教育子女，子女也要赡养父母，有些社会学家称之为"反馈"模式或"反哺"模式；与之相对照，现代西方国家习惯上更强调的是父母对子女的养育责任，父母养老更多靠自己和国家的社会福利体系，因此被称为"接力"模式或"空巢"模式。

（2）兄弟姐妹关系　俗称手足之情，也是一种血缘很近的家庭关系。兄弟姐妹在共同的家庭环境中成长，朝夕相处，感情自然深厚。但由于成年后各自都会结婚，组织自己的小家庭，兄弟姐妹之间也会存在利益矛盾。中国的传统习俗是男婚女嫁，女方通常从夫居，因而婚后兄弟关系一般会比姐弟或兄妹关系更亲密。在联合家庭中，兄弟们婚后不分家，往往需要依靠父母的权威来调适彼此的关系。现代社会中，随着家庭小型化和核心家庭化，兄弟姐妹不仅数量减少，而且由于婚后一般都独立生活，相互之间发生矛盾的机会也减少了。

（3）祖孙关系和外祖孙关系　是家庭中隔代的血缘关系。相比于父母对子女在教育和管束上的严格和严厉，（外）祖父母和（外）孙子女的情感更多表现为疼爱。祖孙关系通常是最和谐、最少矛盾的，这就是俗话说的"隔代亲"现象。这是因为父母与子女之间互相负有抚养和赡养的责任和义务，而（外）祖父母和（外）孙子女只承担协助责任，祖孙之间的关爱更多是心理上和精神上的。祖孙关系的和谐有利于维系直系家庭的存在，也有利于密切家庭中其他成员之间的关系。

3. 收养关系　是指基于收养行为而建立的家庭关系。收养是领养他人子女为自己子女，从而建立拟制亲子关系的行为。成为收养关系必须符合一定的条件，履行一定的程序。未成年人的父母均不具备完全民事行为能力且可能严重危害该未成年人的，该未成年人的监护人可以将其送养。收养人应当同时具备下列条件：①无子女或者只有一名子女；②有抚养、教育和保护被收养人的能力；③未患有在医学上认为不应当收养子女的疾病；④无不利于被收养人健康成长的违法犯罪记录；⑤年满三十周岁。收养人收养与送养人送养，应当双方自愿。收养八周岁以上未成年人的，应当征得被收养人的同意。收养关系成立后，公安机关应当按照国家有关规定为被收养人办理户口登记。养子女与生父母以及其他近亲属间的权利义务关系，因收养关系的成立而消除。在中国传统社会中，收养现象是比较常见的。收养（含过继）可能出于不同的目的，包括继承香火、养老、继承产业、增加家庭劳动力和做童养媳等，因此，被收养人也不限于未成年人。在中国古代宗法制度下，立嗣是收养的一种特殊形式。立嗣的目的在于继承宗祧，因此，只有男子无子才能立嗣，也只有同宗辈分相当的男性才能被立为嗣子。中华人民共和国成立后，封建宗法制度被废除，人们收养子女的动机发生了根本性变化。在当代社会中，大多数是因为收养人不能或未能生育而收养孩子，或收养人奉献爱心而收养孤儿。国家相关法律对收养人的资格和条件都作了具体规定，以保护收养人和被收养人双方的合法权益。收养人在抚养被收养人的过程中，能够形成与具有自然血亲关系的父母与子女相同的亲子之情。

（二）家庭结构

家庭结构是家庭关系的整体模式，也称家庭类型。社会学家、人类学家从不同角度对家庭结构有不同的类型划分。当代社会学、人类学通常按家庭代际层次和亲属关系立场进行划分，即将家庭划分为核心家庭、主干家庭、联合家庭和其他家庭四个类型。前三种是有代表性的主要结构和类型，其余的划归为第四种。

1.核心家庭 是指由一对夫妇及其未婚子女共同居住和生活所组成的家庭。核心家庭又有多种具体形式，如仅由一对夫妻组成的核心家庭、一对夫妻加未婚子女（含领养子女）组成的核心家庭、父母中的一方与其子女组成的核心家庭（即单亲家庭）。

2.主干家庭 是指夫妻和一对已婚子女所组成的家庭，也是我们通常所说的三代同堂的家庭。换句话说，父母只留下已婚子女中的一个（若是多子女，其余的婚后分离出去），包括留下儿子，也包括留下女儿。在父系传统的社会中，一般留下儿子在身边，家庭由父、母、儿、媳和孙子女组成。父（或母）与一对已婚儿女的家庭也归为这一类。主干家庭的特点是有两对夫妻，但处在两代人的位置上。家庭中有两个中心，一般有三代人（随着现代人寿命的延长，也有四代人的）。

3.联合家庭 是血族中两个或更多的性别相同之人，及其配偶和子女所组成。他们同居于一住宅之内，服从相同的权威或接受一个家长的领导。如一个男人及其配偶、已婚儿子儿媳、孙子孙女等构成的家庭。今天，联合家庭是指父母和多对已婚子女共同居住生活的模式，或兄弟姐妹婚后不分家的模式。这种家庭是《四世同堂》中的祁老太爷的家庭模式，也是《红楼梦》中的荣国府、宁国府式的家庭模式，是所谓真正意义上的大家庭。相对于联合家庭来说，上面所说的主干家庭只是中等规模的家庭。联合家庭的主要特点是家庭中有多对夫妻，且有同代夫妻，人口多，关系复杂，有的还直系旁系相杂，由于是多对夫妻共处，所以是多中心的。

4.其他家庭 即上述模式以外的家庭。比如在中国常见的隔代家庭（由祖孙两代人构成）、父母双亡的未婚儿女组成的家庭以及其他家庭模式等。

核心家庭化是现代社会家庭结构变化的基本趋势，其主要原因在于社会经济的工业化和现代化转型。核心家庭的结构适合于现代工业社会，因为社会需要自由劳动力，核心家庭适合这种流动性。中国现阶段核心家庭增长的原因是多方面的，如子女数量减少；城镇居民社会福利保障使得老人对子女的依赖减少，子女与父母分居过核心家庭生活；家庭的共同生产功能减弱，成员职业和活动的多样化使得大家庭中的人际关系不易协调，家庭由此趋向核心化。

三、家庭功能

所谓家庭功能，就是家庭对于人类社会的功用和效能，或者说家庭对人类生存和社会发展能够起到的作用。比如家庭是生育单位，能为人类繁衍后代，绵延种族；家庭是生产单位，在组织社会生产劳动中曾经起过很大的作用；家庭是消费单位，具有消费功能，对于人类的日常社会生活不可缺少等。在人类历史上任何一个时期，任何一个民族、种族和社会，家庭的功能都不是单一的，而是多方面的，这是其他社会组织和群体所不可比拟的。

（一）生殖功能

没有人，就没有人类社会。由于生命的有限性，任何社会都需要不断通过生殖产生新的生命，形成一定数量的人口，才能世代绵延，传续下去。这是社会存在和发展的最基本条件。因此，人口的生产和再生产从来都是社会关注的大事情。

中国是世界第一人口大国。第七次全国人口普查结果显示，我国总人口为14.1178亿人。家庭承担着社会的人口生产和再生产功能。无论社会的人口政策怎样改变，家庭具有的人口生产和再生产的职能没有变。家庭是社会依赖和依托的人口生产单位。要深刻地理解这点，我们还要了解家庭的抚育功能和教育功能。

（二）抚育功能

所谓抚育，是指父母对子女的呵护、养育和帮助。我国《民法典》第一千零五十八条规定："夫妻双方平等享有对未成年子女抚养、教育和保护的权利，共同承担对未成年子女抚养、教育和保护的义务。"

相较于动物来说，人类的哺乳期、呵护期要长得多。而且人类在繁衍过程中，子体对于母体的依赖期相对较长，子体需要母体更长时间的呵护、养育和帮助。人类父母对子女的抚育具有其特殊性。这是因为人类抚育作用有两个特征，一是孩子需要全盘的生活教育，二是这个教育的过程相当长。人从小到大的自立能力、自理能力、和他人交往与合作的能力、适应和融入社会生活的能力等都需要长期教育和培养。

（三）教育功能

所谓教育，是指培养新生一代准备从事社会生活的整个过程。家庭的教育功能和家庭的抚育功能不可分开。家庭对于新生婴儿来说既有养，也同时有教，养中有教，教中有养。如果一定要把"抚育"和"教育"分成两个概念的话，抚育是"养中有教"，侧重于养；教育则是"教中有养"，侧重于教。

刚从母体降生的婴儿还只是一个生物的人，不是一个社会的人。每个人从胚胎时期到参与社会生活，都需要一个发育、成长的过程。一个人从不识不知的生物个体，到成为一个社会成员，必须学习那个社会长久积累起来的知识、技能和规范，发展自己的社会性，取得一个社会成员的资格，才能成为一个社会的人。这个过程就是人的社会化过程。家庭教育对人的品质个性，对人的理想和世界观的形成是最基本的。每一个家庭的父母都在根据自己的阅历和生活经验，自觉或不自觉地，日复一日、年复一年地用自己的言行影响和教育子女。家庭教育具有经常性、潜移默化性、艰难性和不可替代性。具体来说，在人的社会化过程中，家庭发挥着教导基本生活技能、教授社会规范、指点生活目标以及培养社会角色的功能。

（四）扶养功能

所谓扶养功能，是指夫妻之间的关系和功能，即夫妻之间的相互帮助、支持和供给。男女结婚形成夫妻关系，也产生了夫妻间的权利和义务，我们称之为扶养。我国《民法典》第一千零五十九条规定："夫妻有相互扶养的义务。需要扶养的一方，在另一方不履行扶养义务时，有要求其给付扶养费的权利。"在家庭夫妻关系存续期间，夫妻有相互扶养的义务，直至夫妻关系解除终止。

（五）赡养功能

所谓赡养，是指子女对父母的帮助、支持和供给。现在，赡养的概念包括物质、生活、精神三个方面。随着现代社会发展，"精神赡养"一词出现了，是说子女对父母的精神慰藉。

中国的双向反馈代际关系模式决定了家庭中的赡养功能，《民法典》第二十六条规定"父母对未成年子女负有抚养、教育和保护的义务。成年子女对父母负有赡养、扶助和保护的义务。"孝敬父母是中华传统文化、道德的重要部分，正所谓"百善孝为先"，赡养父母不仅成为中国家庭的重要功能，而且是家庭中重要的文化氛围，具体表现为家庭中的"孝道"。

（六）性生活功能

婚姻的成立标志着当事者有相互的性权利和性生活的合法化。性生活是家庭特有的功能。人在社会中的生活一般有物质生活需要、精神生活需要，还有性需要。以往我们只谈前两种需要，而对性的需要讳莫如深，现在人们不再回避这一需要。

（七）物质生产功能

所谓家庭的物质生产功能，从广义上说包括家庭中的生产、分配、交换和消费等。

家庭曾经是生产资料占有单位。人类社会最初的私有制是和原始公社的解体、生产资料归家庭占有同时发生的。家庭曾经是生产劳动的组织单位。原始公社末期，生产力发展，开始以家庭为单位组织生产，家长是生产劳动的组织者和领导者。家庭也是劳动产品的分配和交换单位。以家庭为单位占有生产资料，以家庭为单位从事劳动，也决定了以家庭为单位参与对劳动产品的分配和交换。家庭是消费单位。家庭的人口数量和收入决定了家庭消费的水平。家庭的支出项目和比重等决定了家庭的消费方式。以家庭为单位核算消费和支出，是社会消费的基本特点。

因此，家庭的物质生产功能是进行生活资料即食物、衣服、住房以及为此所必需的工具的生产，满足人们吃饭、穿衣、住房等需求。只有这些基本需求得到满足，人们才能进行政治、宗教、艺术、休闲、娱乐等其他方面的活动，才有家庭生活的其他方面。

（八）日常生活与消费功能

家庭成员日常生活在一起，决定了家庭具有消费功能。家庭成员的生活方式和特征，决定了他们同居、共财，必然是共同消费。传统社会家庭是社会消费的基本单位。现代社会中，家庭还在很大程度上保留着家庭消费的特征：共同收入，共同占有财产，共同"制订消费计划"，共同支付和支出金钱，共同储蓄储备钱财。在现代生活方式中，"AA"制进入少数家庭，来到了夫妻之间，但基本上没有改变家庭整体消费的性质和基本格局。

（九）休闲娱乐功能

家庭是人的休闲娱乐的重要场所之一。家庭娱乐对于儿童有特别重要的意义，如讲故事、游戏都是在家庭中首先实现的。即便对于成年人，家庭娱乐也不可缺少。它能增加家庭生活的乐趣，丰富家庭生活内容，调剂家庭成员的智力和体力，满足家庭成员的心理和生理要求，增加家庭成员的凝聚力。

（十）心理和情感功能

人具有心理、思维和情感，与人的社会性、人的社会关系和社会交往、人的群体生活密切相关。家庭是在婚姻血缘关系的基础上产生的，是社会关系中最为深刻、最为亲密的一层。家庭是基本的社会群体。家庭的日常生活环境，家庭成员的面对面互动与合作的特征，使得家庭对于个人具有特殊的心理和情感功能，满足人的心理和情感需求。

第三节　婚姻家庭社会学

每个人自呱呱坠地，就生活在各自的家庭之中，从咿呀学语到蹒跚试步，唯赖父母，不能离开家庭一日。自人类进入文明社会以来，各种社会组织和结构均发生过巨大的改变，只有家庭还保持它的基本形态和内核。因为家庭的特殊结构和功能不能为其他社会组织所取代，它始终处于社会的中心地位。家庭是社会的细胞，我们要思考和研究家庭，特别要掌握关于家庭的社会学知识，进行婚姻家庭社会学研究。

一、婚姻家庭社会学的概念

婚姻和家庭不可分割，婚姻是家庭的基础和前提。婚姻家庭社会学是社会学的一门分支学科，它运用社会学的理论和方法来研究婚姻和家庭及其演化的客观规律，研究家庭和社会的诸种关系，研究家庭在社会中的地位和作用。在人类社会的文明史上，以一夫一妻为主体格局的家庭存在了数千年，人类对家庭的思考和研究也已有几千年，然而关于家庭社会学的研究只有一百多年的历史。1838年，孔德在他的主要著作《实证哲学教程》第4卷出版之际，提出了建立社会学独立学科的要求，社会学就此产生。之后，社会学理论和方法被运用于社会研究的各个领域，也被用于研究婚姻和家庭。作为社会学的分支学科，家庭社会学也逐渐产生并发展了起来。

二、婚姻与家庭的结构与关系研究

（一）家庭的规模与结构

在世界历史上，随着社会的发展，家庭日益从联合与主干家庭向核心家庭转化。我国也是如此。但转型社会中的特有问题也时常抵消甚至扭转这一趋势。例如，城市中年轻的双职工夫妻日益依靠有退休金的父母来带孩子、补贴家计或解决住房问题，因此，住在婆家或娘家的反而有所增多。从社会设置来看，分家分户的手续日益简化，顺应了核心家庭的增加趋势，但是赡养、继承、分配、亲情纠葛等矛盾却在显著增加。

值得关注的是，伴随着养老、独身子女现象的日益显著，有些地方出现了轮伙赡养、并家婚姻（苏南地区独生子女家庭的姻亲关系，两家并一家的说法）等多样化的现象，也亟须社会学经验研究的介入，以把握社会的变化并思考其背后的推动力。

（二）家庭关系

在家庭内的人际关系中，性爱、生殖、亲情这三大内容是其他社会关系所不具有的。因此，家庭内人际关系的准则既要作为社会设置而遵从一般道德规范（如禁止暴力与虐待等），又会作为生活实体而具有不同的特征（如情感常常超过理智等）。

家庭内人际关系至少由几大因素形成：夫妻权力结构、个性异同、性的地位与作用、交流与交换的状况、代际差异（包括婆媳关系）、相关的人与事的作用等等。一个家庭中，人口、辈分和夫妻对数越多，与原家族的联系越紧密，各成员的利益与情感就越不容易协调好。但是反过来看，核心家庭中一旦发生矛盾，自我化解的可能性就不高，因此不得不以夫妻离婚或者两代人隔绝作为解决的办法。此外，性别的、代际的和经济的独立，平等与民主的意识，科学育儿的理念与实践正在日益渗入家庭，而与此同时，大城市中生活成本的增加、隔代抚养及相应的照料需求、月嫂与保姆等社会角色的介入，往往与传统的家庭伦理产生差异与冲突，形成当前家庭内人际关系的显著特征。

（三）影响婚姻家庭的社会因素

现代社会保障每个人都拥有选择的自由，个人意志自由是婚姻需要重要关注的因素，社会越来越尊重个体追求个体幸福，对离婚、未婚同居的包容度不断提升，对离婚、未婚同居的社会接纳成本降低。

家庭的变化受到社会人口政策的影响。我国计划生育政策对家庭影响极大，政策实施后联合家庭迅速减少，核心家庭成为主要类型，中国家庭出现人类历史上绝无仅有的"四二一"结构，即四个老人（祖父母与外祖父母）加两个中年人（自己是独生子女，也是独生子女的父母）和一个孩子（独生子女）。

一些婚姻为规避社会、经济政策如拆迁、购房等限制而离婚，产生假离婚或弄假成真而导致家庭破裂。要避免基于规避有关社会、经济政策而引发的离婚，需要在制定、实施政策时评估政策对婚姻家庭的影响，避免因社会经济政策导致婚姻家庭破裂。

三、婚姻家庭的过程研究

（一）婚姻准备与结婚

婚姻准备就是当事人在性、爱情、婚姻三方面持续地社会化与个性化的过程。双方认可彼此，就会试图建设生活实体，产生实际的结婚行为。符合社会设置的要求之后，国家就会准许办理法定手续。婚姻准备可以粗略地分为四个社会化时期。

学龄前儿童主要是从父母那里体验到婚姻所具有的心理与情感意义的。儿童的"过家家""扮新郎新娘"，都是在模仿和寻求婚姻情感中的第一要素：亲密。到青春期之前的少年，主要是在最初的社会人际关系中品味和学习婚姻情感中的第二要素：知心。青春期之后，对性与性别的认知使得青年在男女界限中领悟着婚姻情感中的第三要素：吸引。成年之际的青年，对人生、社会和性别有了更多的经验，便开始培养婚姻情感的第四要素：关切与体贴。

一般说来，任何一个准备阶段的缺乏、间断和失衡都会引发婚姻的困难或者失败。它不仅指结不了婚，也指独不了身，更指缺乏协调人际关系的能力。

婚姻准备也是个性化的过程。人们首先要接受和解释自己的体像、功能和欲望，然后逐步形成性爱的指向和偏爱，再学会识别爱的信号，最终在社会规则的大框架中确定自己的独特位置，产生自己特有的婚姻期望。

对于结婚，主要考察以下方面。

第一，结婚行为的具体形式。单纯的婚前性行为、受孕、同居、举办婚礼、法定登记这几者之间，在时间、意义和自愿程度上都有同有异。这是通常所说的"婚姻基础"，必须整体化地加以考察。

第二，结婚投入。即双方，包括双方原生家庭投入的情感和资源的总量多少，双方比例结构如何以及在其原有总储存量中所占比例。《民法典》规定，下列财产为夫妻一方的个人财产：①一方的婚前财产；②一方因受到人身损害获得的赔偿或者补偿；③遗嘱或者赠与合同中确定只归一方的财产；④一方专用的生活用品；⑤其他应当归一方的财产。此规定就是为了解决结婚投入中可能的冲突。

第三，结婚对双方的价值。最重要的是要考察双方所认定的结婚价值与原有基本人生观的吻合程度。同时不可忽视性别因素，因为结婚对男女的人生意义显然不同。

（二）婚姻的维系

最终决定婚姻状况的，肯定仍是当事人自己。首先，他（她）必须认定目前的婚姻是自己不可或缺的人生价值。其次，他（她）必须愿意和善于为此首先付出。最后，他（她）必须拥有促使对方适当互动的能力。否则，这个人很可能不仅难以与目前的配偶过好婚姻生活，甚至根本就不适合与任何人结婚。

婚姻总是处于特定社会环境中，因此，社会学从经济活动、文化素质、居住条件、闲暇时间的利用、姻亲关系等方面，大量研究了社会与个人的关系和作用。中国正处于急剧转型期，婚姻领域的悲喜剧也大多来源于转型中的不适应，最主要的有以下三种情况。

1.婚内两性地位与角色在变化　不仅是丈夫，许多妻子也无法适应这一变化。男人中盛传"气管炎（妻管严）""床头柜（跪）""阴盛阳衰"的自我幽默，女人则为"事业家庭双肩挑"而苦恼和争论。这些情况对于夫妻双方的个性特征、坚持自我意愿的决心与能力、对人格尊严的珍惜程度、首先主动让步的能力等诸多因素，都造成了悄然但深远的变化。传统婚姻的"和和美美"是以"夫唱妇随"为基础的，现在却不得不转向交换、互动、妥协等相对陌生的行为方式。因此，就连许多相当自立的女性和相当宽容的男性，也还不大明白和很好地适应当今的这种婚姻生活。

2.夫妻共同的生活目标更难以建立　传统婚姻有一个天然的共同目标：过日子。它常常既是最低要求，又是最高理想。现在，越来越多的人开始经历"家"与"业"在时空和价值上的分离。尤其夫妻双方在家是"劳燕双归"，在外是"各有洞天"，对生活的价值取向不仅变得更加多元，而且常常难以排序、协调与取舍。因此，夫妻共建一个值得双方主动彻底投入的目标就更加困难了。

3.婚姻目标日益浪漫化　大多数中国夫妻都有过非常浪漫的婚姻憧憬，但又都一步步地现实起来，最终才能结得成婚。因此，民间传统认为：越现实的婚姻越保险，越保险就应该越现实。但现在社会与个人都在转型，客观上开始需要婚后再次逐步浪漫起来，才能靠内聚力来抵御外界可能的危害。许多夫妻把时序颠倒了，形成了"婚前要死要活，婚后不死不活"的局面。更多的夫妻则还没学会创造浪漫。

（三）婚姻质量

婚姻质量可以分成三种主观满意度：对配偶的、对双方共同生活状况的以及与假想的"第三者"进行比较的。

对于如何测度婚姻质量，我国学者曾经引进了一些定量研究的指标，试图对其加以"客观判定"。但是国际上也有另外一派学者主张，所谓婚姻质量只有一个判断标准，那就是当事人自己的主述。对此，我国民间俗语表述为："鞋子合适不合适，只有脚知道。"

从21世纪的一些大规模社会调查的发现来推论，我国城乡夫妻主诉的婚姻满意度相当高，自认为很满意或比较满意的人一般占大多数。但是国际上也有另外一种理论：期望值与满意度总是成反比的。随着人们的要求与期望越来越高，对于婚姻质量的自我评价会越来越低。我国日益增高的离婚率就是一个证明。

（四）离婚率与离婚问题

离婚率的统计方法至少有四种。①离婚结婚比：即当年离婚总对数除以当年结婚总对数。它的优点是便于调查和比较，缺点是基数不够稳定。②人口离婚率：即千人中当年离婚对数所占的比例。它更准确，但调查较困难。③追踪离婚率：即以某年全体结婚者为基数，考察在若干年后已离婚者所占的比例。它有利于直接研究婚姻的命运并做出历时态的分析，但操作更为困难。④最终离婚率：即现有的已婚和曾婚人口中，有多少人曾经离过婚。它常与追踪离婚率共同使用。不同统计口径的离婚率，常被不同人用于不同目的，每当离婚被当作社会热点问题时更是如此。其实，如果再婚率足够高，那么离婚率无论多高，都不会成为一个社会问题。

离婚以及离婚后的生活形态也存在着生活实体（分居、遗弃等）与社会设置（办理法定手续）之间的不同。有些婚姻已破裂者不愿或无法正式离婚，有些离婚者却仍有婚姻实体。

我国离婚者的主诉离婚原因以性格不合为最多。实际情况则是双方缺乏感情交流或者关系协调不好，其中又以欠缺理解、体贴与尊重为最常见。其他的离婚原因至少还有经济矛盾（分配或赡养等）、生活方式、用情不专等，但这些往往是第一主诉原因的派生物或添加剂。对已有离婚想法的人来说，主诉的最常见的阻止因素是顾及子女、舆论、对原父母家庭的影响、再婚的可能性等问题；也有的是由于找到了某种婚姻生活的替代物，如事业、教养子女、婚外恋等等。

离婚者所最不易承受的后果，表面上涉及孤独、经济损失、离开子女、名声不好等等，但最深刻的是心理挫折。他们常常认为离婚是自己整个人生的失败，很可能陷入应激或自我防御的不良心理状况，进而产生严重悲剧感或再婚障碍。反之，明智的协议离婚则可以极大程度地避免上述问题。

贯穿上述婚姻家庭的结构与关系、过程研究的，是随着时代的变化，人们的观念发生了怎样的变化，代与代之间、大小城市与农村之间、不同性别之间存在怎样的差异。围绕婚姻与家庭的价值观，家庭主义与个体主义的理论探讨和争议也伴随着中西、传统与现代的分野与张力开始出现，甚至结合着社会治理进入学界与政策讨论的视野。

岗位情景模拟

社区里住着一对奇怪的"空巢老人"。他们长期把捡来的垃圾堆放在家里，这些杂物堵在楼道里，影响了同栋楼其他住户的正常生活，也造成了安全隐患。据了解，老两口有4个儿女，均已成家，与老两口分开居住。年轻时老两口都是工厂工人，退休后靠着退休金，日子过得还算不错。

讨论：你觉得"空巢老人"的现象为什么会产生？请你运用家庭关系、家庭结构和家庭功能的相关知识，分析"空巢老人"现象产生的原因，并提出合理的解决方法。

参考答案

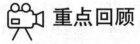
重点回顾

重点回顾

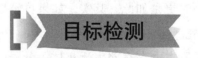
目标检测

参考答案

一、单项选择题

1.社会学者对婚姻的理解注重婚姻所具有的（　　）。

 A.经济意义   B.社会意义

 C.文化意义   D.政治意义

2.婚姻的本质是（ ）。

    A.私人行为　　　　　　　　　　B.个人行为

    C.社会行为　　　　　　　　　　D.边缘行为

3.下列不属于家庭功能的是（ ）。

    A.教育功能　　　　　　　　　　B.抚养功能

    C.赡养功能　　　　　　　　　　D.联合功能

二、思考题

1.如何理解婚姻的本质？

2.简述家庭的概念。

3.按照家庭的代际层次和亲属关系划分，家庭的基本结构类型有哪些？

第四章　社会组织与社会工作

🖐 **学习目标**

1.重点掌握社会组织的含义与构成要素、分类与特征。

2.学会运用社会工作方法分析常见社会问题。

3.培养对所在组织的归属感和认同感，并积极推动组织的规范化发展。

现代社会是组织化的社会，人们生活在各种组织中，在生产和生活中与政府、企业、学校、医院、金融机构等社会组织发生着频繁的联系。现代社会工作是一项高度专业化的活动，它的基本特征之一就是其大部分的实践过程和工作技巧都是建立在一定的、系统的理论知识基础之上。本章主要介绍社会组织和社会工作的相关概念，理论及实践的发展，并对社会组织管理和社会工作管理、社会工作方法进行介绍。

第一节　社会组织概述

社会组织是在现代社会中最有代表性的群体形式，广泛存在并改变着人们原有的自然组织状态，为了进行稳定的合作，人们建立了很多类型的社会组织，如工厂、企业、学校、医院、银行、各类社会团体等，我们的生活与社会组织息息相关。因此，我们有必要了解什么是社会组织，以及这些社会组织是如何构成和发挥作用的。

一、社会组织的含义与构成要素

（一）社会组织的含义

在社会科学中，社会组织有广义、狭义之分。广义的组织是指人们从事共同活动的所有群体形式，包括家族、家庭、秘密团体、政府、军队、学校、宗教团体等。狭义的社会组织是指人们为了实现特定的目标而有意识地组合起来的社会团体，如慈善基金会、社会服务机构、行业协会等。

（二）社会组织的构成要素

社会组织的基本构成要素包括如下。

1.通过一定程序吸纳接收组织的成员　社会组织是由社会成员组成的，是追求同一目标的成员相互协力以实现共同目标的社会群体，重视成员的选择、训练、培训和安排，因此必须通过一定的手续，才能加入组织。这样有利于明确组织与成员的权利与义务；明确组织边界，强化成员对组织的归属感；有助于社会组织对成员的有效管理。

2.特定的组织目标　任何组织都有明确的目标。社会组织的目标既包括整体组织的目标，也包括每个成员各自的目标，如果没有目标，就没有方向。清晰的目标可以将组织成员凝聚起来，进行合理分工和合作。组织目标为组织成员的行动指明方向，为对组织行为的评价提供了标准。组织目标不仅代表组织的整体，也反映组织成员的利益和要求。组织的目标越明确，组织就越有凝聚力。

3.规范性章程　由于社会组织实行高度的分工与协作，社会成员之间多以间接的非接触的方式进行互动，为了高效地将成员组织起来，保证组织目标得以实现，就需要制定规范性章程。组织章程一般是关于组织性质、目标、任务、结构、组织成员的权利与义务以及组织活动等的规定。规范性章程是指较为正式的成文、成体系的规定，比如党章、校纪、厂规等都是要求成员共同遵守的规则。

4.权威的领导体系　权威的领导体系意味着自上而下、具有支配性的权力关系获得组织成员的认可而具有权威性。权威的分层体系既是合理动员和配置资源从而有效达到组织目标的保障，也是进行组织控制的必要手段。韦伯根据权威的形成，将权威分为法理型权威、传统型权威和魅力型权威。法理型权威是通过合法的程序形成的、具有合理性的权威。传统型权威是由于世袭等原因而形成的权威，其特点是下级对上级的服从和忠诚。魅力型权威是由于个人具有独特的才能或者人格魅力而形成的权威。现代社会中，法理型权威占据主导地位，这种权威有代表型的，也可能表现为摆设型或者惩罚型。

5.一定的物质基础　任何组织要实现特定的目标都需要物质条件，如设备和资金等。组织的性质不同、任务不同，它所要求的物质条件也会不同。比如学校需要教室、学生宿舍、实验室等，企业需要办公桌椅、电脑、打印机等。如果没有物质基础，那么组织活动也将无法进行，组织也不可能组织其成员有效地开展实现其目标的活动。

二、社会组织的分类与特征

（一）社会组织的分类

现代社会组织不仅数量多，而且种类多，如何将社会组织进行分类是很多社会学家关注的问题。社会学家根据不同的标准对组织进行分类，常见的有以下几种。第一，美国社会学家帕森斯从宏观社会体系的角度对组织进行分析，以组织的功能和目标为基础分类，把社会组织分为四种类型：经济生产组织、政治目标组织、整合组织、模式维持组织。第二，美国社会学家布劳和斯科特根从组织运行的受惠者角度对组织进行分类，把组织分为互利组织、服务组织、经营性组织和公益组织。第三，美籍德裔社会学家艾兹奥尼根据组织中的权威性质或组织对成员的控制方式，将组织分为强制性组织、功利性组织和规范性组织。

我国社会组织的分类一般有两种标准：以产业为标准，以机构编制为标准。

以产业为标准分为以下类型。第一产业组织，是指以自然为开采对象的产业组织形式，包括农业、林业、牧业、渔业等。第二产业组织，是指在第一产业组织的基础上形成的产业，包括工业和建筑业。第三产业组织，包括流通部门和服务部门两大类。流通部门的行业包括交通运输业、商业饮食、邮电通信、物资供销和保管仓储业等。服务部门的行业可分为生产和生活服务部门、科教文卫等服务部门以及社会公共服务机构等。

以机构编制为标准分为以下类型。①国家机关编制组织：包括国家权力、行政、司法机关等组织，各级各类党派组织，全国政协及人民团体等。②事业编制组织：指为国家创造和改善生产条件，促进社会福利，满足人民文化、卫生等需要，其经费实行预算拨款制的国家事业机构。它分为全额拨款事业单位如学校等，差额拨款事业单位如医院等，以及自收自支事业单位。其中，事业单位实行企业管理的组织机构也被列为国家事业编制。③企业编制组织：是指从事工农业生产、交通运输和商业流通等活动，一般是指以营利为目的，向市场提供商品或服务，其产生的价值可用货币表现的相对独立的经济实体，包括冶炼、建筑业等。④社会团体编制组织：是经民政部门核准登记的各类全国性社会团体，是当代中国政治生活的重要组成部分。我国目前的社会团体都带有准官方性质。⑤新社会组织：指相对于政党、政府等传统组织形态之外的各类民间性的社会组织，主要包括中介组织、社会团体、基金会、社会服务机构以及各类群众团队。

（二）社会组织的特征

社会组织在本质上是一种非营利组织，因此具有非营利组织的一般特征。本教材倾向于认为社会组织具有非营利性、非政府性、志愿性和公开性四个特征。

1.非营利性 规定了社会组织不得从事以获取利润为目的的活动，并且所获得的利润不得进行分配。这是社会组织的基本属性，也是区别于企业的根本特征。社会组织的非营利性主要体现在组织宗旨的非营利性、组织利润的非分配性、组织资产的非私有性。

2.非政府性 又称私有性或民间性，是社会组织的第二大基本属性。相较于企业来说，社会组织和政府机构都属于社会的公共部门，但社会组织不是政府机构或其附属的部分，而是非政府的社会组织。社会组织的非政府性体现在独立自主的自治组织、自上而下的民间组织、属于竞争性质的公共部门。

3.志愿性　是社会组织的第三个基本属性，也是社会组织最具有特色的一个属性。社会组织的内在驱动力是以志愿精神为背景的利他主义和互助主义。社会组织是志愿精神的组织化表现。社会组织的志愿性主要体现在成员加入的自愿性和社会捐赠的广泛性。

4.公开性　主要体现为社会组织活动的公开性和提供产品与服务的公共性。主要包括组织活动的公开性和透明性、组织产品与服务的公共性。

三、社会组织与现代社会

（一）组织是现代社会的基本结构要素

在传统的农业社会中，人们以自给自足的小农经济为基础，以家庭、家族的方式进行生产和生活。由于生产力水平低，社会分工不发达，人们的生活范围相对狭小。靠着血缘关系和地缘关系，村落社区被自然地组织起来，但在更大范围内却缺乏组织。进入现代社会之后，这种情况发生了很大变化。社会组织是社会分工的产物，社会分工使各种企业不断出现，学校、医院遍布农村，政府的力量也日益强有力地进入农村，城市与农村的联系日益紧密，农民的生产和生活越来越同各种正式组织联系在一起。而城市社会中的人们更是离不开各种各样的组织。组织的大规模出现及其结构的复杂化、多样化，是现代社会区别于传统社会的重要特点。在现代社会中，从出生到死亡，人们都离不开组织。不管是学习、工作，还是日常生活，离开组织人们简直就无法正常生活。组织既满足人们的多种需要，也对人们形成约束。这样，在现代社会中，组织就成为人们生产活动和社会生活的组织者，成为个人与外部社会的中介，形形色色的组织成为社会的基本单位。

由于现代社会分工十分复杂，单个的组织已经不能独立生存，于是组织之间的相互依存就促成了它们之间的联系和联结，进而形成了复杂的组织体系；现代社会的运行是以各种组织为基础的，社会运行表现为各种组织运行、发展和更替，组织的运行状况反映着社会的面貌。

（二）现代组织的发展

自现代组织大量产生以来，为适应提高效率和外部竞争的需要，组织一直沿着正规化、规范化的方向发展。这表现为以下两方面。一方面，组织规模不断扩大。以企业组织为例，工业化初期占统治地位的是小规模的手工作坊，它们规模狭小、生产率低。随着生产规模和市场的扩大，较大规模的工厂越来越多地建立起来，再到后来大型企业甚至集团公司逐渐成为有代表性的企业组织。当然，企业规模的扩大并不排除小企业的存在。另一方面，组织中的规则日益正规化和复杂化。随着组织规模的扩大，组织成员的增加，成员成分的复杂化，组织为了更好地协调其成员的活动，有效地达到目标，都倾向于制定规章制度，用于指导成员的活动，这就是组织的规范化。

组织的规范化是组织理性化的表现。以中国的乡镇企业为例，开始它们一般建立于几个合伙人的共识和相互信任之上，企业内部可以没有成文的规则。随着企业规模的扩大和内部协作任务的增加，各种制度规则会逐渐建立起来，组织也会越来越正规化。

现代组织的发展带来多方面的影响。一方面，组织的普遍化、组织规模的扩大和正规化，使人们得以在更大范围内进行分工与合作，从而提高活动的效率。现代社会也在更大范围内和更高水平上被组织起来。另一方面，人们越来越服从于组织的安排，按组织的规定行事，受制于组织，这也给人的自主性带来更大的挑战。

在当代，随着科学技术特别是网络技术的发展，以及治理理念的变化，组织也发生着新的重要变化。这主要表现在以下两点。第一，网络型组织出现。工作大变革，地理空间约束不再成为利益群体形成和扩展的根本性限制因素，出现了网络型组织，与工厂制时期的组织形成了鲜明对比。第二，政府、企业、社会组织间关系的重构。在经济领域，民主治理成为基本的发展趋势；在社会领域，重要的变化是非营利组织快速发展。政府、企业、社会组织之间的关系表现出互利互惠、合作共存的新格局。

第二节　社会组织管理

组织管理是伴随着组织发展实践而展开的，组织发展的实践不断推动着组织管理理论的发展，同时组织理论对组织的实践也有理性的指导作用。了解组织管理理论对于有效地促进组织运行具有重要意义。

一、组织管理的含义

组织管理是指通过建立组织架构、确定组织成员权责，引导组织成员共同实现组织目标的过程。

组织与管理是一体两面，相依相存，组织存在必然需要管理。设计合理的组织结构是管理的基础，也是管理的必要条件。在这里，结构的内容通常被认为是物的、客观的因素，而管理则体现为人的因素。不同的管理者即使工作在同一组织内，也会表现出不同的态度和行为方式，最终使管理工作成为一门复杂的人类系统工程。

管理是最普遍的人类活动，它是把人合理地组织起来，从而作为达到意图或目的的手段。早期社会中，这种管理是比较简单的。人们发现，在团体中每个人都有不同的技术和能力，为了充分利用各种不同的技术、技能而出现了分工。由此，在完成组织目标的基础上，为安排和协调各种不同的工作任务，就必须达成某种协议。同时，组织也按照工作性质的不同，区分出有等级高低的权威与权力的分层结构。这时就需要有人来指挥该组织的运转，管理由此也就成为组织运行不可缺少的环节。

人总是作为组织的成员而存在的，组织也一直在实现着人们的各种目标。在远古时代，人类就曾为了某些目的而组织起来，现在与过去的区别就在于人类组织的规模、复杂程度和技术都在突飞猛进地发展，有关管理技术包括组织自身的科层制形式的知识也在不断增长。可以说，现代社会比以往任何时代都更加组织化，这也意味着管理更加普及、更具权威性和更深入地渗透到整个社会中。

管理是一个复杂而普遍的人类系统工程。在这一工程中，管理者的角色有两种基本职能，即向内观察组织内部的秩序，向外观察环境的变化。管理者的基本目的是寻求内部秩序与外部环境的均衡和发展。它的基本功能是消除紧张状态，完成组织目标。这种紧张状态在组织内部指人与组织之间的矛盾，在组织外部则指组织与环境之间的矛盾。这种内外冲突的调解与处理，使管理成为一门非常艰难的艺术。

二、组织管理方式

纵观组织管理的发展历程可以发现，被普遍采用的主要有以下两种管理方式。

（一）家长制的管理方式

它产生于农业社会，是小农经济的产物。它与初级社会群体有着十分密切的关系，其特征有以下几点。

1.组织内部的权力集中于最高领导人手里　领导者的权力既没有划分，也不受限制。组织的一切活动均由领导者一人决定。

2.分工不明，责任不清　组织成员没有明确的职权范围，即使有，也是相互重叠和交叉，常发生遇事推诿、不负责任、相互扯皮的现象，而且没有任何规章来确定分工和责任。

3.任人唯亲，因人设位　家长制是以初级关系（或非正式结构关系）为基础进行管理活动的，因此，在选择安排人员时也以初级关系为标准，即由私人关系远近和私人交情亲疏而定。以领导者为中心形成权力圈，那些接近权力中心者往往有较大权力，他们共同构成利益群体。这种管理方式的运行不是根据管理的需要而设置相应的职位，而是为了维系利益群体，根据与领导者本人亲疏关系和平衡原则为其成员分配和设置职位，这是造成组织机构臃肿、职位交叉的主要原因。

4.办事无章可循、无法可依　组织成员在处理日常事务时只能依据以往的习惯、直觉、个人经验及情感因素，具有很大的随意性。

5. 终身制　领导者及其群体成员的职位都是建立在初级关系基础上的，成员利益处于相互制约之中。领导者与成员之间的关系是不可替代的个人化关系，这样，领导者在位与否不是按组织管理需要，而是根据利益群体成员的需要而定，这就是造成家长制管理人员终身制的原因。

家长制管理方式适合于小规模的组织结构、分工不发达的传统社会，管理的好坏取决于个人的经验和素质，因此，这种管理方式的局限性很大。随着社会生产力的发展，分工变得精细，逐渐出现了大规模的社会组织。这种组织建立在分工细密、协作复杂、高效率的基础上，因而单凭个人经验已无法对其加以管理。家长制不再适应现代社会的发展，它逐渐被一种新的管理方式——科层制所取代。

（二）科层制的管理方式

1. 科层制的含义　科层制是指组织内部职位分层、权力分等、分科设层、各司其职的结构模式和管理方式。科层制是现代社会组织管理的典型方式，其特征包括以下几点。

（1）组织内部有清楚的分工，而且每一个成员的权力和责任都有明确规定。科层制把从事的活动以正式规定的职责形式固定落实到人，即明确每一个管理者的权力和责任，并把这些权力和责任与正式职位捆绑起来而使之合法化。

（2）明确的职权等级。组织的职位之间形成自上而下的权威体系，下级接受上级的指挥。实际上，明确的职权等级是组织实行大规模责任制和协作必需的原则。

（3）明确的规章制度体系。在任何情况下，组织成员都要遵循规章制度，包括在具体情况下执行这些规章制度，其目的在于求得组织各部门之间活动的协调一致，也有利于公平合理、平等对待一切人和事。组织的规章制度是最高权威，它规定成员的权力、责任和活动程序等。

（4）私人关系和公务关系的分离。在处理公务时，成员应按规则办事，即本着严肃的非人格化精神，不掺杂个人的好恶爱憎，因而不带有情感和热情，保证工作按正式确定的方式进行。

（5）量才用人。科层制招聘人员按技术资格录用，并需要经过专门的训练，承担某一职务的人员应保证其工作的长期性和稳定性。同时，科层组织内还有一套按工作年限、按工作表现或两者兼顾的晋升制度。

（6）管理权力依附于职位，而不依附于个人。有职则有权，无职则无权。这就使组织管理者的更替过程并不影响组织的正常运转，保证了组织的长期性和稳定性。

2. 科层制的功能　科层制是一种现代管理方式，它对组织管理发挥着重要作用。从纯粹技术的角度来看，科层制结构和制度是实施组织管理、促进其有效运行的合理形式。科层制在保证组织成员相互合作的准确性、稳定性和可靠性方面优于其他管理方式。这样，科层制能促进组织的高效运转，高效率是科层制最明显、最重要的功能。

科层制相对于家长制是一个巨大的进步，但是科层制管理也可能产生负功能。比如，科层制所要求的严格的纪律、繁琐的规则会使组织成员形成"官僚主义人格"，他们有时会把遵守规则当作目标，从而发生"目标置换"现象；科层制限制了组织成员之间的感情沟通，会影响他们的积极性。因此，如何发挥科层制的优势，避免其弱点，就是组织管理实践和理论研究所要探索的重要课题。

三、互联网时代的组织

随着互联网时代的到来，"互联网+"技术的广泛应用正在重新定义社会。以互联网为代表的信息技术、网络技术和数字化技术飞速发展，不断改变着人们的生存方式、生活方式、交往方式和交往关系，也使组织、网络乃至整个社会的制度、结构发生变化，网络型组织结构作为一种新形式组织设计形态而出现。因此，不同于传统固有组织结构和组织形态的家长制和科层制管理方式，互联网时代的组织正因新的挑战而转变。互联网时代的网络化组织主要表现出以下特点。

第一，等级结构弱化。传统组织以科层制为基础，等级十分明显，组织内成员各司其职，不得越职、越权。但现在越来越多的人认识到，组织结构的扁平化将有利于提高组织效能和效率。在互联网时代，信息技术和电子技术的发展使得组织内部的信息可以随时共享，加快了指令下达和信息传递速度，由此，组织结构逐渐呈现出扁平化变革趋势，以提高效率，节约运行费用，增强信息传递的准确性。

第二，组织功能呈现多元化和全能化。由于网络技术和信息技术的使用，信息沟通壁垒被打破，更多组织成员直面市场，需要及时、独立处理突发问题。互联网时代的组织对成员提出了更高的要求，需要他们具备多方面的专业知识和技能，特别是对知识的搜索能力。在某种意义上，互联网时代的组织成员基本上都是"全能"的，通过网络知识共享学习，精通和了解多个专业领域的技术知识，一个人可以胜任多项工作。

第三，组织系统"线上+线下"双管齐下。在传统组织内部，日常业务执行、指导和监督在很大程度上都是一种即时性的线下交流，各层级成员通过面对面交流互动来完成信息传递，以避免任务实践过程中发生功能性偏差。而在互联网时代，信息传递不受时间和地点的限制，且可具有保存和提醒功能。因此，作为线下互动的补充，线上信息传递极大提高了组织效率和效能，受到当代各种组织的青睐。

第四，信息和人员的流动性增强。组织内、外的信息源头及信息流动方向由封闭走向开放，由单一走向多元，组织成员间的交流沟通、互动模式、协同模式、流动选择等逐渐凸显多样化和个性化趋势。一方面，个人通过网络可获得更多信息，扩大其选择余地，增强个人自主性；另一方面，组织内部的非正式关系也能够获得生存空间，在一定程度上影响组织结构及其运行。

第五，组织规模小型化，结构弹性加强。小型化意味着组织的精良化发展趋势，由于计算机、互联网等技术的运用，组织内中层监督和控制部门工作的重要性降低，从而使组织管理层次和机构明显减少，加之组织成员不再受专门化和专业化限制，一定程度上具备综合知识和综合能力，因此，组织规模必然缩减。组织规模小型化的附带作用就是能够加强组织结构的弹性。

科学技术的进步、信息网络技术的飞速发展在为组织管理带来便利和新机遇的同时，也带来了新的挑战。信息爆炸式增长和多向、无序流动既能够加快信息传递速度，提高组织运行效率，同样也容易造成信息繁多混杂、真假难辨。组织内部多样化和个性化发展趋势增强所带来的非正式关系也如同一把双刃剑，既能够加强团队协同性，也可能阻碍公务关系的良性运行。这些都对组织的结构设计、制度安排和人员素质及管理提出了更高要求。在互联网时代如何完善组织管理，使组织能够更好地适应内、外部环境，以求良性运行、协调发展，已成为当今亟须探讨和解决的重要组织问题。

第三节 社会工作概述

社会工作是应对现代社会问题，创新社会治理的重要组成部分。社会工作旨在通过国家制度力量和社会共同体力量来改善个体在社会系统中的处境，帮助解决个体所面对的问题，协助个体走出困境、修复社会关系、恢复社会功能，从而促进社会和谐发展。在实现第二个百年奋斗目标的过程中，我国同样需要发展专业社会工作，以解决复杂的社会问题，增进人民福祉和维护社会秩序。

一、社会工作的产生与发展

社会工作起源于近代的慈善事业，出现于工业化社会日趋成熟的19世纪末20世纪初，全面发展于第二次世界大战以后的20世纪中叶，随着工业化、现代化的发展由西欧向全球各地传播。我国社会工作经历引入、发展，适应社会需要开展社会工作服务，逐步体现出中国特色。

（一）西方社会工作发展的标志性事件

如果从专业化的社会工作来看，国际社会工作发展已经有百年的历史。本教材主要对西方社会工作形成的4个标志性事件进行介绍：一是英国伊丽莎白《济贫法》，二是德国汉堡制，三是英美慈善组织会社，四是英美睦邻组织运动。

1.伊丽莎白《济贫法》 1601年，英国制定伊丽莎白《济贫法》，主要内容包括：一是规定每个教区应向地主征收济贫税；二是规定贫民救济应由地方分区主办，设立监察员和监督人员；三是以工代赈，以工作换取救济；四是禁止无家可归者及无业游民行乞游荡；五是规定家庭有救济其贫穷家人或亲属的义务；六是把贫民分为三类。第一类是体格健全的贫民，这类人员接受救济时必须工作；第二类是不能工作的贫民，救助方式有"院内救济""院外救济"；第三类为失依儿童，例如孤儿或弃婴，主要的救助方式是领养或寄养。《济贫法》的出台对现代社会工作专业形成产生了积极影响，政府首次担负起社会救助的责任，为社会工作的合法性奠定了基础。1834年，为了减少伊丽莎白《济贫法》实施过程中产生的副作用，英国议会修正后的《新济贫法》问世。《新济贫法》主要从三个方面进行修正补充：一是救济设施必须全国一致；二是济贫所给予被收容者的待遇应该比一般工人低；三是以院内救济为原则，废除院外救济。

2.德国汉堡制 1788年，德国汉堡市由于人口骤增，贫富差距加大，失业、破产等问题导致乞丐与贫民人数激增，一度成为汉堡市最严重的社会问题。汉堡市将贫民救济纳入市政管理计划，将全市分为若干区，每区设立一名监察员、赈济员若干人，救济理念是助人自助、为失业者介绍工作、将贫困儿童送往职业学校、对患病者进行医疗救助、禁止沿街乞讨、不准市民施舍等，被称为"汉堡制"。汉堡制的目的在于协调社会救济资源、分工协作，通过就业、救济、就学、就医等途径设法帮助贫民自力更生，实施的效果较好。汉堡制实行了13年，收效甚大，其精神和做法为许多国家所仿效，是公共救助和社会工作史上的里程碑。尤其是汉堡制实行过程中的具体执行人员，就是社会工作者的雏形。

3.英美慈善组织会社 当公共救助无法满足社会需求时，社会中各种慈善组织纷纷涌现。1869年，英国伦敦成立了"慈善组织会社"，统一协调政府和民间各种慈善组织的活动，其基本主张是个人应对其贫困负责，贫民应竭力维持自身生活；强调通过道德影响来改变贫民生活；鼓励私人对贫民的救济行为等。慈善组织会社很快遍及欧美世界。慈善组织会社主要为调动社会力量参与济贫做出了巨大贡献。

4.英美睦邻组织运动 19世纪80年代，英美出现了以"睦邻组织运动"为核心的社区改良运动，主要强调服务者广泛深入参与社区生活，调动并运用各种社区资源解决各种社区问题。1884年，伦敦牧师巴涅特（Samuel A. Barnett）成立"汤因比馆"，其特点在于设立在贫民区，备有宿舍，所有工作人员与贫民共同生活，旨在利用贫民区的当地资源培养互助合作精神，服务于当地社区，同时将本国及外国的文化介绍给当地居民，使之成为当地的服务中心和文化中心。睦邻组织运动的贡献主要是强调以社区实际需要为切入点开展工作，将个人改善与社区改善结合起来，扩展了社会工作的服务方法和领域，强化了社会工作的"社会"意蕴。

（二）专业社会工作发展脉络

社会工作自诞生之日起不断推进专业发展，起源于西方的现代社会工作，既是在社会工作实践中不断扩展中进行的，也是在社会工作专业不断建构和发展中进行的，是在长期服务实践、对实践经验不断总结和吸纳其他学科新的研究成果等多种因素的共同影响下逐步完善的。

1. 专业实践与专业教育交互促进　国家济贫的政策法案出台之后，英国济贫领域内的服务实践激增，国家救济的社会服务质量有待提升。1893年，英国就由济贫院和慈善组织开设了两年制的"慈善训练"学校，这是社会工作专业教育培训的先河。为克服服务实践过程中的专业训练不足，1898年美国慈善组织会社举办了为期6个星期的专门培训用以训练"友善访问员"。1904年纽约社会工作学院成立，将课程培训从6个星期扩展为一年。1919年，美国成立社会工作训练学院协会，1952年形成社会工作学院标准，社会工作教育不断走向专业、规范。由此可见，社会工作专业实践与社会工作教育相互促进，彼此提供需求和推动力，共同促进社会工作专业发展。

2. 专业方法与工作对象逐步拓展　早期西方国家的社会工作者在提供服务过程中积累起一些经验，逐步形成临床社会工作方法。1917年，玛丽·里士满（Mary Ellen Richmond）发表《社会诊断》一书，提出要用"研究—诊断—治疗"的方法去助人，后来又发表《什么是社会个案工作》。自此，个案工作作为一种专业方法被普遍接受，这种方法对应的服务对象主要是个体，此时社会工作服务主要着力于个人身心及社会关系改善。20世纪20年代，小组工作纳入社会工作训练课程，这一阶段"人群"被作为服务对象，促成人群的自组织以改善群体成员个人境况成为新的方法。20世纪50年代，社会工作将服务对象扩展至个体和群体所居住的社区，推动社区改变，以社区作为服务对象，社区工作方法进入社会工作服务方法体系。20世纪70年代以来，社会工作行政、督导、咨询、研究等间接方法相继进入社会工作服务方法体系，社会工作专业从服务于个体走向影响和改善社会环境，其专业文化得以确立。

3. 专业理念与服务模式不断演进　社会工作深受心理学和社会学的影响，早期社会工作实践往往通过治疗来解决服务对象的问题，专业理念和服务模式有着非常微观化的心理学倾向，即将个人所遭遇的问题归咎于个体自身。随着社会问题的不断涌现和复杂化，这种专业理念越来越受到挑战。为适应调整，一方面，社会工作者在服务模式上开始走出单纯的"治疗—救助"旧模式，走向"治疗—救助—预防—发展"的新模式；另一方面，在寻求服务对象个体层面改善的前提下，社会工作者开始寻求社会福利制度和社会政策的改变，形成"权利—服务"模式。之所以会有如此转变，是因为人们在社会工作实践中发现，个人问题看似源于个人因素，但其深层根源在于社会环境等结构性因素，唯有改变社会环境，才能最终促成个人问题的改善。至此，社会工作专业理念和服务模式受到社会学的影响越来越大。20世纪中期以后，社会工作专业理念和服务模式受到多种社会思潮的影响。比如人本主义、赋权增能、女性主义、后现代主义等，社会工作形成多种理论模式并存、多种工作方法竞相发展的局面，社会工作专业不断发展繁荣。

（三）我国社会工作发展历程

从本土社会工作教育和实践发展的角度看，我国社会工作发展历程可以分为4个阶段。

1. 20世纪上半叶社会工作的发展　20世纪上半叶，我国农业生产手段落后，生产水平低下，农民生活温饱不足，无法接受最基本的教育和医疗保健，身体病弱、心灵困顿、精神疲惫，广大农村备受战乱摧残，经济萧条、社会凋敝、文化落后。伴随着西方列强侵略，一些基督教传教士为了传播基督福音，将西方社会工作教育带入中国。1913年，沪江大学社会学系开始开设社会学课程，并开展社会服务工作。1925年，燕京大学社会学系开设"个案工作""团体工作""社会行政"等课程，开始培养中国第一代社会工作者。与此同时，一些受到西方思想影响的中国知识分子也开始在中国开展社会救济和社会福利活动。他们有的以扫盲为主，如晏阳初领导的中华平民教育促进会；有的有感于中国传统文化自近代以来遭受重创，欲以乡村为出发点创造新文化，如梁漱溟领导的邹平乡村建设运动；有的从推广工商职业教育起始，如黄炎培领导的中华职业教育社；有的以政府力量推动乡村自治，如江宁自治实验县；有的则以社会调查和学术研究发轫，如金陵大学、燕京大学等。这些社会实践被统称为"乡村建设运动"。中华人民共和国成立前，社会工作者们虽然未能从根本上解开当时的乡村困局、社会问题，但基于社会实际开展了有益的探索，为此后我国社会工作的发展提供了实践探索和理论准备。

2. 中华人民共和国成立后社会工作的发展　中华人民共和国成立后，为加速发展工业化和加强对社会的组织动员能力，我国学习苏联经验，实行计划经济体制，通过设立各类单位组织来解决各类社会问题。一系列的政治改革和政治实践使得下层贫苦人民的生活得到了很大改善；无数灾民生活得到了妥善安排；一大批游民、流民、妓女及有不良行为的人得到了收容改造。政府致力于发展生产，并在促进就业、扶贫助困及清除社会丑恶现象等方面开展了大量与群众工作相互联系的社会工作。但是，伴随着1952年全国范围内的高等学校院系调整，社会工作专业被取缔，社会工作专业教育中断。在实践中，民政工作成为中国特色社会工作，并取得了显著成就。

3. 改革开放以来社会工作的发展　1978年开始的改革开放，带来了我国社会的加速转型，社会主义市场经济体制逐步确立，社会问题日趋复杂，很多问题无法依靠原有的方法加以解决，此种社会需要催生了专业社会工作的发展，社会工作教育重新受到重视。1983年，民政部首倡社会工作教育，在第八次全国民政会议上号召民政系统要建立各种教育机构，培养培训各类民政专业人才；1984年，民政部派团考察香港社会福利制度和社会工作专业教育，从考察中认识到了社会工作对社会福利服务的重要作用，开始推动恢复重建专业社会工作。1987年9月，民政部在北京市马甸桥附近的北京对外经济交流中心大厦召开"社会工作教育发展论证会"，主要是论证创办中国社会工作学院的必要性与现实可行性，史称"马甸会议"。会后，在社会学学科恢复和重建8年之际，社会工作及其分支学科也开始了恢复重建，中国人民大学、北京大学等高校相继设置社会工作专业。1991年，中国社会工作者协会成立。1994年，中国社会工作教育协会成立，在推动社会工作教育发展方面发挥了重要作用，并使得中国社会工作在恢复重建之后的发展具有明显的"教育先行"特征。

4. 21世纪以来专业社会工作的发展　进入21世纪，党和国家对专业社会工作的推动力度加大。2004年9月，党的十六届四中全会正式提出了构建社会主义和谐社会的目标："形成全体人民各尽其能、各得其所而又和谐相处的社会"。中央决策为我国社会工作专业发展提供了有利的政治和政策环境。2006年10月，党的十六届六中全会作出"建设宏大的社会工作人才队伍"战略部署，建立健全相应的政策措施和制度保障，确定职业规范和从业标准，加强专业培训，提高社会工作者职业素质和专业水平。2008年5月12日，我国四川省汶川地区发生地震，造成了重大人员伤亡和财产损失，震后各方纷纷聚力抗震救灾，社会工作作为专业力量首次参与国家重大事件，发挥了显著的助人效果，充分显示了社会工作的重要作用。从2008年起，我国每年都会举行社会工作者职业水平考试。

2010年中共中央、国务院发布《国家中长期人才发展规划纲要（2010—2020年）》，把社会工作人才作为重点发展的专业人才，社会工作人才队伍建设驶入快车道。

2013年，党的十八届三中全会通过了《中共中央关于全面深化改革若干重大问题的决定》，提出推广政府向社会力量购买社会服务，推动专业社会工作者投身政府职能转移过程，由此，社会工作更加蓬勃发展。2020年面对新冠肺炎疫情肆虐，习近平总书记指出"要发挥社会工作的专业优势，支持广大社工、义工和志愿者开展心理疏导、情绪支持、保障支持等服务"。2022年3月，国家卫生健康委、民政部发布了《关于加强应对新冠肺炎疫情工作中心理援助与社会工作服务的通知》，提出要将心理援助与社会工作服务纳入疫情防控的整体部署，统筹安排。在社会工作实践方面，"三社联动"、社区治理、精准扶贫、乡村振兴等项目都成为社会工作实践探索的主阵地。

截至2019年底，全国开办社会工作专业的专科院校达到82所，开办社会工作专业的本科院校达到348所，具有社会工作专业硕士培养资格的院校达到155所。截至2022年底，全国持证社工人数达到92.9万人，其中，助理社会工作师72.4万人，社会工作师20.5万人。

二、社会工作的含义与内容

"社会工作"一词由英文"social work"直接翻译而来。一般认为，社会工作最早大概是在20世纪初，一些西方发达国家在社会救助方面出现了以运用专业方法帮助有困难群体解决其基本生存问题的职业活动。《中国大百科全书·社会学卷》对社会工作的解释是："国家和社会解决并预防社会成员因缺乏社会生活适应能力、社会功能失调而产生的社会问题的一项专门事业和一门学科"。它是以利他主义为指导，以科学知识为基础，运用科学方法，帮助处于困境的个人、群体和社区解决困难，预防问题发生，恢复、改善和发展其功能，以适应和进行正常社会生活的职业服务活动。社会工作的本质是向有需要特别是困难群体提供专业化的服务；它是社会福利的传输系统，即通过社会工作向困难群体和其他有需要的人士提供适宜的服务。对于社会工作的解释，不同学者所持的观点不一，综合学术界的讨论，把其含义要点归纳为以下几个方面。

第一，社会工作是专业的助人活动，是社会分化出的一项专门传递社会福利的职业领域和制度设置，社会工作应该是一种以利他主义为导向的助人自助的活动，是一种充满爱心的崇高事业。

第二，社会工作有一套专业的理论、方法和技术，是一门独立的社会科学学科，有着非常丰富的理论内涵和技术规范。

第三，社会工作的目标是通过对个人、家庭和社会群体的帮助解决社会问题，促进社会和谐稳定。

第四，社会工作以社会公义为价值指引，以利他主义为根本，以实践为导向，具有非常强的道德品性、政治秉性和社会属性。

基于以上几点，我们将社会工作定义为：作为社会福利传递的一个职业和专业领域，社会工作坚持以人为本的核心宗旨，奉行专业的价值原则，通过运用专业知识、技能和方法，为需要帮助者提供相应的援助和支持，促使其走出困境和回归社会。社会工作强调修复人的社会关系，旨在通过专业服务解决人的现实问题，促进人的健康发展，推动社会的全面进步。社会工作是党和国家为提升人民福祉所进行的重要设置，是社会建设与社会治理的重要组成部分，也是确保现代社会和谐稳定有序发展的重要制度安排。

三、社会工作的类型与功能

（一）社会工作的类型

社会工作按照不同的标准可以分为不同的类型。一般而言，按照社会工作的方法，可以将社会工作划分为社会个案工作、社会群体工作、社区工作以及社会行政；按照专业水准，可以将社会工作划分为庶务性社会工作、政务性社会工作以及专业性社会工作；按照社会工作所涉及的服务领域，可以将社会工作划分为禁毒社会工作、司法社会工作等；按照社会工作所涉及的服务对象，可以将社会工作划分为以服务对象的年龄为视角的社会工作（如儿童社会工作、青少年社会工作、老年社会工作等）、以服务对象的机构为视角的社会工作（如学校社会工作、医院社会工作、企业社会工作等）以及以服务对象的某些特殊性为视角的社会工作（如残疾人社会工作、矫治社会工作等）。

（二）社会工作的功能

功能是指在某个结构中部分对于整体所发挥的作用。从社会工作的角度看，社会是一个复杂的系统。社会工作是社会的组成部分，社会工作对服务对象和社会系统发挥的作用就是社会工作的功能。

1.对服务对象的功能　主要包括以下四个方面。

（1）促进服务对象的正常生活　正常生活是大多数人的基本要求，是现代社会公民应有的基本权利，也是保持社会秩序、促进社会和谐的基础。由于社会变迁、家庭或个人原因，有些人可能会一时或较长时间地陷入困境，从而难以正常地进行生活。对生活上有困难的人给予必要的帮助是社会工作的重要任务，社会工作的功能则是通过帮助困难群体，希望服务对象走出困境，回归正常生活。

（2）恢复服务对象弱化的功能　对于弱势群体而言，生理、心理或社会关系方面的原因导致他们不能正常生活。比如残疾人因为身患残疾，社会上没有为他们的出行和参与社会生活做好准备，导致他们脱离正常的社会生活，从而变得孤独。社会工作介入可以通过开展活动恢复他们的自信，也可以通过营造适宜的社会环境促使他们参与更广泛的社会生活。

（3）促进个体更好发展　社会工作通过开展各种服务，可以促进服务对象更好地发挥潜能，为个体发展创造条件。比如，"留守儿童"是随着大量青壮年外出打工而产生的一个特殊群体，极易产生认知、价值观上的偏离及个性和心理发展的异常。社会工作者可以通过开展各种服务为他们链接社会资源、助学助教，让留守儿童有更好的机会发展自身。

（4）促进人与社会环境相互适应　社会工作认为人与社会环境是相互依存的，人的很多问题来源于环境的非良性互动或者不适应环境。因此，社会工作者应当既重视服务对象个人方面的原因，也重视社会环境方面的原因，促进人与社会环境的良性互动。

2.对社会的功能　主要有以下四个方面。

（1）维持社会秩序　良好的社会秩序是社会各部分关系协调、稳定的状态，是任何社会都极力追求的。社会工作解决困难人群所面临的问题，不仅可以给予困难人群实际的帮助，而且有助于社会稳定。

（2）增加社会资本 社会资本是在一定社会范围内存在的，人们基于信任、情感、共同体意识而形成的相互信赖和支持的关系。社会工作以人为本，通过举办公益活动和长期培育社会关系，可以促使人们之间社会资本的建立，或使社区的社会资本更加丰厚，有助于建立一个相互关怀的社会。

（3）促进社会和谐 社会和谐是社会各构成要素之间良性互动，社会成员之间相互接纳、平等相处的生活状态。社会工作作为专门助人的职业，能够通过具体服务为和谐社会建设做出重要贡献。

（4）推动社会进步 社会进步的最主要标准是困难群体生活状况的改善。现代社会是一个高度分化的社会，它既带来社会财富的快速增长，也造成新的严重的社会问题。社会工作作为一种社会力量，以其针对性强、服务细致、人性化和标本兼治的特点，对有需要人群特别是困难群体开展服务，能有效地解决他们的问题，从而改善困难群体、底层群体的基本生活及其社会地位，有助于推动社会进步。

第四节 社会工作价值观

价值是给人们生活和发展带来正面影响的事物。价值观，即判断是非好恶的基本观点。任何一个专业的价值观都包含两个层面的内容，基础部分是主流社会的价值观，在此之上更高的价值要求则是本专业的价值观。

一、社会工作价值观的内涵与特征

价值观是基于人的一定的思维感官而做出的认知、理解、判断或抉择。社会工作价值观是社会工作实践的灵魂，是社会工作者的精神动力。它既规范了社会工作的目标和意义，又规范了社会工作的技巧和方法，以及社会工作机构、社会工作者的行为和态度。

社会工作价值观在理论上构成专业社会工作的必要条件之一，是确定社会工作专业使命或目标的根据，是专业教育的核心内容。在实践中，社会工作价值观是社会工作者的实践动力，通过社会工作专业伦理标准促使社会工作者个人成长，进而成为维系社会期望和社会工作专业服务之间关系的关键。

（一）社会工作价值观的内涵

国外学者关于社会工作价值观的论述十分之多。高登斯坦（H. Goldstein）曾指出："价值被认为是社会工作定义的基础，它们同时被看作它的唯一基础或不可缺少的基础之一。它们还被认为是社会工作技术的源泉，是对某些人进入某种职业的动机和社会工作者与案主关系互动的特征、关系的解释。总之，在社会工作的结构中，价值被置于重要的战略地位。"

作为一种专业价值观，社会工作价值观的基础是社会主流价值和社会工作专业的独特追求。具体而言，社会工作价值观是指一整套用以支撑社会工作者进行专业实践的哲学信念，以人道主义为基础，充分体现了热爱人类、服务人类、促进公平、维护正义和改善人与社会环境关系的理想追求，激励和指导着社会工作者的具体工作。

（二）社会工作价值观的特征

社会工作价值观决定社会工作理论的构建。方法的选择和具体的技术操作，决定社会工作者对案主的心理态度及专业的性质。因此，社会工作价值观必须坚持个人价值和社会价值并重的原则，以此构成社会工作价值观的首要特征。一方面强调个人的价值，是指个体自身所体现的价值，比如个人的需要、能力、尊严；另一方面重视社会的价值，是指整个社会崇尚的价值，是社会上主流文化的价值，比如公平、正义、和谐等。

另外，社会工作价值观的内涵是不断完善的。社会工作最初的价值观基础是怜悯，并没有将帮助弱者视为社会应尽的责任，而是将其看作富人对穷人的施舍。现代意义的社会工作的价值理念则更为丰富，对社会弱者的支持和帮助被视为社会和政府应尽的责任。随着社会工作的不断发展，社会工作的对象范围也更加广泛，除了社会弱者以外，需要自我发展和自我完善的群体也被纳入其中，因此，社会工作的宗旨就是促进社会的和谐和公正。

二、社会工作价值观的体系与原则

社会工作价值观贯穿社会工作的始终。为了便于指导具体的社会工作实务，确定社会工作价值观的原则并将其划分为不同的层次，进而形成社会工作价值观的体系。

（一）社会工作价值观的体系

在国际社会工作界，学者们已经初步确立社会工作价值体系，一般可以将社会工作价值观归纳为服务、社会公正、个人的尊严和价值、人类关系的重要性、诚信和能力等。若将其延伸至操作层面，社会工作价值观则应概括为接纳、尊重、个别化、自决权和知情同意、保密、不批判。

中国的社会工作价值体系，大体上可以分为三个层次。第一层次为社会价值，由占统治地位的文化价值观念所决定，是整个社会所崇尚的基本价值，是社会工作价值体系的基础层次。社会所崇尚的基本价值随着时代和社会的进步而不断发生变化。即使在同一个历史时代，不同群体的人对什么是占统治地位的社会价值观也可能有完全不同的看法。平等、信誉、独立、礼貌、孝顺、抱负、勤奋和竞争等价值体系，在一定程度上反映出当前我国社会占统治地位的文化价值观，也可以成为我国社会工作价值体系的组成部分。第二层次为目标价值，是社会工作为了满足社会价值，根据自身的特性所提出的要求和所要达到的目标。根据社会工作专业价值的国际普遍性原则，结合我国社会和文化的实际情况认为，社会工作的专业价值应包括敬业、接纳、自决、个别化和对人的尊敬。第三层次为专业伦理，社会工作者的职业道德操守。

美国社会工作者协会规定的社会工作的伦理法则包括六个层面的内容：①社会工作者的行为举止，涉及适当性、能力和专业发展、服务、诚实、学问和研究等；②社会工作者对当事人的伦理责任，涉及当事人利益的首要性、当事人的权利和特权、秘密和隐私、费用等；③社会工作者对同事的伦理责任，涉及尊重、公平、礼貌以及处理同事所服务的案主；④社会工作者对雇主和雇用组织的伦理责任，主要涉及对雇用组织的承诺；⑤社会工作者对社会工作专业的伦理责任，涉及维持专业正直、社区服务以及发展知识；⑥社会工作者对社会的伦理责任，旨在促进普遍福利。

（二）社会工作价值观的原则

社会工作价值观的形成需要遵守一些基本的原则或基本前提。Levy曾在《社会工作的基本价值》一文中将社会工作价值观的原则归结为三点：第一，如何看待人，如个人的价值和尊严，人有进行结构性改变的能力和动力，人需要归属，人具有独特性和共同需要等。第二，如何看待人们偏好的结果，如社会有责任为个人成长和发展提供机会，社会有责任提供资源和服务帮助个人满足需要和避免问题，社会有责任提供平等机会使其参与社会生活等。第三，如何看待对待人的倾向性手段，如人应该被视为有价值和尊严，人有权自决，人应被鼓励参与社会变迁，人应被视为独特个体等。

社会工作价值观坚持个人与社会并重的取向。因此，有些学者认为，作为一种助人活动，社会工作价值观应尊重人的价值和满足人的需要；作为一门专业，社会工作价值观主要有个别化原则、接纳原则和案主自决原则；作为一种社会福利制度，其基本价值取向主要有秩序、公正和效率原则。

综述以上观点，社会工作价值观的基本原则包括相信任何人都十分重要，都应受到关怀、尊重和帮助；应使个人有最大的机会决定自己的生活方式和活动方式；应协助个人与他人进行互助，共同建立符合他们需要的社会。

第五节　社会工作方法

社会工作方法分为直接工作方法和间接工作方法两类。直接工作方法包括个案工作、小组工作和社区工作三大方法。间接工作方法包括社会工作行政、社会工作督导、社会工作咨询和社会工作研究。本教材主要介绍社会工作直接服务方法。

一、社会工作直接服务方法

社会工作直接服务方法是指社会工作者在提供专业服务过程中，直接接触服务对象所使用的专业方法，可以分为个案工作、小组工作和社区工作。其中，个案工作和小组工作分别源于心理学中的个体心理学和团体心理学，但又在发展过程中与心理学有所不同。直接工作方法都遵循社会工作实务过程通用模式，即接案、预估、计划、介入、评估、结案这6个环节。

（一）个案工作

个案工作是指运用科学的专业的知识、方法和技巧，通过专业工作程序，帮助有困难的个人及家庭发掘和运用自身及其周围的资源，改善其与社会环境之间适应状况的专业服务活动。个案工作经过多年实践和发展，形成了不同的个案工作理论模式，常用的个案工作服务模式有心理-社会模式、危机介入模式、行为治疗模式、任务中心模式这4种。①心理-社会模式：融入了弗洛伊德心理学和一般系统理论的观点，主要包括三个实施步骤：一是进行心理社会调查，二是进行心理社会诊断，三是进行治疗。②危机介入模式：目标是调用应对策略以化解危机，帮助个人提高应对水平、信心和解决问题的能力，并使个人在未来面对压力源时能够利用新确定的优势、资源和应对机制。③行为治疗模式：特点包括两方面。第一，仅限于选择可观察到的行为反应作为服务的焦点，对人的行为避免主观推论；第二，注意人的行为的基本类型，把人的行为分为自主的操作性行为和非自主的反应性行为。④任务中心模式：基本过程包括明确服务对象所认知的问题，详细探讨问题，以给服务对象造成最大痛苦的问题作为干预切入点，确定消除或减少问题的目标，为服务对象和社会工作者制定推动服务对象朝着目标前进的任务，评估最终工作。

（二）小组工作

小组工作是指以两个或以上的个人组成的小组为工作对象的社会工作方法，旨在以人际间依存互动关系为基础，通过专业的活动过程来恢复和增强个人的、团体的社会功能，进而实现社会发展的目标。小组工作的功能包括4个方面：影响个人发生转变、社会控制、用集体的力量解决问题、再社会化。小组工作常见的有4种类型，分别是教育小组、成长小组、支持小组和治疗小组。小组工作不同于个案工作之处在于，小组组员问题具有共同性或相似性，强调小组组员的民主参与，运用小组治疗性因素和注重团体的动力。在运用小组工作的方法解决社会问题的过程中，较有影响的是三大模式，即社会目标模式、治疗模式、互动模式。小组工作的核心在于实现具有共同特性的组员达成"自组织"，即通过团体寻找自身问题、发现问题症结、共同面对和应对困难，促进问题解决。

（三）社区工作

个案工作和小组工作都是从心理学中学习过来的，社区工作则是社会工作单独发展出来的工作方法，也是最后出现的工作方法。社区工作是以社区为对象的社会工作介入手法。它通过组织社区成员参与集体行动去界定社区需要，合理解决社区问题，改善居民生活环境及生活质量。社区工作模式是社区工作实务的提炼和总结，主要包括地区发展模式、社会策划模式、社区照顾模式和社区教育模式等较受关注的策略模式。与个案工作和小组工作相比，社区工作有着独特的方面：一是分析问题的视角更加趋于结构趋向；二是介入问题的层面更加宏观；三是具有政治性；四是更富有批判和反思精神。

二、社会工作管理

（一）社会工作管理的内涵

Weinbach（2003）将"管理"在社会工作的脉络定义为："在人群服务组织的各个层级里，由社工所执行的某些职能，以促进组织目标的实现"。管理是一种积极主动而非消极被动的作为，它运用各种方法去建构有助于健全服务输送的资源，以排除或减低不利于有效服务输送的情境。社会工作管理的目的是要去经营社会服务组织，以协助组织成员为被服务对象提供最大且最佳的服务（Turem，1986）。因此，好的社会工作管理应是建立在社会工作服务对象受益的基础上。社会工作管理的运作基础，是建立在对"人的价值"的肯定，即社会工作管理是要协助工作者有效发挥专业来服务案主，最终目的是促进人群或案主的福祉。综合而言，社会工作管理可定义为：一种社会工作方法与过程，旨在将管理的知识运用于人群服务组织，通过规划、组织、领导、任用、控制与决策等职能，有效整合社会服务组织的各项人力与物力资源，并选择最有效的方式，以协助并增进机构的社工人员充分发挥专业知识与技能，进而达成服务人群或案主的最终目标。

（二）社会工作管理的特质

我国社会工作管理在近20年的发展历程中，已逐渐借用政府、企业部门等的管理经验，尽管在管理方面存在共通之处，然而，强调以服务对象发展为中心的社会工作管理仍在某些方面很难如企业管理般进行。这也使得社工管理存在一些异于企业管理的特质，具体如下。

1.以"人的价值"为基础 社会工作的存在是以肯定人的重要性为前提。因而，社会工作管理的运作基础是建立在对"人的价值"的肯定之上，即社会工作管理是要协助工作者有效发挥其专业来服务案主，最终目的是促进人群或案主的福祉。

2.不易突显"剩余" 企业管理通过有效率的经营所创造的"剩余"，很容易被理解或计算；但社会服务的绩效往往难以测量而不易突显所创造的"剩余"，甚至可能被误认为社会工作的介入是一种昂贵、没有效率的行业。

3."预防"与"治疗"的成效易混淆 许多预防性的社会工作措施让一些潜在的问题可被"弭祸于无形"，如避免家庭暴力或儿童虐待的家庭服务方案，但因其"无形"而难以彰显绩效；一些"治疗"或"复健"的有形补救性服务，却反而可能被归因于预防性社会工作经营不足。

面对社会工作难以彰显绩效的困境，近年来，社会工作已致力于通过"方案设计与评估"在方案执行前、中、后期进行绩效评估，希能确切掌握方案的进展，以达成其目标。尽管这种试图展现社会工作的经济、效率与效能的技术在执行面仍有其受限之处，但随着对社会服务绩效评估的方法与技术渐趋重视，这些难以彰显工作绩效的现象，相信应可逐渐得到改善。

（三）社会工作管理的基本原则

有效社会工作管理必须考虑到社会工作与管理的双重特质，以及其所处的环境，才能有助于实现社会组织目标。为此，有些基本原则对社工管理是非常重要的，包括如下。

1.价值原则 专业价值是促进服务和提供需求的基础，社会工作管理者应重视社会工作服务人群的基本价值，特别是促进社会公平与正义的价值。

2.使命与目的原则 公、私部门的社会服务机构皆有其机构使命及服务目的，机构的存在与运作是为了实现其使命与目的。为此，社会工作管理要能以机构的使命和目的作为指南。

3.社区和个案需求原则 社区和个案的需求往往是社会服务机构和方案的存在基础，特别是在强调需求导向与使用者导向的服务趋势下，社工管理需要以社区和个案需求为前提。

4.接纳原则 管理者和员工的信任与合作是组织达成目标的先决条件，社会工作的管理者与员工应相互尊重并接纳对方的个人特质与工作职责。

5.伙伴关系原则 随着个人和社会问题趋于多元化和复杂化，专业团队和资源网络的运作是现代社会工作所不可或缺的，社工管理者应致力于创造团队与网络成员彼此之间的伙伴关系。

6.沟通与协调原则 团队与网络的运作必须要通过沟通与协调，才有可能促进利害关系人对服务整体目标的了解，进而愿意以合作的方式实现服务人群的目标，管理者须通过沟通与协调来促进彼此之间的整合。

7.弹性与成长原则　社会工作面对的环境是复杂和多元的，社区有其特定的文化情境，个案也有其个别性，社工管理的运作须重视弹性，并接受外部环境的挑战，以促进员工和组织的成长。

8.参与和授权原则　被视为街头科层的社会工作，其专业表现往往受制于既定的规则，因而造成专业自主权和裁量权的降低。为降低社会工作在实务上的无力感，参与决策和充分授权是管理上应尽量遵循的原则。

9.品质与绩效原则　"品质"与"绩效"已是当代社会服务的重要议题，缺乏品质与绩效的服务，可能招致利害关系人对机构的质疑，进而影响机构的责信。为此，品质与绩效是社会工作机构与管理者所必须面对的挑战。

10.专业与信任原则　社工管理应协助社工有效使用资源并发挥其专业知识与技能，以解决社区或个案所遭遇的问题。为此，社工管理要能尽量协助社工处理规则、资源与专业的难题，以提升机构的专业性。

岗位情景模拟

近年来，国家和政府高度重视社会工作发展，医务社会工作作为一个重要分支，在改善医疗服务、构建和谐医患关系、维护社会稳定方面发挥了积极作用。

张婆婆是位81岁的独居老人，脑梗后肢体功能受限，需要入院治疗。张婆婆是老教授退休，很有修养，但生病后总忍不住埋怨保姆，说她什么都干不好，说完自己又后悔。她忍不住哭诉，说看到了自己讨厌的样子、成了社会的拖累。每次医务社工小王都会静静地陪在她身旁，告诉她"您是很优雅的女性，已经为社会贡献了很多价值，现在我们来帮助您，要感谢您给我们这个机会。""每个人都有老去的一天，社会文明体现在对老人和小孩的关爱，有义务向您反哺"……一次次倾诉、开导，小王用真诚温暖的话语，帮助张婆婆适应了患病后心理的转变。老人心结逐渐打开，一次交流中，更和小王开起了玩笑。"跟你说话，也是对我的一种康复锻炼。"这说明老人的情绪不再紧绷，对身体局限和需要"麻烦"别人的状态真正释怀了。

讨论：上述案例所涉及的医务社会工作中，张婆婆主要面临的问题是什么？社工小王是如何化解张婆婆心结的？请结合小组讨论，分析医务社会工作对和谐社会的具体社会价值。

参考答案

重点回顾

参考答案

重点回顾

目标检测

一、单项选择题

1.下列属于服务组织的是（　　）。

A.医院

B.银行

C.邮局

D.工会

2.（　　）是指一整套用以支撑社会工作者进行专业实践的哲学信念，以人道主义为基础，充分体现了热爱人类、服务人类、促进公平、维护正义和改善人与社会环境关系的理想追求，激励和指导着社会工作者的具体工作。

A.社会组织

B.社会工作价值观

C.社会工作管理

D.社会组织管理

3.下列不属于社会工作直接服务方法的是（　　）。

A.个案工作

B.小组工作

C.社区工作

D.社会工作咨询

二、思考题

1.社会组织的构成要素包括哪些内容？

2.试述科层制的特征并分析其优点和弊端。

第五章 社会制度与社会保障

🙌 学习目标

1.重点掌握社会制度与社会保障的概念和功能。

2.学会运用所学社会保障知识，分析其对社会稳定和社会发展的意义。

3.培养遵守社会制度意识，为完善社会保障制度做出积极贡献。

社会制度是关于人类社会关系的一种规范体系，它为社会个体及群体，特别是社会组织提供一定的行为模式。社会制度能够协调社会内部各种利益之间的关系，在规范人类行为、维持社会秩序以及实现社会进步等方面都起着非常重要的作用。改革开放以来，随着我国经济的迅速发展，社会保障也得到了显著发展。当前，社会保障已经成为衡量一个国家或地区社会文明进步的重要标志。本章主要介绍社会制度和社会保障的相关概念和功能，并对社会制度的创新与变迁、我国的社会保障事业进行介绍和分析。

第一节 社会制度概述

在前面的章节中，我们已经阐述了个人与社会，婚姻、家庭与社会，社会组织与社会工作等，在这些研究领域中，或多或少都会涉及社会制度。比如个人社会化的实现依赖于社会的教育制度，初级群体家庭的存在依赖于社会的婚姻制度，国家机构的设置依赖于社会的政治制度，公司的成立依赖于社会的经济制度等。社会制度的产生与人类的需要是分不开的，正是为了满足人类的各项需要，人类才建立了相关的社会制度，以此规范社会，满足人的需求。

一、社会制度的概念

尽管社会现象纷繁复杂，社会利益的分化使社会中存在着很多不和谐，但是在一般情况下，社会还是可以维持正常运行。这是因为社会中存在着各种各样的制度，它们对人们的行动起着指导和约束的作用，从而使社会生活能够相对有序地运行。

　　当前学术界一般认为，社会制度有三个层次。第一个层次是从宏观角度切入，从意识形态的角度出发，认为社会制度是指一定的社会经济形态类型或社会根本制度，例如原始经济、农业经济、资本主义制度、社会主义制度等。第二个层次是从中观角度切入，从社会中某个特定领域出发，认为社会制度是社会中某一领域或者社会生活某一层面所特有的行为模式、价值规范等，例如经济制度、家庭制度、教育制度等。第三个层次是从微观角度切入，从具体层面出发，认为社会制度是某一组织的规章、准则等，例如学校的考勤制度、公司的奖励制度等。社会学作为社会科学的一个分支，并不去研究所有层次的社会制度。它主要研究的不是宏观的社会制度，也不是从微观角度具体地研究社会群体生活中、社会组织中的各种规定的细节或具体做法，而是将中观角度的社会制度作为研究对象，即研究人类生活领域的基本规范体系。当然，社会学研究中层的社会制度也并非完全不涉及具体的制度和规定，而是说，社会学在研究具体的制度规定时关注的是这些规定所反映的社会结构层次上的意义。

　　关于社会制度的定义，也存在不同的看法，其中具有代表性的观点主要有以下六种。①将社会制度界定为一种规范体系或规范系统，代表人物主要包括美国社会学家库利、中国社会学家郑杭生等。②将社会制度界定为一种组织或机构，例如英国社会学家斯宾塞认为社会制度是"执行社会职能的机构"。③将社会制度界定为一定的行为模式，认为社会制度是"人类在团体生活中为了满足或适应某种基本需要所建立的有系统、有组织的并为社会所公认的行为模式"或"与社会生活的一些特点有关的一种确定的行为模式"。④将社会制度视为某种社会关系，例如我国早期社会学家吴文藻曾经指出"制度是由于人类团体活动而引起的某种社会关系。"⑤将制度定义为某种社会结构，如戴维·波普诺在他的《社会学》一书中写道："制度是为了满足社会基本需要而组织起来的一组稳定的社会结构。"⑥是将上述两种或几种看法综合而成的定义，例如认为社会制度是指"专门机构、作用和规范体系以及职业团体，它们能保证实现社会统一体或整个社会的存在和发展在客观上所必需的职能"。

　　综上所述，社会制度是人们在共同的社会生活中为了满足需要而形成的指导人们的社会活动的持续而稳定的规范体系。这里包含的意义主要有，社会制度是人们共同的产物，社会制度是稳定的规范体系，而不是随时变化的个别规则，社会制度的作用是指导和约束人们的行为。

　　现代社会主要有五种社会活动领域，分别是经济活动、政治活动、文化活动、公共服务、私人生活，相应地便形成了五种制度，分别是经济制度、政治制度、教育制度、公共制度、私人制度。经济制度，即关于生产资料归谁所有、产品如何分配与交换、消费行为主体相互关系的调整等方面基本规范的总和。政治制度，即关于各个阶级在国家政权中所处地位与相互关系，行政管理、公共秩序、国家安全等方面的基本规范的总和。教育制度，即为了满足文化创造、使用和传承而设立的各种规范的总和。公共制度，即关于由政府机关或社会团体举办的公共事业，以及提供给社会成员的直接社会服务方面的基本规范的总和。私人制度，亦称婚姻家庭制度，即关于婚姻、生育、亲属关系以及家庭私人生活等方面的基本规范的总和。

二、社会制度的产生

社会制度是为了满足人们共同生活的需要而形成的社会规范体系，是一套稳定的指导人们共同活动的规则。对于社会制度的产生，有自然起源和人为设计两种不同的观点。

自然起源论认为，作为行为规范的制度或被重复使用的规范是人们在长期的共同生活中形成的，它并非由人们先设计出来再去实践，而是在长期的生活中选择、积累的结果。比如农耕制度是农民长期耕作实践的结果，原始的婚姻制度是在社会性的自然选择中形成和演进的，原始的市场交换制度是通过多次重复的交换活动而形成的。

人为设计论认为，社会制度是人们为了有效地共同活动、实现目标而有意设计出来的。这种观点认为，个人化的、凌乱的、不规范的行为不利于人们之间的合作，不利于有效地实现目标，而理性设计的行为规范有利于减少合作成本，有利于实现目标和秩序。按照人为设计论的观点，社会制度通常是由精英人物设计的，进而得到更大范围内成员的认可，从而普遍实行。人为设计制度的观点也存在于政治领域。我国古代就有"圣人设制"的说法，荀子在分析制度的形成时说："人生而有欲，欲而不得则不能无求，求而无量度分界则不能不争，争则乱，乱则穷。先王恶其乱也，故制礼义以分之。"这里的"礼义"就是指制度，即先王、圣人为芸芸百姓制定了制度。

在现代社会中，人为设计的制度越来越多。与此同时我们也应该看到，人们广泛的社会实践是这些理性设计制度的基础，而这些制度的真正实施也需要一般民众的实践参与。

三、社会制度的类型

在社会制度的分类研究中，学者们从不同角度、依据不同标准进行多元划分，目前我国社会学界较为普遍的分类方式主要有以下两种。

（一）正式社会制度与非正式社会制度

社会制度发挥作用的方式是不一样的，根据发挥作用的方式的不同，可以把社会制度划分为正式社会制度和非正式社会制度。

正式社会制度是指以稳定的、明文规定的规范体系为基础所形成的组织化的行为模式。正式社会制度以严格规定的命令（法律章程、职务细则）为前提，在规定制裁（奖赏、奖金、行政和刑事惩罚）的基础上实现其管理职能和监督职能。国家、法庭、军队、学校就是这种正式制度的典型例证。在社会常规性事务的处理中，正式制度的运行具有合法性、有效性和模式化的特点。

非正式社会制度是指无明文规定、非固定的规章制度，是以人们之间彼此协商、约定俗成的规范体系为基础的行为模式。非正式制度没有专门章程和规范，没有明确规定的涉及活动功能、手段、方法等方面的具体指示。非正式社会制度的社会监督一般是通过社会舆论传统、风俗习惯、道德观念等非正式制裁手段来实现的。

与正式制度相比，非正式制度最重要的特点就是灵活性，非正式制度的灵活性有利于人们针对现实复杂多变的社会环境进行调整，从而采取适当的制度行为，这样也就可以避免僵化的正式制度的负面作用。非正式制度可以发挥人们的主观能动性，让人们得以创造性地参与解决常规和非常规的现实问题，从而使社会制度更好运作。但是，非正式制度中的行为由于缺乏明确可靠的规范约束，可能会出现偏离甚至背离既定正式规范的行为，使制度行为非模式化、缺乏可靠性或导致组织效率低下，甚至还可能给社会成员腐败提供机会。一般而言，正式制度与非正式制度的区分只具有相对性的意义，正式制度和非正式制度之间是有可能相互转化的。正式制度可能由于社会条件的变化、人们思想观念的发展而无法适应社会历史的要求，逐渐失去其应有的效力，从而被以往的非正式制度所取代。随着人们行为模式的固定化和长期化，非正式、无明确规定的制度也有可能逐渐明确和固定下来，成为正式制度。

（二）本原社会制度与派生社会制度

不同的社会制度，其产生、发展的历史过程也是不一样的，据此可以把社会制度分为两类，一类是本原社会制度，另一类是派生社会制度。

在社会制度中，那些在人类社会初期就形成，并在社会生活中发挥基本作用的制度可以称为本原社会制度。本原社会制度是其他社会制度产生的母体，主要是在人类与环境交往、争取生存与延续的过程中产生的，主要满足人类生存与延续的需要。人类社会存在和发展的基础主要有两个：一个是物质资料的生产，另一个是人类自身的再生产。物质资料的生产形成经济制度，而人类自身的再生产则形成家庭制度。二者构成人类社会存在的本原社会制度。本原社会制度具有三个基本特点：第一，本原社会制度出现在人类社会生活早期，正是这些制度使人类生活进入社会生活阶段；第二，本原社会制度在人们的基本社会生活领域中发挥着基本作用；第三，本原社会制度能够在自身的基础上衍生出新的社会制度。例如：经济是社会的基础，用以调节、引导人们生产要素的分配，是产品的生产、分配、交换及消费行为的制度体系。相关的经济制度比如生产制度、交换制度、分配制度指导着人们的经济活动，维系着物质资料的生产和再生产，维系着人类的生存和发展。而家庭则是人类生活的基本形式，在早期社会中，家庭承担着几乎所有社会功能，家庭制度在其中发挥着支持与稳定的作用。

派生社会制度就是从本原社会制度中生长、演化和发展出来的社会制度。派生社会制度主要满足人类发展与社会秩序的需要，是某一特定领域中的制度。与本原社会制度相比，派生社会制度是后来出现的，是在本原社会制度的基础上产生的，甚至是由本原社会制度的某一部分发展起来的。派生社会制度主要包括政治制度、教育制度、宗教制度等。

政治制度是与政治权力相关的规范体系，政治制度的核心是国体和政体，即一个国家采用的是何种根本的体制，不同阶级、阶层在社会政治生活中处于何种地位。政治制度从根本上影响着个体与社会、自我与他人之间的关系。在现代国家中，政治体制还包括政党制度、选举制度和司法制度等。政治制度是以经济制度为基础的，政治利益的根本是经济利益，所以，一个国家的政治制度受其经济制度的制约。而另一方面，政治制度也会对经济制度产生影响。

教育制度是公民社会化最主要的渠道，是一个国家或地区教育行为规范的总和，它包括教育思想、教育指导方针、办学体制，各种教育机构的结构和活动规则，教育活动参加者的行为规则等。在古代社会中，教育的功能常常是由家庭、家族来承担的，一些小规模的民间教育活动未能影响国家教育的发展，于是没有成为普遍的制度。在现代社会中，教育成为一种相对独立的领域，教育制度逐渐成为独立的社会制度，教育成为提高国民科学文化素质、培养人才的重要活动。教育制度与经济、政治、家庭、科学等制度相结合在培养人才、促进国家经济和社会发展方面发挥着重要的作用。

宗教制度也是人类社会中出现较早的一种制度，原始的宗教意识、宗教活动是与人们的生产、生活混合在一起的，主要表现为图腾崇拜。后来，宗教活动制度化，出现了宗教组织和明确的教条、教规，宗教制度在社会生活中的地位和作用增强。在中世纪的欧洲，一些国家曾经实现政教合一，宗教对国家的政治和社会生活产生了重大影响。在现代社会中，宗教制度仍然在一些国家发挥着重要作用。

第二节　社会制度的构成、特征与功能

社会制度是为了满足人的需求而产生的，但是当社会制度产生之后，又起到约束人的作用。不管是什么人，都要遵循社会制度，都要按照社会制度的规范要求来做出行动，一旦违反社会制度，往往会遭到制度的惩处。

一、社会制度的构成要素

社会制度是一个系统，它是由各种不同的要素构成的。价值系统、规范系统、组织系统和设施系统四个要素缺一不可，它们之间的协调程度和状态直接影响着社会制度的功能。

（一）价值系统

价值系统是指社会制度存在的意义系统，即某一社会制度存在的理由和价值。任何社会规范体系、社会制度都有其存在的理由，即都是为了实现某种社会目标而存在的。这些理由和目标对于社会成员的共同生活、对于社会的存续和发展是有价值或积极意义的，只有这样，这种规范体系才可以被接受、被实施。不同的社会制度有不同的价值和价值系统。

从宏观角度来说，资产阶级凭借"自由、平等、博爱"的先进思想从封建地主阶级手中夺取了政权，而无产阶级则是在马克思创立的唯物史观的理论武装下建立了社会主义国家。从微观的角度来说，某一具体领域中的制度也蕴含着其特有的价值观念。现代教育制度的价值是培养人才、促进人的发展、为国家的经济和社会发展服务，这种价值系统成为现代教育制度的灵魂，成为具体的教育规定、行为规范和制度安排的指导思想。例如学校教育的背后总有一整套文化观念作为支持，包括培养目标、校规、校训甚至教师的敬业精神等，都充分折射出这一制度的灵魂。学生在学校中学习、生活，必然会感受到这种无形的影响，这是一个集体内在的要求，促使学生不知不觉地实现观念内化，从而做出符合集体目标的行为选择。

（二）规范系统

作为制度灵魂的价值系统是看不见的，必须外化为规范才能发挥作用。行为规范是一定社会中指导人们行为的准则，它们是在长期的共同生活中选择、积累起来的经验，是人们在共同生活中认为是合理的、合适的规则。规范是制度运行过程中实际起作用的要素，是一系列有关角色行为的规定，用以指导社会中各种角色之间的相互关系以及各自的行为模式。规范系统通常包括社会的风俗习惯、伦理道德、社会舆论、传统惯例等，这些大都属于不成文的规范；还包括各种准则、章程、条例、法律、纪律等，这些大都属于成文的规范。在一个正式制度中，某些规范是比较稳定的，一般是明文规定并公布出来，要求大家坚决执行的，例如学校管理制度中的《学生综合考评条例》《考试违规处罚条例》等。同时，另一些规范虽然没有明文规定，却时时处处影响着大家，被默默地遵守，比如在自习室中需保持肃静、碰到师长需要礼貌问候等。

社会中通常的规范形式包括习俗、规则、道德与宗教、法律等。社会习俗指社会生活中的一般习惯和风俗，包括岁时节令、婚嫁礼仪、社交庆典、饮食起居和日常交际等方面。社会虽然期待人们遵守习俗，但是习俗对不遵从现象却有着较大的容忍度，那些不遵守某些社会习俗的人一般不会被当作道德堕落者或被当作罪犯看待。规则是明确规定的行为准则，是由人们在社会互动过程中明确设定、成文规定的，带有较为明确的目的性，约束社会角色之间的交往和互动，也就是所谓的"没有规矩，不成方圆"。关于规则的解释，往往以参与此类行动人们的自身利益为依据，规则的设立常常是为了调整行动者之间的利益关系。规则对于行动的参与者来说具有一种外在的约束性，违反规则通常都会受到明确的惩罚。道德与宗教既可能表现为一种习俗，也可能表现为明文规定，带有更为明显、更为强烈的价值取向。道德和宗教以人们所普遍信奉的价值原则、价值标准为前提和基础，调整行动者之间的利益冲突，约束人们的行动，规定人们的行为关系。同时，宗教规范的维持还受到来自政治或宗教权威的影响。法律是由某一政权正式颁布，并受到国家权力机构支持的一系列重要规则的汇总。法律总是通过强制性的权威手段，去仲裁、调整不同社会生活领域之中的利益冲突和利益矛盾。

（三）组织系统

组织系统是指实施社会制度的社会成员、群体和组织机构。制度是包括组织与设施的，它们是观念和规范的载体，组织系统是社会制度的实体部分。任何行为规范都有其行为主体，即行为规范的实践者。正是依靠他们对规范的实践，规范才会发挥作用，社会制度才真正发挥其应有的职能。一项社会制度是否能够顺利运行，除了必须具备一套令人接受的观念系统、一套合理有效的规范体系之外，在很大程度上还要依赖于一套分工严密、权责清晰、效率超前的组织系统，这样才能充分发挥这种制度应有的规范和协调职能。

在具体的社会活动领域，成员们是以不同的方式相互联系在一起的，他们之间形成相互支持、相互制约的权利、责任和义务关系。具有这种关系的群体或正式组织，是相关规范、制度的承载者和实践者。这些群体和正式组织接受、认可制度规范的程度以及他们实践这些规范的能力，直接影响着社会制度的实施和发挥作用的情况。在组织系统中，既有社会制度规范的直接实践者，也有制度实现状况的监督者，后者可能是潜在的、有权威的社会关系网络，如传统社会中的家族；也可能是正式的权威性组织，如各种各样的行政管理机构。

（四）设施系统

社会制度的执行离不开具体的社会组织及设施。人们的任何社会活动都会有一定的物质性依托，它们是人们社会活动的场所和具体活动的载体，也是人们的社会活动意义的体现者和相互传递意义的工具。这些设施对于社会制度的实施是必要的，否则社会制度的存在和运行就没有客观现实性。设施系统是社会制度得以运作的空间场所和物质基础，它可以分为两类，一类是实用性的物资设备，另一类是象征性的器物。实用性的物资设备，比如政治制度中的政府、军队、法庭、监狱等，经济制度中的货币、银行、公司、工厂、商店等，宗教制度中的教堂、神庙、神器、经书等，教育制度中的学校、教学楼、图书馆、教科书等。象征性的器物用于显示制度的权威和特征，具有强烈的感召力，例如国旗、国徽、军旗、党旗、校徽等，它们是组织观念系统的物化表现，都具有一定的象征意义，在其作用范围内能够起到团结一致、增强凝聚力的作用。

对于具体的社会制度来说，上述四个基本要素是不可或缺的。其中，价值和规范构成制度的"灵魂"，组织和设施构成制度的"躯体"，它们有机地结合在一起，构成一个有血有肉的社会制度。

二、社会制度的特征

当我们在一定的社会历史条件下，从协调社会关系、规范社会行为、调整社会利益的角度来考察社会制度时就会发现，社会制度具有普遍性、多样性、强制性、相对稳定性等特征。

（一）普遍性

社会制度的普遍性是指人类社会中存在的政治制度、经济制度、婚姻制度、教育制度、宗教制度等基本社会制度，普遍地存在于世界上一切国家、民族之中，不仅在空间上是一切国家、民族和地区所共有的，而且在时间上世代相承，贯穿人类社会数千年的历史。在长期的社会生活中，人们通过实践、比较、纠错而形成在那种情况下合理的行为方式，这些行为方式在实践中不断被固化成为一种制度。社会制度作为系统化的行为规范，广泛存在于人们的社会生活之中，或者说，制度是人们有秩序地共同生活的基础。如果我们认为人是复杂的，而且有复杂的甚至是多变的想法的话，那么我们或许也就要承认，形成人们都认可的合作方式和规则是必需的。没有社会制度指导的社会生活是混乱的，人们为了使共同生活具有稳定性和秩序性，创造了各种制度。

实际上，在并非偶尔聚合的所有社会生活领域都会形成、存在社会制度。我们可以发现，现实社会生活中的各个领域都有制度存在，从经济活动到政治选举、从教育到科学研究、从邻里互助到婚丧嫁娶等等，社会制度都是无处不在的。在人类史前时期的原始社会中，经济制度和婚姻家庭制度就早已存在，其他诸如政治、教育、宗教等制度也根植于家庭之中，借助家庭表现其功能。这些社会制度是自觉、不自觉地形成的，它们指导着人们的行动，调节着人们之间的关系，满足着人们长时间共同生活的需要。社会制度一旦确立，则在其适用范围内对其所有社会成员均无例外地起到制约作用。

（二）多样性

社会制度的多样性表现为不同的社会生活领域中的社会制度有不同的内容，即使在同一生活领域不同背景下的人们也可能会形成不同的制度。人们的生活领域不同，形成的社会制度也不同，经济制度不同于政治制度，教育制度不同于家庭制度，医疗卫生制度不同于科学制度。因为人们共同生活的内容不同，所以制度的内容、形式也不同。与经济活动相关的制度有产权制度、生产制度、产品流通制度、产品交换制度等，而家庭制度则包括婚姻制度、亲属制度、财产制度、相互责任制度等，二者在制度包含的内容和表现形式上有很大不同。同是经济领域，农业经济中的制度和工业经济中的制度也有明显不同。同是家庭生活，西方的亲属制度与中国的亲属制度之间的差异是非常大的。我们在认识和研究不同的社会生活时，应该认识到它们背后的制度可能是不同的，具有多样性的同时，也具有其合理性。

（三）强制性

社会制度的强制性是由社会制度的本质直接决定的。社会制度作为一种规范体系，具有制约社会行为、调节社会关系的作用。所以社会制度必须具有强制性，否则就无法发挥其规范制约作用。一项社会制度在其有效适用范围内，必然会要求其社会成员必须遵守它的规定，否则必然会受到谴责或惩罚。当然，社会制度的强制性并不是一样的，因社会制度的性质不同，其强制性程度也有强有弱，可以分成不同的层次。一般地说，某些采取立法形式和必须由执法机构保证其实行的制度，强制性最强；某些非立法形式，但却由主管机构明文规定并监督其执行的制度，强制性次之；那些由某一社会群体成员共同商定，采取协议、乡规民约等形式产生的制度，强制性更次之；至于人们通过习俗而形成的诸多与婚丧嫁娶和礼尚往来相关的制度，强制性就更弱了。值得注意的是，任何一种社会制度都有一定的局限性，一旦超出人员、时间和空间的具体适用范围，就会失去其强制性。

（四）相对稳定性

社会制度不是经常处于明显变化之中的，而是相对稳定的规范体系。社会制度的相对稳定性也是社会有序发展的重要保证。当某种行为方式和规范被认为有效、合理而被多次重复和广泛运用时，它就开始制度化，而相互联系的一套行为规范明确化、程序化之后，就变成了制度。社会制度一旦确立，就会在相应的生活领域中较长时间地发挥作用，这就是社会制度的相对稳定性。如果一项制度朝令夕改，那么不但其本来预期的作用无法发挥，而且会使社会成员无所适从。

除此之外，社会制度的相对稳定性还来自规范的体系化。规范的体系化是指相关规范之间的密切联系，他们相互配合、相互补充，共同发挥作用。当相互关联的规范系统发挥作用之后，局部情况的变异难以使整个制度发生变化，这样，该制度便处于相对稳定状态。例如，在我国计划经济体制下，城市的劳动就业制度长时间都没有发生明显变化，尽管20世纪80年代中期就存在大量的城镇企业雇用农民工、实行劳动合同制，但是由于当时的劳动就业制度与住房分配制度、社会保障制度等密切联系在一起，局部的改变难以促成整个制度的变革。

当然，社会制度也具有一定的生命周期，必须随着社会的发展变化而适时修订。正因为社会制度具有其稳定性，在社会发展过程中可能会落后于社会生活的变化，在某种情况下会演变成社会的保守力量，甚至会阻碍社会发展，最终成为社会变革的对象。因此，社会制度的稳定性不是绝对的，而是相对的，在现实生活不断变化的过程中，反映它的要求的制度也会或多或少地发生变化。

三、社会制度的功能

人类社会之所以需要社会制度，是因为人类社会的生存和发展离不开社会制度的协调发展。从静态上看，社会制度作为一套社会规范体系，它通过规定各种社会角色之间的权利、义务关系来确定社会结构的性质，为社会生活和社会互动建立起一个稳定的框架，从而使社会变成一个内部协调、秩序井然的完整系统。从动态上看，处于各个社会地位上的成员遵照制度规范的要求进行一系列的制度化，从而使其社会行为贴近或符合各个社会领域中的社会制度，并且把这种制度文化世代相传，这就是社会制度的功能。

（一）满足人的需要

不管是自然形成的社会制度，还是人为设计的社会制度，都是为满足人的需要而存在的。人类的需求是多样化的，不同社会成员的需求可能有冲突，为了满足大多数人的需要并且有利于社会的发展，人们制定了社会制度。制度能有效满足相关人员的需要，从经济学的角度来看，降低了社会成本。只有在制度化的社会中，社会成员的需要才能得到很好的满足。例如，在人潮拥挤、车来车往的十字路口，如果没有交通规则，出现的将是一片混乱的场景，每个人到达目的地的需要都难以满足。只有执行和遵守相应的规则，才会给人们带来秩序和通畅。任何社会制度都有实际的社会背景，社会制度在特定背景下能够保障社会成员需要的合理满足，同时不至于因为这种满足而伤害整体利益。需要注意的是，这里的合理满足已经有价值选择，即社会制度不能保障满足所有成员的所有需要。

（二）导向功能

从社会化的角度来看，社会制度对人们的行为具有导向作用。社会制度是人类对自己的长期生活经验进行选择的结果，那些人为设计的制度也是在参考各方面经验的基础上形成的。所以，真正能够实施的社会制度绝大多数具有相当大程度的现实合理性，从而能够指导人们的行为。社会制度的导向功能表现为对人们行为的规范。为了共同活动而形成的规范和制度要求参与共同活动的成员以自己的行动去跟别人配合，以实现共同活动的目标。这种对人们行为的导向是通过对社会行为规范的宣示、人的社会化和对错误行为的纠正来实现的。另外，社会制度的组织系统也通过鼓励和惩罚，促使人们按照社会制度规范的要求去行动。社会制度的导向功能并不能够保证所有成员都会遵循某种制度规范，而主要是为人们指出行动的合理方向。

（三）社会整合功能

尽管社会制度规定了社会成员的行为模式，但是，并不是所有的成员都会照章办事，严格遵守制度规范的要求。在现实社会中，或多或少总会出现一些偏差行为。为了保证社会正常运行，社会制度就必须对越轨行为进行干预和控制，并根据行为的偏离程度，对越轨者给予适当、有效的惩罚和制裁，从而对人们的社会行为进行控制整合。社会制度的整合作用不仅依靠强制性的消极惩罚手段，而且更注重积极的建设性倡导方法。社会制度的社会整合作用是以它对社会成员的行为导向功能为前提的。社会制度通过权利和义务系统为每个社会成员规定了特定的地位和角色行为，社会成员只有按角色规范行事，发挥自己的作用，才能减少与社会的冲突，更快适应社会生活。

（四）文化传递功能

社会制度是文化的重要组成部分，也是传递文化的重要方式。美国早期社会学家萨姆纳认为社会就是制度的体系，社会制度就是人们生活的共同经验。这种作为生活经验的制度可以通过不同世代的共同生活而传递下去，成为后一代不需探索、试错而获得的间接经验，社会的世代交替表现出某种程度的稳定性。新一代可能会进行制度创新，但社会如果没有发生急剧变化，一般就不会出现文化上的断裂，制度文化的世代传递就成为必然。制度化的经验更容易保存和流传。当人们的生活经验处于零碎状态时，在社会变迁中失散的可能性比较大；当经验被系统化，则稳定性比较强，容易被保存下来。社会制度的普遍实施、被高度认可和稳定性使其文化传递功能得以实现。

（五）社会制度的负功能

社会制度除了发挥上述的正功能之外，还可能会出现一些负功能。负功能又称为反功能或消极功能，指某项制度活动的结果降低了社会系统的活力和适应力，破坏了社会系统内部的协调、稳定关系，造成社会内部的紧张和冲突。社会制度的负功能主要表现为制度压制个性、阻碍社会变迁。越是成熟的社会制度，越不能容忍社会变迁，而社会变迁又是必需的。在现实社会中，任何一种制度都不可能十全十美，不可能只有正功能而没有负功能。我们无法把制度的正功能与负功能相剥离，但我们可以通过不断改革完善制度，最大限度地发挥制度的正功能，抑制其负功能。

第三节　制度创新与制度变迁

人类从野蛮落后走向文明进步是不断学习的过程，从无序到有序则是社会制度形成的过程。然而，任何一种社会制度都不是永恒的，而是处于不断创新和变迁之中。上节探讨了社会制度的构成、特征与功能等问题，这节将探讨制度创新与制度变迁问题。

一、制度创新

任何一种社会制度都不是永恒的，而是处于不断变革创新之中。社会制度创新是指社会制度主体以新的理念为指导，通过制定新的行为规范，调整主体间的权利和平等关系，为实现新的价值目标而进行的创造性活动。社会制度的创新主要受三方面因素的影响。

1.社会生产方式的变更，是社会制度创新的根源。任何一种社会制度都建立在一定的社会生产方式上，生产方式的变革，即生产力和生产关系、经济基础和上层建筑的矛盾和运动，必然导致社会制度的变革创新。

2.人类社会生活需要的变化，是社会制度变革与创新的直接原因。随着社会生产力的发展和人类社会的进步，人类的需要无论从广度还是深度上来说都会发生深刻变化。社会制度作为人类需要的产物，作为满足人类需要的手段，必然也会随着人类需要的变化而变化。

3.自然和社会环境的变化，也是社会制度创新的重要原因。每一种社会制度都存在于一定的自然和社会环境之中，相互之间存在着密切的关系。所以，诸如气候、资源、外来文化传播、人们价值观念等自然和社会环境的变化，都会不可避免地对社会制度产生影响，从而引起社会制度的创新。

二、制度变迁

社会制度具有相对稳定性，这就是说，社会制度是处于变化之中的。当我们从微观的角度去看待制度规定时，就会发现它们的变化是经常性的，这主要是渐变，比如一个新制度的成长和旧制度的衰落。当然，制度之间的互相替代也是经常性的，只要把时间尺度放得足够长，那么制度的兴起和替代也就是经常的。社会制度的变迁包括渐进变迁和剧烈变迁，也可分为局部变迁和整体变迁。

剧烈变迁是制度的价值理念、规则内容发生本质性变化的现象，即在较短的时间内形成两种不同制度的过渡。而渐进变迁的激烈程度要小得多。整体变迁是整个制度体系的变化，包括价值观念系统、规则系统、组织系统的变化；而局部变迁是制度体系的某一部分的变化。

任何社会制度都不是永恒的，一种社会制度从其产生、不断完善到成熟，再到衰落直至消亡的过程称为制度的生命周期。制度的生命周期可以分为四个阶段，分别是形成阶段、成熟阶段、形式化阶段和消亡阶段。

当人们选择了某个制度之后，就会通过明确和强化它的价值、逐步设计出与之相适应的规则、建立执行制度的组织体系，逐步发挥其作用，这就是制度的形成阶段。制度形成时期的标志是新制度在相应领域的功能范围扩大，制度的规则体系逐渐完善，人们对新制度的参与和认可逐渐增强。

制度的成熟阶段表现为制度的规则体系已经建立，组织体系已经配套，它们在价值体系的强有力指导下高效发挥功能，基本上能够满足人们的需要，制度的使用者对它基本上是积极的评价。这一阶段也称为制度的效能阶段，在这一阶段制度仍在不断完善，或者通过改革而局部调整那些与社会需要不太适应的部分。

当制度成熟之后就会形成自我运行机制，这是制度的各部分有效连接、共同发挥作用的阶段，即有效地发挥功能的运行模式的定型化。然而，人们的需要总是在变化，社会各方面或制度的运行环境也在发生变化，因此，这种定型化的功能模式可能会与其功能目标脱节，这样，制度就变得越来越形式化。

当一种制度基本上不能满足人们的需要时，就会进入消亡阶段。在这一阶段，制度表现出如下特征：制度存在的价值已相当模糊，或制度原来的价值与人们的现实追求根本不同，不能反映社会的需求；制度规范已基本上失去约束力，行为与制度规范严重脱节，制度结构内部出现严重混乱；制度化的活动流于形式，它不但不能满足人们的需要，而且带来人们的普遍反感，人们对这种制度越来越失去兴趣直至想抛弃这种制度，这表明该制度已由正功能状态转向负功能状态。

当制度的功能状态存在问题的时候，人们可以努力去完善或修补制度，而且这种完善和修补有时也会发生作用。但是，当一个制度基本上已经陈旧或已走过效能阶段时，这种修补就只能是维持性的，这时制度创新和制度替代就会自然到来。

第四节　社会保障概述

人类社会保障可以追溯到人类最初形成的时候，可以说，有了人，就有对人的保障。原始社会是以氏族或部落的"群保障"形式存在，奴隶社会是以奴隶主对奴隶占有或支配的"主从保障"形式存在，封建社会是以封建地主对农奴或农民部分占有或支配的"土地保障"或"家庭保障"形式存在，这些可以称为前社会化保障方式。人类现代社会保障制度的萌芽和产生以1601年英国伊丽莎白女王颁布的《济贫法》为发端，经过1883—1889年间"德国保险三法"的发展，催生了1935年美国综合性《社会保障法》的形成。此后，社会保障越来越为国际社会所普遍认同。

一、社会保障的概念

社会保障（social security）是一个动态范畴，不同时期、不同国家或地区有着不同的内涵，它经历了由传统到现代的转变。传统的社会保障是指社会成员在遭遇疾病、失业、残疾等危境时，由政府负责，利用一系列法定手段，集聚社会力量，向社会成员提供物质援助，以确保其基本生活。随着社会的发展以及人们对社会保障需求的多元化出现，传统意义上的社会保障逐渐演变为现代意义上的社会保障。如今，社会保障已经成为现代国家必不可少的一项社会制度。

我们认为，社会保障是国家和社会通过立法实施的，以国民收入再分配为手段，对社会成员的基本生活权利提供安全保障的社会行为及其机制、制度和事业的总称。它包含以下要义：①社会保障的首要责任主体是国家或政府；②社会保障的对象是全体社会成员；③社会保障的目标是满足公民的基本生活需要，从而实现社会稳定和社会公平；④社会保障的手段是对国民收入进行再分配；⑤社会保障的实施依据是国家立法；⑥社会保障既是一种社会行为，一种社会经济制度，也是一项社会事业，一种社会政策。在现代社会中，社会保障既是社会文明进步的重要标志，同时也是政府调控经济运行的重要手段。

二、社会保障的特征

社会保障具有以下几个方面的基本特征。

（一）社会性

社会保障是现代国家对于其公民的援助，属于公共事务的一部分。保障对象的广泛性、社会财富的再分配、由政府和社会力量实施，都反映了社会保障的社会性特点。如果离开了社会这个前提和基础，社会保障的存在也就失去了应有的意义。政府通过组织和实施社会保障可以保障民众基本生活的安全，促进社会公平，减缓社会矛盾和冲突，维持社会稳定。社会保障的社会性主要体现在以下几个方面：第一，社会保障不仅仅维护少数特殊人群的利益，更以全体社会成员作为保障对象；第二，社会保障不是解决某些领域的特殊问题，而是致力于解决普遍性的社会问题；第三，社会保障的资金不仅仅来自政府，更来自整个社会；第四，社会保障的实施不单单依赖于政府，更依靠社会化的管理和服务机构来完成。是否具有社会性，可以作为社会保障是否成熟的重要标志。

（二）互济性

所谓互济，就是指人们在生存或生活过程中的互相帮助、互相合作和互相接济。社会保障并不是简单的个人对个人的关爱或恩赐，而是社会成员通过各种方式建立各类公共服务机构及社会保障基金，在社会成员遭遇社会风险或生活困境时，可以从社会保障基金中获得相应的补偿或救助，也可以得到公共服务机构提供的相应服务。社会保障的这种互济机制既可以是直接的，也可以是间接的；既可以是制度化的，也可以是非制度化的。

（三）福利性

所谓福利性，就是指社会保障对象能够无偿或低偿地得到一定的经济补偿、精神安慰以及相应的公共服务。社会保障是通过社会财富再分配来实现的，遵照既定的法律和规定，政府和社会组织对符合条件的困难群体实施援助，这种援助是不附加其他条件的，对于保障对象来说，这些援助并不是通过市场交换获得的。社会保障的中心价值观就是强调人的尊严和社区生活的质量，肯定每一个人都有享受公共救助和其他社会服务的权利。尽管世界各国社会保障体系有所差异，但都有一个共性的特征，那就是广大公民在社会保障面前履行的"总义务"总是少于享受的"总权利"，而政府则在实施社会保障过程中履行的"总义务"总是大于"总权利"，由此体现国家在社会保障中承载的经济意义和社会道德意义。

（四）强制性

世界各国社会保障均是依法建立、依法实施的，国家法律的强制性赋予社会保障的强制性。政府通过一些具有强制性的法律和规定，建立组织体系，对生活困难群体进行保障，政府是社会保障的责任主体。社会保障的强制性在社会保障最重要的社会保险项目中体现得最为突出。这种强制性集中体现在：一是社会保障依法强制符合条件的劳动者及其用人单位必须参加社会保障或被社会保障；二是社会保障依法强制符合条件的劳动者及其用人单位在享受相应权利之前必须履行相应的缴费义务。社会保障的强制性是必要的，它确保了社会保障的顺利实施。

（五）保障性

社会保障就是国家按照经济发展水平和承受能力，对社会成员给予基本生活保障的一种社会经济制度。这里需要强调，社会保障的直接目标是保障人们的基本生活条件的满足，即所谓"保基本"，而不是对高生活水平的支持。完善的社会保障制度能使全体社会成员或绝大多数人从中获益，特别是在社会成员生存和发展面临困难或威胁时，社会保障可以为他们提供物质支持、精神抚慰、公平分配、安全稳定的保障。社会保障的这种保障性是以国家立法作为后盾的，它确保了广大社会成员能拥有公平的生存机会和发展权利。

（六）动态性

社会保障作为一种维护社会安全、公平与稳定的社会制度安排，从其萌芽、产生、发展到成熟与完善，经历了几千年的历史发展过程。一些发达国家社会保障制度开启的时间较早，制度建设虽然历经坎坷，但日臻完善；一些发展中国家社会保障制度实施的时间较晚，往往带有借鉴西方的痕迹，且目前仍然存在着残缺不全的问题。我国在20世纪80年代的"七五"计划中才开始使用该词，目前我国的社会保障事业发展迅速。社会保障制度不是一成不变的，它必然会随着社会的发展以及人们生存与生活需求的提高而不断发展和完善。

第五节　社会保障的功能和内容

社会保障是社会的"安全网"，对社会的稳定和发展有重要意义。如今，社会保障体系是否完善已经成为衡量社会文明进步的重要指标之一。本节主要探析社会保障的功能和内容。

一、社会保障的主要功能

社会保障的功能是指社会保障对人类社会的存在和发展所发挥的重大作用，主要体现在经济功能、政治功能、社会功能以及文化功能四个方面。

（一）社会保障的经济功能

社会保障的经济功能主要有三点，分别是维持劳动力的再生产、调节公民的消费行为以及调节资金市场运作。

1.维持劳动力的再生产　在人的生产和再生产中，劳动力的再生产是其中最核心的内容。在传统生产方式下，劳动力的再生产纯粹属于家庭的功能，随着社会化大生产以及家庭功能的弱化，这一功能逐渐从家庭中分离出来而转化为社会的功能，这就使劳动力的社会使用、社会磨损、社会伤残等均能够从社会中获得保障。在市场经济条件下，社会保障待遇也成为劳动力在人才市场上选择就业的重要依据，由此维护和促进了劳动力的生产或再生产。

2.调节公民的消费行为　人的消费行为是受多种因素影响的，其中收入因素对消费的影响最大。社会保障对消费的调节作用主要体现在：社会保障可以对国民收入在积累投资与消费基金方面进行自动调节分配，保证国民经济的正常平稳发展；社会保障可以调节劳动者个人不同时期的收入再分配以及代际之间的收入再分配；社会保障可以使遭遇风险的广大社会保障对象具有稳定的消费来源，解除了广大公民的后顾之忧，增强了他们现实消费或超前消费的信心和动力。可见，社会保障不仅能够维护和稳定整个社会的消费水平，而且在调节公民消费行为、拉动内需方面也具有十分重要的作用。

3.调节资金市场运作　社会保障是以征缴税费而积累的庞大保障基金为前提的，社会保障基金或具体项目基金大都是事前积累起来的，有的属于现收现付的，有的属于半积累性质的，那些具有积累性质的基金在积累期间就有可能形成国家的建设或调控资金而对金融市场发挥积极的调节作用。智利在这方面积累了比较成功的经验，该国主要是把现收现付的资金运营模式改为积累式的基金运营模式，即通过基金积累带动储蓄的增长，并且将基金投入金融市场，获得了更高收益。

（二）社会保障的政治功能

社会保障的政治功能主要体现在巩固国家政权以及体现政府责任。

1.巩固国家政权　从现代社会保障的萌芽以及发展历程来看，社会保障源于社会矛盾和社会问题，后者对国家政权造成严重的威胁。为了维护和巩固现存的政治制度，促进国家的安全和稳定，国家往往以提高社会保障待遇的方式来化解政治危机、削弱异己势力、笼络民心、彰显政绩、增强自身实力、维护政权的长治久安。所以，社会保障早已与国家政治制度紧密结合在一起，成为国家社会政策的主要组成部分，并且受到各国政府的高度重视。

2.体现政府责任　每一个人在生存和发展过程中都不可避免地遇到或大或小、或多或少的风险，个人的风险理应由个人或家庭独自承担，然而当个人或家庭无力独立化解或承担这些风险的时候，个人的风险就会直接影响个人生存和发展的权利。政府因公民而存在，民乐而国安，因此，无论公民遭遇的风险源于自身、源于自然，还是源于政府，也无论公民能否通过自身的努力化解风险，政府均有责任和义务承担其中的风险。可见，社会保障是强化政府主体责任的具体体现，也是政治文明的重要标志。

（三）社会保障的社会功能

社会保障的社会功能主要体现在维护社会公平以及保持社会稳定。

1.维护社会公平　由于先天遗传和后天社会实践的不同，每个人在生存和发展过程中所占有、支配和使用的资源存在着很大的差异，由此直接导致了人与人之间在生存、生活乃至生产方面的不公平性。特别是在一些以市场经济作为基础经济体制的国家中，由于市场经济的效率或效益导向，更加剧了社会成员的不公平性。社会保障就是在不影响竞争或效率的前提下，将社会成员的差异性限制在"适度"范围内，维护人的公平权益，促进效率的进一步实现。

2.保持社会稳定　每一种社会制度或社会形态的最优发展效果就是在稳定中获得又好又快的发展，所以，任何社会的发展都需要相应的动力机制与稳定机制。市场经济是现代世界各国经济发展首选的动力机制，而社会保障则是现代世界各国除了国家暴力工具之外首选的稳定机制。由于社会保障具有调节收入、缩小贫富差距、缓和社会矛盾冲突的重要作用，被许多人赋予社会的"稳定器""安全阀"的称谓。从世界各国治理社会的实践来看，凡是社会保障完善的国家，社会的稳定性就较强。

（四）社会保障的文化功能

社会保障的文化功能主要体现在发扬人道主义精神以及培育集体主义精神。

1.发扬人道主义精神　人道主义是人类长期生存和发展过程中所形成的一种公共道德，它主张爱护人的生命，关怀人的幸福，尊重人的人格和权利。时至今日，虽然现代社会保障制度早已上升到法律规范层次，享受社会保障已经成为民众的一项基本权益，但是人道主义仍然是建立社会保障制度的最根本的道德源泉。所以，大力发扬人道主义精神，有利于促进社会保障的不断发展和完善，而社会保障的不断发展和完善也有利于人道主义精神的彰显与践行。

2.培育集体主义精神　社会保障属于社会各个主体或群体共同帮助和关爱社会个体的行为，这种行为包含着社会共同责任思想，强调社会成员在自助的前提下承担共同连带的社会责任，也可以称为"人人为我，我为人人"的思想。社会保障的这种思想有利于促进社会成员打破个人利益和私有观念的禁锢，有利于增强社会成员的凝聚力和向心力，也有利于形成一种集体主义的价值取向以及推动社会发展进步的强大合力。

二、社会保障的主要内容

相对于福利国家面向全民的较高水平的保障，原来的社会保障被称为传统的社会保障。实际上，传统的社会保障当今仍然是社会保障的主流。社会保障主要由社会救助、社会保险、社会福利服务三部分组成。

（一）社会救助

社会救助是当因个人、社会或自然原因，某些人的基本生活遇到个人难以克服的困难时，由政府和社会对这些特殊群体予以援助，向他们提供现金或物质帮助的活动和制度。在现代社会中，由于个人原因、社会原因或自然环境方面的原因，某些人丧失了基本生活的物质条件的现象是时有发生的。那些失依的儿童、老人、残疾人，失业者及其家庭，因自然环境恶化而产生的灾民等群体，在基本生活上陷入困境，可能会影响他们的生命安全。面对这些群体，政府为了保障他们的生命安全和基本生活，动用公共资源和社会力量对之实施援助，这就是社会救助。社会救助是对其基本（或最低）生活水平的保障，也是政府对人们生存权的保障。社会保障首先是从社会救助领域开始的，社会救助是社会保障的基本内容。当前，我国实行的社会救助制度包括城市居民最低生活保障制度、农村五保户供养制度、特困户救助制度、灾民救助制度等。

（二）社会保险

社会保险是以劳动者为主要对象，针对其年老、疾病、伤残、失业等生活方面的风险，政府运用政策手段动用自己和社会的力量，聚集一定的经济资源，并运用社会互助机制去应对风险，进而保障人们基本生活的制度安排。社会保险制度的本质其实是对社会财富的再次分配。社会保险有如下特点。第一，预防性。社会保险是在风险发生之前采取的预防措施，风险一旦发生，社会保险就付诸实践，即对参保人实施援助。第二，强制性。政府通过颁布法规和政策推动人们参加社会保险，缴纳费用，政府是推行社会保险的责任人。第三，社会性。社会保险运用政府拨付资金和缴费群体的力量解决遭遇风险者的问题，因此有互济性、社会性特点。第四，权利和义务对等的原则。只有预先缴纳费用（保险金）者，当他遭遇风险时才会得到保障。享受保障权利者必须先尽缴费的义务。当前，我国的社会保险制度主要包括养老保险、医疗保险、失业保险、生育保险和工伤保险等。

（三）社会福利服务

社会福利服务是由政府和社会服务机构向失依儿童、残疾人、自理能力差的老年人提供的、带有福利性的服务。这些特殊人群自己进行正常生活的能力低下，所以对他们来说，只有正常的物质生活条件是不够的，必须辅之以社会服务，即通过向他们提供福利性的服务来满足其基本的生活需求，保障其基本生活。社会福利服务既包括物质方面的服务，也包括精神方面的慰藉，这是围绕服务对象的基本生活而开展的服务活动。实际上，这种社会福利服务是一种服务保障。社会福利服务的责任主体是政府，但在服务提供等方面，社会力量（社会服务机构）常常发挥重要作用。从养老福利上看，我国在"居家养老"的基础上实行"社区养老"，而"机构养老"则可用来弥补两种养老方式的不足。从教育福利上看，我国义务教育阶段的学生无需缴纳学杂费。从住房福利上看，我国已经开始实行经济适用房、廉租房等住房相关社会福利制度。

第六节　我国的社会保障事业

从城镇到农村，通过实施全民参保计划，精准推进重点群体参保，我国建立了世界上覆盖人数最多的社会保障体系。本节将分析我国社会保障事业的形成与发展历程，并探讨完善我国社会保障制度有哪些原则。

一、我国社会保障事业的形成与发展

我国社会保障历史以中华人民共和国成立为起点，从无到有、从城镇到农村、从职业人群到城乡居民，是一个由形成到不断改革、发展、完善的过程。

（一）计划经济时期我国的二元社会保障制度

我国在计划经济时期形成了以户籍制为基础的城乡二元社会结构，进而形成了二元社会保障制度，并成为二元社会结构的主要内容。

20世纪50年代后期，我国城市中逐渐形成了以单位制为基础的社会保障制度。这种保障制度以国家企事业单位的职工为主要对象，通过所在单位给予他们全面的福利保障，包括就业保障、医疗保障、养老保障、住房保障等，特点是高就业、低工资、高福利、高补贴。这种由国家承办、通过各种单位实施的社会保障制度保障了城市居民的生活，促进了城市居民的政治认同，但也容易导致"高福利养懒汉"的现象。

同时期农村实现合作化后，农村对无依无靠的孤寡老人、孤儿实施"五保"制度和灾害救济，逐步实施农村合作医疗，以保障农民健康。

（二）我国社会保障制度的改革

20世纪80年代中后期特别是90年代中期以后，中国的社会保障制度改革成为经济体制改革的重要组成部分。与经济体制的市场化改革一致，社会保障体制改革的主要内容是改变过去由政府包办的社会保障，建立政府、企业、个人共同承担责任的社会保障制度；改变由单位承办社会保障的做法，建立独立于企业的社会保障制度。对于社会保障制度改革的功能，政府将其定位于为经济体制改革创造条件。在做法上，一是推行混合型社会保障制度，二是将企业的社会保障责任推向社会。另外，在社会保障和公共服务的许多方面（如医疗、教育等领域）引进市场化机制，实行市场化改革。这种市场化改革一方面确实使企业卸掉了社会保障的包袱，从而建立起现代企业制度；但是另一方面也削弱了社会保障，并且因为社会保障和公共服务领域的过分市场化，产生了比较严重的看病贵、上学难、退休职工缺乏照顾等问题。在农村，家庭联产承包责任制的实行一方面调动了农民的生产积极性；另一方面也使集体经济归于解体，这也导致了以集体经济为基础的农村合作医疗制度的解体。虽然社会保障制度的改革为国有企业改革创造了条件，但是大量民生问题的产生也折射出这一改革的偏差，即传统发展战略忽视了经济社会的协调发展，由此引发了复杂的社会问题，其中包括民生方面的问题。

（三）我国社会保障制度的重构

20世纪90年代中期以后，我国快速向市场经济体系转轨，也带来了工业化、城市化、现代化的快速发展。受市场化、新管理主义的影响，社会保障和公共服务领域也出现了市场侵蚀过分严重的现象。在这种背景下，社会财富的两极分化加剧，社会弱势群体大量出现。这不但严重影响了弱势群体的基本生活，而且也对社会秩序的维持造成了巨大威胁。在这种背景下，政府开始改变国家的发展战略，强调经济社会协调发展，并将社会建设作为一项重要的战略任务。适应人口老龄化、城镇化、就业方式多样化的实际，政府决定逐步建立覆盖城乡居民的社会保障体系，农村居民的社会保障也开始走上制度化之路。社会保障制度的重建与国家的经济实力、所遇到的社会问题有关，也与社会保障理念的转变有关。不管是提出建立覆盖城乡居民的社会保障体系，实现公共服务均等化，还是要加快推进以改善民生为重点的社会建设，都反映了政府社会保障理念的转变。经过一系列改革重构，我国已经全面形成了多层次、多元化、多样化的中国特色社会保障理论体系，建立了能够覆盖全体民众的科学的社会保障制度体系。

二、完善我国社会保障制度的原则

（一）提升社会保障理念，体现和谐价值取向

社会保障理念一旦定性为民众的理念，就会形成一种强大的惯性力量，影响社会保障的存在和发展轨迹。当前，我国社会保障理念面临着选择、统一、提升的重大任务。从选择角度来看，必须从我国国情出发，辩证分析平均主义、效率主义、公正主义、多元化主义、普遍主义与选择主义等诸多理念的利弊，并从中做出现实抉择。从统一角度来看，必须通过宣传、教育等多种途径，实现社会保障诸多主体就中国建立社会保障的必要性、重要性、迫切性以及可行性达成高度共识，以减少内耗、增强合力。从提升角度来看，必须从底线公平提升为"以人为本"、以和谐为取向的科学理念。

（二）扩大社会保障覆盖面，统筹区域社会保障待遇

社会保障覆盖面的大小以及保障水平的高低集中反映着一国社会保障的总体状况。我国面临着急需扩大社会保障覆盖面以及全面提高社会保障待遇的艰巨任务。当前，我国必须坚持社会公平正义与共享发展成果的原则，以经济结构调整和经济增长方式转变为依托，以社会弱势区域或弱势群体为重点，以提高社会保障统筹层次为目标，努力扩大我国社会保障覆盖面，均衡地改善社会保障待遇，创建符合我国国情的新型社会保障制度。在扩大覆盖面的同时，既要把老人、残疾人、孤寡人员和其他低收入者作为关注照顾重点，在政策上给予特别的倾斜，还需要缩小城乡之间，区域之间，工人、干部、农民之间的社

会保障待遇差别，大力提高社会保障的统筹层次和保障能力，努力创建一种覆盖全体劳动者、惠及全体公民的全国统一的社会保障制度。

（三）扩大社会保障筹资渠道，优化社会保障基金运营

社会保障基金是社会保障制度的物质内容，也是社会保障制度可持续发展的根本动力所在。社会保障制度的实质在于"钱从何处来"和"钱往何处去"的问题。当前，我国社会保障必须建立以政府为主导、以企业（单位）与个人为依托、以市场性收益与社会性捐助为补充、以"广覆盖、保基本"为目标的多元化筹资渠道和多样化筹资模式。在国家财力持续增强的条件下，公共财政应该成为支撑社会保障的重点领域，并且保证财政性保障支出增长速度与国内生产总值的增长速度相等。通过科学的预算与调控机制以及依法征缴、激励征缴、教育征缴等多种筹资方式，努力做到全面融资、应收尽收、收支平衡。同时，必须加强社会保障资金的管理与监督，要完善社会保障基金投资市场准入制度、信托制度、风险准备金制度及收益监管制度，建立由政府部门、用人单位、职工代表和专家组成的社会保障监督委员会，定期对社会保障资金进行审计、评估与监督，严禁非法截留、挤占或挪用，以确保社会保障资金运行公开、透明、安全和高效，推动社会保障持续、健康和快速发展。

（四）健全社会保障法律体系，规范社会保障制度安排

立法先行、依法保障是我国社会保障建立和发展过程中的薄弱环节，必须把社会保障法制建设放到关系社会保障事业兴衰成败的战略高度。当前，我国社会保障法制建设的重点在于健全法律体系、提高立法层次。我国社会保障要按照社会保障实际运行的需要建立相应法律，力争做到时时有法、处处有法、人人有法、事事有法。为此，要尽快推动社会保障临时性规定与政策向法律制度的转化进程，推动社会保障法律制度与其他实体法和程序法的配套进程，推动社会保障法律制度全国统一化进程，推动社会保障法律制度的宣传教育进程，以确保社会保障运行真正实现"有法可依、有法必依、执法必严、违法必究"。同时，还要积极推进社会保障机构改革，变"多头管理"为人力资源和社会保障部"一头管理"，变"政出多门"为"政出一门"，切实转变社保机构职能，明晰职责，相互配合，强化管理与监督，推动社会保障事业向法制化、规范化、科学化方向发展。

（五）推进社会保障信息化建设，提高社会保障管理服务效率

社会保障信息化是实现社会保障的重要条件。随着我国社会保障事业的不断发展，广大法人以及公民对社会保障"知情"的愿望和要求越来越高，迫切需要加强社会保障信息化建设。当前，我国社会保障信息化建设应着力推进以下几项工作：一是加快完成社会保

障资源普查与统计工作。即以人力资源和社会保障部牵头成立若干个普查队，对全国的社会保障主体、客体、资金、资源、机构、人才等多种信息分期、分区、分类加以普查与统计，摸清"家底"，创建完整的社会保障数据库，以便在方便保障对象的同时，也能有效地管理和监督。二是加快完善社会保障信息化通道。按人口比例在各地投资兴建专门的社会保障信息平台或工作站，利用互联网、电视、广播、报纸、专刊、专栏、传单等多种形式定期发布社会保障相关信息，以便于广大民众的知情与维权。三是加快提高社会保障信息化管理与服务水平。人力资源和社会保障部应加快对社会保障从业人员的专业培训，整合信息管理与服务资源，确定信息管理与服务标准，规范信息管理与服务流程，以提高社会保障的工作效率和服务质量，力争尽快实现我国社会保障现代化。

岗位情景模拟

　　小林刚出生不久，父母亲就离婚了，母亲改嫁到外地。在她3岁时，父亲患病去世，小林与奶奶相依为命。18岁时，小林考上了大学，奶奶已经是91岁高龄，且患有阿尔茨海默病。奶奶虽有两个女儿，但均已嫁到外地，且生活也较为艰难。小林担心上大学后没人照顾奶奶，权衡之下，她决定带着奶奶上大学。

参考答案

　　讨论：当下，我国社会保障体系已较为完备。从社会保障的角度来看，你觉得小林和奶奶可以如何寻求帮助？

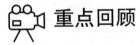 重点回顾

重点回顾

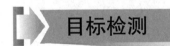 目标检测

参考答案

一、单项选择题

1.下列属于本原社会制度的是（　　）。

　　A.政治制度　　　　　　　　　　B.教育制度

　　C.家庭制度　　　　　　　　　　D.宗教制度

2.社会保障的功能不包括（　　）。

　　A.经济功能　　　　　　　　　　B.科学功能

　　C.文化功能　　　　　　　　　　D.社会功能

3.社会保障的主要内容不包括（　　）。

　　A.社会服务　　　　　　　　　B.社会救助

　　C.社会保险　　　　　　　　　D.社会福利

二、思考题

1.社会制度的主要功能有哪些？

2.社会保障的主要特征有哪些？

第六章　社会生活方式与文化

学习目标

1. 重点掌握生活方式的概念和基本内容。
2. 学会运用社会文化相关知识分析常见文化现象。
3. 追求文明健康的生活方式，充实个体精神生活，提高文化素养。

社会生活方式与文化紧密相连。社会生活方式是社会关系体系运行状况的一种综合性反映，也是社会学研究的重要内容。而文化是一个复合的有机系统，不仅包含那些人类活动的创造物，还包括文化创造的活动方式及其创造性的历史过程。如果我们把文化理解为人类活动方式、思维方式和能力的总和，那么文化的实质就是生活方式。随着我国社会主义现代化建设事业的不断发展，人们的生活方式正在发生深刻的变化，在此基础上，各个民族各个地区也逐渐形成了各具特色的社会文化。

第一节　社会生活方式的概念

社会生活方式这一概念在社会学和其他学科中有不同的理解。概括地说，有广义和狭义两种解释。广义的理解是指人们在物质生活和精神生活领域所从事的一切活动方式，既包括物质生活资料和精神生活资料的生产方式，又包括它们的消费方式。狭义的理解则是把社会生活概念限定在物质生活资料和精神生活资料的消费方式、社会交往方式和日常生活方式的范围内。这两种理解并不是对立的。在实际研究中，广义的理解一般并不包括对具体的物质生产过程的考察，狭义的理解一般也会涉及诸如劳动就业、劳动时间等与劳动有关的一些内容。所以，在实际研究中，关于社会生活方式的广、狭两种含义的理解并没有绝对的、明显的界限。

对生活方式这一概念，不能单纯从它所涉及的范围大小来机械地理解其广义或狭义，而应该从它特有的研究角度和研究内容去加以理解。

生活方式研究所涉及的领域十分广阔，即要涉及物质生活、社会生活、政治生活和精神生活等人们参与生活的所有领域，但是它并不包罗这些领域的所有方面，而仅是从人们怎样生活的角度来涉及这些领域。比如，生活方式研究要涉及人们的劳动生活，但是它并不研究生产、流通、交换、消费等具体的生产和流通过程以及生产过程中人与人之间所结成的关系，而是从人们怎样生活这个角度研究诸如就业方式、劳动时间、劳动条件等与劳动生活有关的方面。又如，生活方式研究要涉及人们的政治生活，但它并不研究阶级、政党、国家这些上层领域的问题，而是从人们怎样参与政治生活的角度研究人们参与政治生活的方式与程度等。

社会生活方式是指在一定的社会经济条件下，各阶级、各民族、各社会集团以及个人生活活动的全部特征的总和。这一定义表明，生活方式的研究包括对不同层次的社会主体的生活方式的研究，而且它研究的是人们生活活动的特征，即从人们怎样生活的角度来考察人们的社会生活。

特定的生活方式既包括特定的质，也包括一定的量，是质与量的统一。生活水平和生活质量是生活方式在量和质两个方面的反映。生活水平侧重反映生活方式的量的方面，它主要是指人们所拥有的用以消费的物质财富的数量。衡量生活水平的指标主要有人均实际收入水平与支出水平，人均食物消费量，人均拥有的住房面积和其他生活资料的数量等等，它们都可以用货币或实物形式进行直接的数量测定。生活质量侧重反映生活方式的质的方面，它是指在一定的社会制度下，人们的生活所达到的保证个人健康、自由和全面发展的程度。生活质量一般不是用货币或实物形式，而是用一套综合性的评价指标来进行测定的。这些指标主要有：人的健康与寿命，受教育程度，精神生活需要的满足程度，人的自由发展和创造性得到实现的程度，等等。由于对生活质量的测定包括主观评价指标，并没有一套公认的评价生活质量的标准。在不同的社会制度下，生活质量有不同的含义，个人对生活质量的理解也不一样。可见，生活质量是同一定的价值观密切联系的，生活质量只有同一定的价值观相联系才有其确定的含义。

生活水平与生活质量是反映生活方式的两个不可分割的方面，它们之间是辩证统一的关系。一方面，它们互为条件，密切联系在一起。一定的生活水平都内在地包含人们生活的特定的质，没有生活质量的不断丰富和完善，也就谈不上生活水平的提高；一定的生活质量又必须以一定的生活资料的量的积累与提高为前提，没有较高的生活水平，就没有高质量的生活方式。另一方面，这两者又是有区别的，不能将它们等同起来。生活水平主要反映的是人们的物质生活状况，而不能全面反映人们社会生活的其他方面的状况，生活质量与生活水平并不是绝对同步发展的，有了较高的生活水平，并不一定有好的生活方式。贫穷困苦的生活固然是不幸的，但是富裕的生活本身并不等于幸福。因此，只有根据生活水平与生活质量的辩证统一关系，才能对某种特定的生活方式做出科学的评价。

　　研究社会生活方式，具有重要的理论意义和实践意义。第一，有助于揭示社会的整体结构及其运行状况，为促进社会的协调发展提供科学的依据。生活方式是社会整体结构及其运行状况是否协调的具体而生动的反映，所以，研究生活方式能够使我们对社会整体结构及其运行情况有一个具体的认识，从而有助于对人们的社会生活进行有效的调节。第二，有助于促进社会物质文明与精神文明建设的协调发展。生活方式研究可以揭示社会物质文明建设与精神文明建设之间的相互关系，从而可以使之协调，促进社会物质文明建设与精神文明建设的共同发展。第三，有助于协调社会各阶层人民的利益。研究社会各阶级、阶层的生活方式是生活方式研究的重要内容，通过对不同的阶级、阶层的生活方式的比较研究，可以为协调各阶级、阶层之间的利益关系提供科学的依据。第四，有助于在社会主义现代化建设事业不断发展的基础上，逐步完善与发展社会主义初级阶段相适应的生活方式，为在我国建设科学、文明、健康的生活方式做出重要贡献。

第二节　社会生活方式的基本内容

　　马克思在《政治经济学批评》一文中把整个社会生活分为物质生活、社会生活、政治生活、精神生活四个方面。也有把社会生活分为物质生活和精神生活两大类的。在这里，我们主要从劳动生活方式、物质生活资料的消费方式、精神生活方式以及闲暇生活方式四个方面来阐明生活方式的内容。

一、劳动生活方式

　　劳动生活方式的主要内容包括劳动就业方式、劳动性质、劳动条件，以及劳动时间、劳动态度等方面。

　　劳动生活方式在人们的生活方式中占有十分重要的地位。第一，劳动就业方式会影响人们生活的基本保障和人的积极性的调动问题。高就业率能使广大人民群众的基本生活需要得到保障，同时也带来一个关于工作效率的问题。如何在保证普遍就业的同时提高劳动效率和工作效率，这是我国劳动就业制度改革需解决的主要问题。第二，劳动性质会影响人们生活需求的结构。一般说来，从事脑力劳动的人对精神文化生活的需求比从事体力劳动的人要强烈。随着脑力劳动在人们的劳动中所占的比重逐渐增大，人们对精神文化生活的需求也必然会呈现出逐渐增高的趋势。第三，不同劳动条件会对人的劳动态度、劳动习惯以及人的健康发展产生不同的影响。传统农业社会的日出而作、日落而息的生活方式是与繁重的、效率很低的体力劳动分不开的。在机器工业发展的初期，紧张的、机械的劳动动作以及恶劣的劳动环境严重地损害了劳动者的身体健康。随着劳动工具和工艺的逐渐现代化，人们正逐渐从繁重的体力劳动中解脱出来。第四，劳动时间会对社会生活的时间结构产生直接的影响。劳动时间的缩短能使个人可以自由支配的闲暇时间延长，从而为个人的自由而全面的发展创造条件。第五，人们的劳动态度会对劳动效率与工作效率产生不可忽视的影响。因此，积极的劳动态度的形成和劳动积极性的充分发挥，是各项制度改革的基本出发点和改革是否成功的重要检验尺度。总之，劳动生活方式在人们的生活方式中占有十分重要的地位，劳动生活方式的研究在生活方式的研究中具有十分重要的意义。

二、物质生活资料的消费方式

物质生活资料的消费方式是生活方式的主要内容之一。物质生活资料的消费方式主要包括消费水平、消费结构、消费观念等。

（一）消费水平

消费水平是反映物质生活资料消费数量的标志，因而也是反映生活水平的主要标志。衡量消费水平的指标是人均收入水平和人均支出水平。这两者虽然并不是一回事，但它们之间有着极为密切的联系。在通常情况下，支出水平取决于收入水平。收入水平低，支出水平也较低，收入较高的国家或地区，其支出水平也较高，两者处在大致均衡的水平上。一个国家或地区的人均收入水平与支出水平是否大致均衡，是衡量这个国家或地区的经济是否健康、协调的重要标志之一。

影响一个国家或地区人均收入水平的因素主要有两个。一是劳动生产率。劳动生产率是影响收入水平的决定性因素。劳动生产率较高的国家或地区，劳动者的收入水平一般较高。劳动生产率低是我国特别是广大农村地区收入水平较低的主要原因。另一个因素是每个就业者所负担的人口数。在劳动生产率一定，因而在每个劳动者的收入水平一定的条件下，就业人口增加，每个就业者所负担的人口数就减少，人均收入水平就提高。

判断实际生活水平的高低，不能仅仅看收入水平的高低。在一定的收入水平条件下，居民的实际生活水平的高低还要受下列因素的影响。第一，通货膨胀率。一般说来，通货膨胀率高，价格上涨、货币贬值，会影响居民的实际生活水平。严重的通货膨胀会导致在名义收入增加的情况下实际生活水平反而下降的结果。第二，支出水平。衡量实际生活水平不仅要看收入，还要看支出。一些国家和地区劳动者收入高，支出也高；在发展中国家，人们的收入低，支出也较低。第三，国家税收和财政补贴。国家为了维持社会的稳定与正常运转，需要运用税收和财政补贴等经济手段来调节人们的社会生活。因此，税收和财政补贴等经济杠杆也会影响人们的实际生活水平。

（二）消费结构

消费结构是指在生活性消费中，各种消费支出所占的比重。消费结构的分析可以分为不同的层次。第一个层次是消费总量的结构分析，主要是指衣、食、住、行等消费支出占总消费支出的比重。第二个层次是消费的结构分析，是指各类消费支出的内部结构分析。如在食品消费中，各类食物所占的比重；在日用品消费中，高、中、低档日用品所占的比重，等等。

根据马克思关于人的需要的分类方法，可以将消费资料分为必要消费资料、享受消费资料和发展消费资料三大类。这三类消费资料在消费总量中的构成情况，是由社会生产力发展水平所决定的。在生产力水平很低的自然经济时代，必要消费资料在消费结构中占极大的比重，而且整个消费结构呈现出高度的稳定性，不会发生大的变化。在生产力高度发达的现代社会中，不仅消费水平不断提高，而且消费结构也不断发生变化，这种变化的总趋势是，必要消费资料在消费结构中所占比重逐渐下降，享受和发展消费资料在消费结构中所占比重逐渐上升。

19世纪，德国统计学家恩格尔根据统计资料得出了消费结构变化的一般规律：家庭收入越少，家庭总支出中购买食品的支出比重越大，随着收入的增加，用于购买食品的支出比重将会下降。消费结构的这种变化情况可以用恩格尔系数表示如下：

$$恩格尔系数 = 食品支出金额 / 总支出金额$$

恩格尔系数能大体衡量出一个国家或地区的生活水平的高低。恩格尔系数在0与1的区间内变动，数值越大，说明生活水平较低。恩格尔系数在60%以上为绝对贫困，50%~59%为温饱，40%~49%为小康，30%~39%为富裕。

（三）消费观念

消费观念是消费方式中的一个有机组成部分，任何消费方式都内在地包含一定的消费观念。一般说来，消费观念是一定的经济发展水平和消费水平的反映，在一定的消费水平和消费结构的基础上会产生与之相应的消费观念；反过来，某种消费观念的形成，也会有力地制约和影响人们的消费生活。由于消费观念的形成还要受到人们的价值观念以及社会参照点的影响，消费观念并不会绝对地与经济发展水平相对应的消费水平相一致，有时会出现消费观念滞后或超前的现象。我国经济发展困难时期，人们的收入普遍较低，人民群众只求有饭吃、有衣穿，形成"新三年，旧三年，缝缝补补又三年"的消费观念。这固然反映了我国居民群众的艰苦朴素精神，同时也是我国经济不发达、消费水平比较低的反映。随着经济的逐步发展，人民群众不再满足于有饭吃、有衣穿，而是开始追求吃得好、穿得好的舒适生活，这是我国经济和社会发展的必然结果。改革开放后，我国市场经济迅速发展，与世界各国交流日益密切，国外的消费方式和消费观念对我国居民的消费观念产生了很大影响，追求时尚生活成为消费观念变化的特点，部分群体出现盲目的奢侈性消费热，这种奢侈性消费热脱离了我国的国情，影响了经济的持续稳定发展，同时也对社会风气产生了不良影响。因此，在经济发展的同时，如何正确地引导消费、树立健康的消费观念，是不能忽视的一件大事。

三、精神生活方式

精神生活是人们社会生活的重要组成部分，这一点是由人的本质所决定的。人是社会的人，人的本质在于人的社会性。人的这一本质决定了人具有其他动物所没有的高级的精神生活需求。精神生活在人的社会生活中的重要地位主要体现在以下三点。第一，精神生活能使人的归属感得到满足。人不能孤立地生活，任何人都必须归属于一定的群体，都具有归属感。与群体的其他成员进行交往，能使这种归属感得到满足。第二，精神生活能使人获得精神上的寄托。人与人之间的思想与情感交流、男女之间的情爱、闲暇时间中的娱乐与欣赏等，都会使人感到生活的充实和精神的满足。第三，精神生活能满足人的创造性需求。人具有实现自己的价值和取得成就的需要。闲暇时间的创造性活动能使这种需求得到满足。正因为精神生活在人的社会生活中具有十分重要的作用，它成了衡量生活质量的重要方面。

精神生活的内容包括：①获得群众信息（看报纸、杂志、电视，上网、听广播等）；②家庭成员之间的交往；③社会交往；④业余爱好与创作；⑤参加或观看文娱、体育活动，旅游；⑥宗教活动等。

在不同的民族和国家，人们的精神生活具有不同的内容和形式。造成精神生活的内容与形式不同的原因主要是：经济与社会发展水平不同，社会制度不同，人们的受教育程度不同和价值观不同等。社会经济发展状况与精神生活之间的关系不断发展，人们对精神生活的需求逐渐提高，精神生活的内容与形式越来越多样化，用于精神生活的时间也逐渐增多。但是，社会经济状况与精神生活之间的这种关系要受到社会制度的强有力的制约。一般说来，受教育程度较高的人对精神生活的需求也比较高，而价值观的不同则会导致对精神生活内容的不同评价和追求。

人的精神生活是一种客观需要，人们可以自由支配的闲暇时间以及人们多余的精力为满足这种需要提供了条件。人们总是在以各种不同的方式进行着自己的精神生活。当正当的精神生活不能满足人们需要的时候，一些不正当的精神生活就会乘虚而入。精神生活的贫乏和空虚会导致不良社会后果，应当引起社会生活的组织者和管理者对这一问题的重视。

近年来，全球的现代化进程正在深刻改变和影响着人们的精神生活。值得指出的是，人类社会的现代化进程并不必然给人们带来高质量的精神生活。现代社会对人们的生活方式的影响是双重的：一方面，它使人们的物质生活水平大大提高，并且为人的精神生活的丰富化和人的自由发展创造了条件；另一方面，它又给人们带来了激烈的竞争、紧张的生活、人际关系的淡化、精神压力的增大、精神生活的空虚、精神疾患的增加，等等。因此，在现代化进程中，如何在极大地提高人们的物质生活水平的同时，努力提高人们的精神生活质量，使现代人生活得更健康快乐、更符合人的本性，这成了一个世界性的难题。

四、闲暇生活方式

劳动者一昼夜的时间分配可以分成两大部分。一是劳动时间，即为生产和再生产社会生活的物质条件所必需的时间。二是业余时间，即劳动或工作以外的所有时间。业余时间包括以下几个部分：①与工作相关联的时间消费，如上下班的路途时间；②满足生理需要的时间，如睡觉、吃饭所需要的时间；③家务劳动的时间，包括买菜、做饭、洗衣、抚养与教育子女等维持家庭生活所必需的时间；④闲暇时间。闲暇时间不等于业余时间，而只是业余时间的一部分，闲暇时间与业余时间中其他部分的区别在于闲暇时间是可以由个人自由支配的，而其他一些活动则是必要的时间消费，但是两者的界限只是相对的。闲暇时间一般包括以下活动内容：文化学习、体育锻炼、获得群众信息、文化娱乐、业余爱好和创作、社会交往、无事休息和消遣等。

闲暇时间是以时间形态存在的宝贵的社会财富。它在人们的社会生活中的作用主要体现在：①补偿劳动消耗，恢复脑力和体力，增进身体健康；②满足人们日益增长的精神生活的需要；③有助于科学、艺术的发明与创造；④激发人的各方面的才能，为人的全面、自由的发展创造条件。总之，闲暇时间无论对于社会的进步还是对于个人的发展都具有重要的意义。

社会所拥有的闲暇时间不是固定不变的。它会随着社会的物质文明和精神文明建设的发展而发生变化。闲暇时间发展变化的一般规律是，社会的物质文明和精神文明发展水平越高，它所拥有的闲暇时间也就越多。

据国家统计局2018年对全国11个省区进行的第二次全国时间利用调查，居民在一天的活动中，个人生理必需活动平均用时11小时53分钟，占全天的49.5%；有酬劳动平均用时4小时24分钟，占18.3%；无酬劳动平均用时2小时42分钟，占11.3%；个人自由支配活动平均用时3小时56分钟，占16.4%；学习培训平均用时27分钟，占1.9%；交通活动平均用时38分钟，占2.7%。与20世纪80年代居民时间分配状况相比，可以看出，随着社会的进步和每周五天工作制的实行，我国居民的工作、生活方式发生了较大的变化：①每周总的工作时间减少，但工作日工作时间延长，上下班路途花费时间增加，加班时间增加；

②生活节奏加快，日平均睡眠时间减少；③家务劳动社会化程度提高，家务劳动时间减少；④闲暇时间显著增加，人们生活中可以自由支配的时间增多。可见，研究闲暇时间的合理利用问题很有必要。

判断闲暇时间的利用是否合理，有两个基本标准，一是看其是否有利于社会的物质文明与精神文明建设，二是看其是否有利于个人的自由全面发展。目前，我国的闲暇时间的利用还存在一些不合理现象。如学习时间在时间分配中所占比重不平衡，用于增强体质的体育锻炼时间不多，文化娱乐活动还不够丰富，一部分人受西方文化影响，在空余时间中追求低级、庸俗的精神刺激，或无所事事，在空虚的精神状态中打发时间，等等。

随着闲暇时间在人们的社会生活中的作用的不断提高，必须采取积极措施，为闲暇时间的合理利用创造各种条件。第一，要努力发展社会主义的高尚的健康的精神产品。第二，要大力发展满足闲暇生活各种需要的文化娱乐设施。第三，要加强闲暇时间的研究和指导工作。

第三节　社会文化

社会文化是社会生活的一个体现，是影响社会生活的一个重要因素，因为作为主体的人类是在既定的文化条件下开展社会活动的。文化作为一种人的主体精神世界的表征，其为人的社会生活提供一种恒久性支持，它是人类生活方式的定格，是维系社会这个有机体的一条强有力的纽带。

一、文化的概念及要素

文化属于历史的范畴，每一个社会都有与自己社会形态相适应的社会文化，并随着社会物质生产的发展变化而不断演变。作为观念形态的社会文化，如哲学、宗教、艺术、政治思想和法律思想、伦理道德等，都是一定社会经济和政治的反映，同时又给社会的经济、政治等各方面带来巨大的影响作用。

（一）文化的概念

"文化"一词在西方来源于拉丁文"cultura"，原意是指农耕及对植物的培育。自15世纪以后，逐渐引申使用，把对人的品德和能力的培养也称为文化。

在中国的古籍中，"文"既指文字、文章、文采，又指礼乐制度、法律条文等；"化"是教化、教行的意思。就社会治理的角度而言，"文化"是指以礼乐制度教化百姓。汉代刘向在《说苑》中说："凡武之兴，谓不服也，文化不改，然后加诛"。此处的"文化"一词与"武功"相对，含教化之意。"文化"一词的中，西两个来源，殊途同归，今人都用来指称人类社会的精神现象，抑或泛指人类所创造的一切物质产品和非物质产品的总和。

人类留下的种种生活轨迹，几乎都可以称为文化。文化与社会文化没有什么质的区别，因为它们都是人创造的文化，而人始终是处于社会这个客体之中，是社会关系中的人，所以文化即是社会中的人所创造的文化。如果非要说出它们之间的区别，只能从研究角度来说，即与"文化"相比，"社会文化"更强调在社会结构和运动这个客观前提下进行的整体和综合的研究。因此，在某一种程度上，文化等同于社会文化。

古今中外学者对"文化"一词下过多种定义，有统计表明，1871—1951年，中外文献所提出的文化定义约164种。20世纪50年代以后，文化探讨在各国展开，文化定义已不可粗略统计。梁景和先生通过对往昔若干文化定义的考察，把文化概括为十大类型，包括结构文化说、模式文化说、工具文化说、符号文化说等。的确，"文化"一词包罗万象，很难用只言片语来清楚地阐述。人们所理解的文化，是人类生活方式的定格，是维系社会这个有机体的一条强有力的纽带。"定格"本来是电影镜头运用的技巧手法，乃银幕上映的活动影像骤然停止而成为的静止画面。定格是动作的刹那间"凝结"，宛若雕塑的静态美，即短暂的静态。那么，这种定格特征与文化又有何联系呢？文化是人类的生活方式经过筛选后而形成的，在某种程度上，它会表现为一定的静态。当然，这种静态形式上在漫漫人类历史长河中可能会延续几十年，也可能是几百年甚至上千年。然而，本质上这种静态却是短暂的，人类的生活方式在不断向前继续，文化也会随之不断发生变化，文化不断会在原有的基础上被重新解读、改造、吸纳，从而转型为新的文化。

可见，文化的内涵十分复杂。就狭义的文化而言，它属于精神文化的范畴，是物质生活之外的精神现象和精神生活，如宗教、信仰、风俗习惯、道德情操、学术思想、文学艺术、科学技术、各种制度等。而广义的文化可以包括人类作用于自然界和社会的一切成果，也就是指一切物质财富和精神财富。可以说，不同国家、民族的文化不同，生活方式必然不同。即使在同一个国家，因文化的多样性，也导致多种生活方式的并存。文化是生活方式的中介和导向。文化不仅教会人们生活，而且教会人们应该怎样生活。

研究文化问题不能不涉及社会文明。文明是人类在不断认识世界和改造世界的过程中所创造的智慧结晶，同时也是人类自身发展进化的历史呈现，是人类社会发展进步的重要标志。文化与文明是人文社会科学领域的两个重要范畴，也是一对同中有异、关系复杂的术语。司马迁在《史记·管晏列传》中所述"仓廪实而知礼节，衣食足而知荣辱"，就很好地反映了文化和文明的关系。世界现代化的进程，也就是现代文化和文明的发展过程。文化是"刀"，文明是"刀"的"刀鞘"，它们两个相互关联又彼此独立。只有文化，而没有文明，冲突就会天天发生，每时每刻发生，文明是社会的"润滑剂"，能缓解冲突。

（二）文化的要素

文化要素即文化所包含的各种基本成分。综合前述各种描述，知识、信仰、艺术、道德、法律、风俗、技能、社会关系、社会组织、价值观念、行为规范和模式、语言符号、人造物品、物品的式样等都是文化的要素，举不胜举。一个成熟的"文化系统"往往离不开四大要素，即物质要素、精神要素、语言和象征符号要素以及规范体系。

1.物质要素　即文化的物质部分，是文化的物质载体，包括人类创造出来的一切物质产品，其中尤以生产工具最为重要。人类创造文化，必须通过有形的制造品表现出来，如器皿、布衣、建筑物、水坝、公园等改造自然所使用的生产工具，反映了人的需要和技术发展水平，反映了人类改造自然的能力，因此，它在各种物质要素中是起决定作用的要素。人们对时代的划分，有时是以使用什么样的生产工具为标准的，如石器时代、青铜器时代、铁器时代、机器时代、电气时代等。人们也用使用工具的特性来表示不同的文化，如青铜器文化、电气文化等。可见，工具及使用工具制造出来的物质产业是文化不可缺少的要素。

2.精神要素　即精神文化，包括哲学、科学、宗教、艺术以及各种思想观念，其中尤以价值观念最为重要。精神文化是文化不可或缺的部分。人们改造自然与社会，创造和享受文化的活动，无不是在一定的思想观念指导和推动下进行的，所以观念形态的文化是文化要素中最有活力的部分，尤其价值观念更是文化的精髓或灵魂，是核心要素。价值观念是人们判断是非、选择行为方向和目标的标准。人们追求什么、鄙弃什么，是由价值观念决定的。价值观是在社会共同生活中培养起来的，所以在一个群体或社会中会形成大体一致的价值观，这就是群体或社会的价值。群体或社会的价值决定着这个群体或社会的特有生活模式。

3.语言和象征符号要素　即人与人、人与场景交互的媒介，也是文化传递不可替代的一种要素。人的交往只有借助语言和符号才能进行，一切知识的继承和传递也只有借助语言和符号才能实现。马林诺夫斯基认为，语言不仅是一个工具体系，而且是一套长期养成的发音的习惯。人类学家长期考察发现，世界上大约有2800种不同的语言，其中大部分语言没有共同的词汇。所以，并不是任何不同的语言之间都可以互相翻译。译文不可能与原文完全对应。这说明，语言是人们观察世界（甚至是改造世界）的工具。人们用语言在自己的头脑里建造了客观的世界，所以，语言不同，对世界的反映也不同。例如对颜色和味道的表达，有的语言词汇很多，可以区分许多极细微的差别；而有的语言词汇很少，区分力很低。中国人常用酸、甜、苦、辣、涩来形容味道，难道世界上所有物质就只有这五种味道吗？中文里有"你"和"您"两个词来表示第二人称，英文中就只有一个"you"，以致当中国人面对年长尊贵的美国客人说话时，很不好意思直呼"you"。其实，英美人的语言中对年老位高的人表示尊敬不是用同一个词，而是用句型的不同来表达的。这就是中美之间文化的不同。

符号是一种无声的语言，也是社会互动过程中不可缺少的手段，甚至比语言的运用更加广泛。符号有身体的姿势、表情、动作、声音、图形、标志等。有的符号是表征的，如国徽、军旗；有的符号是指意的，如禁止通行的符号。前者含义丰富，后者意义明确。符号的不同也是文化特色的表现。

4.规范体系　即一种文化的秩序和价值观所在。规范是人们行为的准则，有约定俗成的，如风俗等；也有明文规定的，如法律条文、群体组织的规章制度等。一种优秀的文化必然会对受众产生积极影响，比如诚信知报、仁爱孝悌的中华传统美德就影响了一代又一代国人。有些人类学家把文化归结为人的行为规范和模式，足见行为规范和模式对于文化的重要性。各种规范互相配合，共同调节人们的各种社会行为，以维护社会秩序。世界各国规矩之多、差距之大，令人茫然。不懂规矩便手足无措，说明不懂规范性文化就办不成事。一个不懂宴会礼仪的人参加宴会会感到局促不安，不能顺利地交往；相反，在一个普通的家庭聚会上使用正规宴会的礼仪，就令人觉得装腔作势、可笑。可见，规范规定了人们活动的方向、方法和形式，规定了语言和符号使用的对象和方法。规范是人类为了满足需要而设立或自然形成的，是价值观念的具体化。规范体系具有外显性，了解一个社会或群体的文化，往往是从认识规范开始，进而才能达到文化的核心——价值观念。

二、文化的类型及文化系统的构成

（一）文化的主要类型

关于文化的类型，可以根据不同的标准进行划分。一般可以分为以下几类。

1.物质文化与非物质文化　物质文化是指物质世界中一切经过人的加工，体现人的思想、观念的东西。非物质文化包括精神文化和制度文化。精神文化是人类反映主观世界的产物，由各种符号、思想、态度、价值观和信仰等要素构成，它们为社会成员提供观察世界、了解社会的手段。各种符号是精神文化最基本的要素。制度文化是人们调适社会生活的产物，是人们为调整特定社会生活领域中的各种社会关系，基于一定社会价值观所创设，并为特定领域中大多数人所共同遵循的一整套持续而稳定的规范体系。

物质文化与非物质文化在使用上是有差异的，但二者的区分只是相对的。物质文化，例如工业机器、设备，在使用的过程中被损耗，属于损耗性产品。而非物质文化，例如规范（法律）、价值（婚姻观）、语言、符号等，可以被反复使用而不损耗，但是可能发生变迁、变异、革新。

当然，物质文化与非物质文化的区分是相对的，两者常是结为一体的。例如，中国的万里长城，一方面作为实体存在，具有损耗性，属于物质文化；而另一方面，作为中华民族的一种精神象征，虽然历经岁月磨砺，却仍然巍然屹立。

2.雅文化与俗文化　雅文化是指精致而规范乃至具有典范性的文化，它集中地体现着文化固有的性质功能，往往是一个国家或民族文化水平发展的标志。俗文化是指较为粗放、浅近但新鲜活泼，更富生活情趣的时尚文化、习俗文化，它同样具有文化的性质功能并广泛地影响着一个国家或民族的文化素质状况。从这个意义上说，一个国家或民族文化发展水平的高低取决于雅文化，而文化素质优劣则取决于俗文化。雅文化与俗文化相较，前者规范而稳定，育人化人的功能更为强烈；后者丰富而生动，启蒙娱乐作用更为突出。但是两者相辅相成，雅俗之间没有绝对的界限，没有不可逾越的鸿沟。许多俗文化可以发展成为经典。例如当今社会中，东北的"二人转"由地方性的剧种逐渐演变为全国性的、为群众喜闻乐见的曲艺节目；陕北的"信天游"更是唱遍全国，走出国门，成为"民族的就是世界的"的最佳诠释。雅文化与俗文化只是欣赏层面的差异，在具体的文化实践中，我们应该一方面坚持雅文化的俗化，使更多的民众能够接受高雅而规范的文化熏陶，避免产生"曲高和寡"的现象；另一方面，应尽量实现俗文化的雅化，不能一味地媚俗，使文化"粗鄙无文"而难登大雅之堂。

3.评比性文化与非评比性文化　就不同民族文化的比较而言，文化或外来文化可以区分为评比性文化和非评比性文化。

所谓评比性文化，是指有好坏、高下之分的文化，即在两种文化的比较中，可以评出孰优孰劣的文化。一般说来，评价性文化都是比较容易鉴别其价值的文化。由于评比性文化有明显的优劣之分，人们对它的态度也比较明确，即吸收和发展优性文化，剔除和抛弃劣性文化。这也是我们在推进全面深化改革的过程中必须坚持的有利原则。

所谓非评比性文化，也可称为中性文化，是指在文化比较中没有明显的优劣、高下之分的文化。这类文化多与人们的行为方式、习惯、习俗相联系。属于这类文化的有庆典方式、拜访方式、赠礼方式、玩笑方式、哀悼方式以及礼仪、禁忌、姿态、发式，等等。例如，我们中国人吃饭用筷子，西方国家用刀叉，有人说刀叉容易使用，有人说筷子有益于人脑发展，其实，它们是中性文化，并无严格的好坏之分。又如，中国人通常以握手互致问候，而西方人习惯于拥抱，这也难分优劣。承认非评比性文化的存在，意味着承认各民族的平等和尊重各民族的文化差异。一般说来，中性文化是民族分野的重要标志，它有助于维系社会的团结和稳定，有助于增强社会的内聚力。中性文化的大规模变迁，即人们行为方式的大幅度变化，往往会引起社会较大的动荡，因此是应尽力避免的。

既然中性文化具有重要功能，正确对待中性文化就是我国当前全面深化改革中一个十分重要的问题。由于中性文化没有明显的优劣之分，我们的改革与吸收外来文化的重点绝不是中性文化。相反，在吸收外来优秀文化的同时，注意维持我国传统的中性文化的稳定性，将有利于社会的安定团结，有利于推动全面深化改革向纵深发展的顺利进行。另外，由于中性文化与人们的行为方式、习俗等联系密切且无明显的高低之分，我们对它的演变与发展不应采取过多的干预政策，而应听任其自然发展，既没有必要大张旗鼓地提倡某种外来的中性文化，也不应采取禁令方式阻止某些中性文化的发展。

除了上述的三种分类方法之外，文化还有其他的许多划分方法，例如"三分法""四分法"等，在此不再赘述。

（二）社会文化系统的构成

文化是一个有机系统和整体，由不同的层次有机构成，各构成要素之间按照一定的规则或规律形成一个综合的整体。任何文化都有特定的文化体系，而不是一盘散沙。文化所表现出的不同层次，就是文化的结构。一个复杂的文化系统，往往包含文化特质、文化丛和文化模式三个层次。

1.文化特质　在社会学中，文化特质和文化元素的概念是可以互用的，它是指具有独立文化意义的最小文化单位。文化特质既可以用物质产品来表示，也可以用非物质的形式来表示，前者如筷子、刀子等，后者如握手、鞠躬等。对文化特质的理解，需要注意以下几点。①任何一种新文化特质的出现，都表示一种新文化的产生，原有文化特质的简单复制不能被认为是出现了一种新文化。②文化特质虽然是由一些文化的项目或分子构成的文化之个体，但不能认为文化特质可以随意划分开。如果把一个文化特质分开，会出现两种结果：其一，丧失其独立的文化意义，如把一个茶杯分成两部分；其二，变成了另外的文化特质，如将汉语中"手机"一词分开后，"手"与"机"都各自成了与"手机"有别的另外的文化特质。③不能对文化特质进行简单的量化，例如，当一把剪刀代表一种文化特质时，不能以为一千把剪刀就是一千个文化特质。

2.文化丛　又称文化特质丛，由两个或两个以上的文化特质构成，其形式主要包括以下三种。①由一些功能相似的文化特质聚合而形成的文化特质丛体，如我国写字用的笔、墨、纸、砚构成的文化丛，等等。②围绕着一个中心文化特质而发展起来的一组文化特质，如围绕着汽车文化特质而出现的汽车制造、汽车修理、公路、加油站等所构成的文化丛。③把某些原始文化称为文化丛。从这个角度使用文化丛概念的，主要是考古学家。为了突出这种文化丛特点，考古学家们还常常在这种文化丛中找出一个具有代表性的文化特质，以之命名某一具体的原始文化。如在仰韶文化中找出彩陶，就把仰韶文化称为彩陶文化。因前两类文化丛的形成是一定数量的文化特质在功能上能整合之故，第三类文化丛的形成乃是由于时间、空间方面的原因，所以，可以将文化丛定义为一组在功能上能够相互整合的文化特质的联结，或在一定时空范围的若干文化特质的组合。

3.文化模式　是社会学中使用得极普遍的，但对其理解和解释又存在着较大差别的文化结构概念。如有学者认为，文化模式即文化体系结构，是彼此交错联系的文化系统，是由诸多要素逐层逐级按逻辑的统一性而成的有机整体，因而必然存在层次性与整体性。也有学者认为，文化模式指的是特定民族或特定时代人们普遍认同的，内在的民族精神或时代精神、价值取向、习俗、伦理规范等构成的相对稳定的基本生活方式。实际上，许多学者均不过分拘泥于文化模式的概念是什么，而是在较大范围内较灵活地使用这一概念。因此，将文化模式理解为比文化丛更复杂、更高层次的文化结构概念，是比较恰当的。这样做既符合"模式"一词的通常用法，又使文化模式的概念具有更普遍的意义。为此，我们将文化模式定义为：多种文化特质或多个文化丛经过长期的接触，融合而形成的具有鲜明文化特征的较复杂的文化系统。这个定义说明了以下三点。其一，文化模式是比文化丛更复杂、更高一个层次的文化构成形式。简单的文化丛一般不能称为文化模式。其二，任何一个文化模式都有与别的文化极不相同的鲜明的文化特征。如我国的江苏省，就存在苏南和苏北两个文化模式，这两个区域性的文化模式不但在社会习俗、一些生活方式上各具特色，而且在语言上都存在一定的差别。其三，任何一个文化模式都是在一定时空范围内，经过很长的历史时期才形成的。同时，一个具体的文化模式，其存在的时间越长，它的个性就越突出和越稳定，它的价值取向与别的文化模式相比，差异也就越大。

三、社会文化系统的运行

文化是社会系统的重要构成，在维系社会运行和发展上，文化系统起着独特的作用。而社会文化系统的运行会极大地推动经济的发展，是推动社会经济可持续发展的重要力量。社会文化系统的运行表现为社会文化系统中各个文化特质相互影响、相互渗透的过程，它主要由文化的传递与传播、文化冲突和文化融合等一系列过程组成。

（一）文化的传递与传播

1.文化传递 是文化系统运行的基本形式之一，也是文化运行的一条基本规律。现代生物学的研究告诉我们，动物的生理特性和绝大部分本能都可以通过生物遗传的途径世代相传，仅有不多的活动方式需要下一代模仿上一代才能够传递，社会文化便属于后者。每一代人都是在前人所积累起来的文化成就的基础上，吸取原有文化的精华，同时总结新的认识和新的实践经验，创造出新的文化成果，然后再把这些成果传递下去。人类社会的文化就是这样代代相传，生生不息。

文化传递是纵向的文化流动，是人类世代之间文化传授和承接的活动，是存在于几代人中广泛的文化联系，是使一个民族文化得以保留和发展的基本途径。人类的延续发展有两个基本的要素，即种族繁衍和文化传递。种族繁衍是把一个民族的生命形态保存下来并延续下去，这是一个自然的过程。文化传递是把一个民族的文化形态保存下来并延续下去，这是一个社会的过程。

文化传递主要是在世代之间进行，这也是一种世代关系，是世代之间的文化互动，这种互动体现着前代人和后代人的联系。任何民族文化特性的留存，都离不开世代之间的文化传递。人类的个体和群体都不会简单地满足种族的自然保存，总会期望将整个的"我"延续下去，这包含着个体和群体的知识、信仰、财富等，这种期望自然地产生出种种文化传递的方式。文化只有通过传递，才能延续下去。文化经过人类代代相传而得以延续和发展，新一代社会成员的文化有很大一部分来源于前人创造的文化，并在前人的基础上进行发展，这种代际传递造成的文化积累是文化发展的基本途径。

世代之间的文化传递是一种客观的社会现象，现实中，上下几代人都互相衔接着，谁也离不开谁，文化的流动和积累离不开世代之间千丝万缕的互动关系。尽管两代人之间有差异，但是，不管这种世代的差异有多大，前辈所创造的有价值的文化因子都被后辈以不同的方式继承着。即使是按西方一些文化人类学家的观点，现代社会两代人之间存在着鸿沟，也不能排斥文化传递中世代的联系和衔接。

文化传递不仅仅是几代存活着的人们的面对面的直接活动，古代祖先的文化遗产，也可以跨越数百个世代，为现代人直接接受。这主要表现在人类对两种积淀文化的直接接受上。

一是对心灵智慧积淀文化的直接感受和接受。在文化传统中，有许多凝固的意识是人类的共同智慧和体验，能够长久地引起人们经验上的共鸣。它表明在人类心灵深层结构中有许多本质上相同的因素，这就使得前人有一些思想能够超越时空的限制而得到传递。如中国古代《易经》中的"阴阳对立""物极必反"的朴素辩证法思想，春秋时代老子的"有无相生，难易相成，长短相形，高下相倾，音声相和，前后相随"等关于事物相互对立和相互依存的智慧，孔子的"学而不思则罔，思而不学则殆"的经验，庄子《逍遥游》中的丰富想象，都表现出人类历史长河中的共同心灵智慧、体验，具有超越时空的长久性。这些文化虽然需要一代代人的保存学习和传递，但从心灵感知的共同经验来说，这种传递同样是跨世代的，它能为现代人直接承接。当然，这要以基本的文化常识传递为基础。

二是对物化积淀文化的直接理解和吸收。这主要表现在对典籍、物器、建筑等物化文化的接受和理解上。这种超越时间和世代的文化传递虽然是间接的文化传递，但它是重要的文化传递现象。

世代之间文化传递的内容纷繁复杂，但核心只有一个，那就是价值。哲学意义上的价值表示人与客体之间的关系，客体满足主体需要的功能属性即为价值，价值实质上是客体属性与主体需要之间的一种关系。文化传递实质上是传递一种价值。前辈会把他所认可的价值观传给后辈，后辈在主动接受前辈的文化时，也只是接受他所追求的价值观，当然，后辈这种主动性只有在具备了独立的价值判断时才能形成，当后辈不具独立价值判断时，后辈对前辈的文化接受是被动的。而对后辈的文化继承来说，重要的是主动性的继承。传递精湛技艺，继承优良传统，这是世代之间文化传递的核心内容。从这个意义上说，对文化价值的认同是联结世代之间感情、信仰的纽带。世代之间的文化联结，就反映在对价值的认同上。

文化的传递是社会不断发展的根本条件之一。如果每一代人都要抛弃原有文化，一切从头做起，并且自己也不把创造出来的物质和精神文化积累起来、传递下去，那么人类除了永远停留在制造粗糙石斧的原始阶段以外，是不会有其他前途的。人类高于动物的地方不仅在于它能创造文化，而且在于能将其创造的文化不断地积累起来，并通过各种途径一代一代地传递下去，由此不断推进生产的发展与社会的进步。

由于文化能够不断地积累和传递，它具有极强的历史继承性。每一历史时期的文化成果，都同它以前的成果有着继承的关系。每一个社会的文化都有两个来源，既有对历史上文化成果的继承与保留，也有根据现实社会条件的创造与发展。文化的发展和进步就是这两者的有机结合。正因为文化有历史继承性，文化的发展才能持续而不中断，才有其可以追溯的历史线索，才会形成民族文化、区域文化这些各具特色的文化传统。任何社会都不可能割断自己文化的发展历史，都不可能全部抛弃自己以前的文化遗产。

人类文化的传递并不总是单向的。在传统农业社会中，社会变迁速度缓慢，在这种周而复始、几乎是一成不变的社会中，文化传递的方向总是由上一代人向下一代人传递，明显呈现出单向传递的特点。但自从人类社会进入工业化时代特别是知识经济与信息化社会以后，社会变迁速度异常迅猛，文化总是由上一代人向下一代人传递的法则及其天经地义的合理性开始面临挑战，出现了文化反向传递的"文化反哺"现象。所谓文化反哺，是指在急速的社会变迁时代所发生的年长一代向年轻一代进行文化学习与吸收的现象。面对社会的急剧变迁，尤其是以手机和互联网为代表的高科技电子产品对社会生活所带来的巨大冲击，亲子两代的适应能力不同，对新事物的理解和吸收快慢不同。于是，亲代丧失了教化的绝对权力，子代却获得了前所未有的"反哺能力"。面对日新月异的高科技电子产品和其他新事物，父辈常常不得不放下身段，反过来向子辈请教。这种文化反哺现象的出现说明，在急速的社会变迁背景下，不仅文化传递的内容有了极大的变化，而且亘古不变的文化传递的方向和形式也有了变化。

2.文化传播　文化也和其他物质一样，具有向四周扩散的特性。一种文化元素被创造出来以后，不可能只为创造者独有，必然向周围扩散，变成一群人共享的成果，这才是文化。这个共享的文化元素又向邻近的群体或社会扩散，被他们采纳或者接受，这就是文化传播。文化传播是文化的固有属性，如同任何事物都具有与周围环境进行物理的和化学的物质交换活动一样。

凡是文化，就一定要向周围传播，如果不能传播，就失去意义。被传播的是一个或者几个文化元素甚至一个文化集丛，而不是整个文化模式。例如，中国古代的四大发明向世界各地传播，必然引起在功能上相关的元素随之传播；电从欧洲传入中国，随之电灯、电话、电车、电报等也传播过来；啤酒传入中国，随之造酒原料、造酒技术、饮酒器具、饮酒习惯等也传播进来。

文化传播必须有载体，即传播媒介。人的流动是最初的重要媒介，如旅游者、移民、入侵者都是传播媒介。他们把本民族、本地文化带到世界各地。交通工具（如火车、飞机、轮船、汽车）和通信工具（如电话、电报、传真）也是现代文化传播的重要媒介。至于报刊、广播、电视、电影、直播卫星、互联网、移动通信网等，更是当代文化传播的广泛、高效的载体。

文化传播的规律是以文化发源地为中心，按照同心圆的轨迹向四周扩散，但因所受阻力的不同，在各个方向上扩展得远近不同。如同在水池中投下一块石头，激起水波向四周扩展，在没有阻力的方向上扩展很远，在有阻力的方向上水波随之消失。对文化传播的阻力来自文化差异，所以，文化传播不容易向文化差异很大的地区传播，而容易向文化差异比较小的地区传播。

文化与传播自诞生以来就一直存在，从未停止，而文化也是源远流长，两者之间犹如身体和影子，难舍难分。文化与传播的关系历来都是传播学研究不可忽视的内容之一，传播与文化的关系见仁见智，很难有一个让各方都信服的观点，由于研究角度的不同，结论当然不同，既然如此，也就为我们的研究提供了广阔的空间。文化与传播，两者的关系主要体现在以下四个方面。

一是文化是传播的主要内容之一。笼统来讲，文化就是一种生活方式，是共同的理想和行为方式，是一个民族的共同记忆，它是指人类在历史上所创造的一切物质文化成果和精神文化成果，大到一个国家、民族的传统、风俗、思想、观念，小到个人的一言一行、所思所想，都蕴含着特定的文化内涵。而我们对传播最基本的理解就是信息的传递和共享，也就是说信息是传播的主要内容，那么信息又是什么呢？从广义上来讲，信息就是世界的一切变动；从狭义上来看，信息就是能消除人们的随机不确定性的东西。毫无疑问，文化就是一种信息，因为它既是历史经验和教训的总结，也是社会发展的航标、人类历史的延续，它能够消除我们对这个世界的不确定性，加深对世界的了解和认识。

文化是一个民族、种族、国家之所以存在的根本，是人类和动物相区别的主要标志，而今天，文化又是不同种族、民族之间冲突的重要根源，全球政治的首要冲突将发生在拥有不同文明的国家和集团之间。文明的冲突将主宰全球政治。文明之间的断裂线将成为未来的"交火线"。如果深究为什么不同文化之间会产生冲突，除了政治的、经济的利益上的因素之外，恐怕传播也难辞其咎，正是因为各国在传播中夹带了大量本国的文化传统、文化观念，在传播已成为主要交往方式的"地球村"里，文化的碰撞就不可避免。而对外交往在本质上就是一种对外传播活动，文化信息不仅是同一种族、民族、国家为建构一种文化形态，保持本民族、国家的独特性而进行传播的主要内容，还是不同种族、民族、国家之间为了影响乃至同化对方而在对外传播中出鞘的一把利剑。

二是传播是文化传承的主要方式。人类的发展和进步主要是指物质和精神的发展和进步，而无论是精神的还是物质的成果，他们都体现了一种文化意蕴，表达了一种文化理念。文化是一个民族的脊梁，如果想从根本上消灭一个种族、民族或国家，那么首先就要消灭它的文化，而要消灭一国的文化，最直接有效的方法就是禁止传播。所以从某种意义上来说，民族、国家的历史就是文化的历史，也是传播的历史。假如把文化比喻为人类发展的珍珠，那么传播则是将一粒粒珍珠串起的主线，没有线，珍珠将会散落一地，无美感可言；同样，没有传播，文化记忆将是一片空白。我们今天之所以会取得如此大的进步，是因为我们站在先人的肩膀上，继承了他们的文明成果。而一切的文化成果之所以会流传至今，是因为有了不同形式的传播，无论是肢体语言的传播，还是口头语言的传播，或是印刷、电子的传播，尽管形式不同、内容不同，但作用却是相同的，即传承文化，这种传承不是指空间上讯息的扩展，而是指时间上对社会的维系。毫无疑问，传播是人类传承历史的主要方式，文化的积淀离不开人类的传播活动，人类的发展进步也离不开传播活动，传播活动融于社会的发展中，慢慢地积聚成一种力量，一种可以推动历史发展的巨大力量。人类社会的发展是一个漫长的历史过程，在这个漫长的过程中，后代在祖先的传播中渐渐地认识自己、认识自然、认识社会，然后再把自己的知识和经验传给后代子孙，智慧就这样在不断的传播中层层叠加，而社会也就在传播中不停地向前跨越。

三是传播本身是一种文化现象。文化与传播之间有着重要的联系。文化离不开传播，而传播本身就蕴含了文化的传播。从更广泛的意义上来说，传播也是一种文化现象。文化是一个很难界定的词语，属于多重话语，它能在若干不同的话语中游走。我们通常所讲的文化，一般包括广义和狭义两方面的理解。狭义的文化是指精神文化，即一个社会的意识形态和精神产品。广义的文化是人类为了生存和发展，为了满足自己的欲望和需求，通过体力或脑力劳动改造自然，改造人类社会，也改造人的主观世界，改造人自身，从而取得的物质和精神的成果。无论是狭义的精神文化，还是广义的物质和精神文化，概括来讲，一个民族的文化也就是一个民族共同的思想和行为方式，人们的衣、食、住、行都囊括其中。

四是传播是文化变迁及建构的重要力量。传播在构成社会结构的人们中间形成一个关系网。网络把一个个群体连接起来，并使它们之间得以交换信息，群体根据共同的信仰、价值观和行为聚集起来。而群体的信仰、价值观和行为方式形成的过程，同时也就是文化形成的过程。一般来说，传播越多，趋同程度越高；而传播越少，趋异程度越高。一个群体内的人们在相互交流更为频繁时享有共同的看法，而在交流频率降低时就失去共同的基础。由此也说明，传播的频繁与否是关乎文化能否形成的重要因素之一，群体内的传播活动活跃频繁，经过一段时间后就会形成共同的思想和行为方式，一种文化也就随之形成；反之，如果传播活动处于停滞时期，人与人之间缺少交流，信息流动缓慢，群体内共性的东西将很难成形，在这种情况下，文化的建构也是很困难的事，因为我们通常所谓的"民族共同体"或"群体"更多的是指心理的和文化意义上的，也就是说，一个群体中的个体只要在文化的层面上保持着对群体的亲切感、归属感和认同感，无论他身在何处，他依然被这个群体认可，是这个群体中的一员。所以当我们解读传播时，应该在更广阔的范围内来理解它，它不仅仅是一个信息流动的过程，一种文化形态，更重要的是它也是文化建设的过程。我国著名的传播学者邵培仁教授在论及传播的文化功能时，认为传播可以承接和传播文化，选择和创造文化，积淀和享用文化。其中，选择和创造文化更深刻的含义就是传播对文化的建构作用。

文化可以世代相传和传播。一是证明了文化具有共享性。文化不能共享，便不可能世代相传和传播。因此，文化的共享性是文化能传递的前提，文化的世代相传和传播又是文化的共享得以实现的基本途径。二是表明了文化与物质产品是不同的。这种不同主要表现在，无论多少人，都可以从同一文化源中获得某种相同的文化，而该文化源中的某种文化绝不会因此而减少，而物质产品却不可能这样。

（二）文化的变迁与发展

汤之《盘铭》曰："苟日新，日日新，又日新"。任何事物的变迁都是日新月异的过程。文化也不是一成不变的化石，是不断流动变化的，其随着社会环境的变迁，也会发生相应的变化，只是有的发展快些，有的发展慢些，以至于无法自觉这种发展。没有永恒不变的文化，它们有的前进，有的衰退，有的进步，有的消亡，但人类文化发展的总趋势是不断进化的。

文化变迁是世界文化进步的一个重要条件，也是推动文化全球化和多样性的内在要求。文化变迁是指由于族群社会内部的发展或由于不同族群之间的接触而引起的一个族群文化的改变。促使文化变迁的原因，一是内部的，由社会内部的变化而引起，如人们的往来、物产的移植、婚丧嫁娶等风俗习惯的相互影响，思想、文学、艺术等的传播；二是外部的，由自然环境的变化及社会文化环境的变化，如迁徙、与其他民族的接触、政治制度的改变、战争、自然灾难、出国留学、商业与商人、宗教的传播等而引起。

文化变迁指文化的内容和构成方式所发生的一切变化。文化内容，就是文化特质、文化的构成方式等。

文化的内容和构成方式的变迁，是紧密联系在一起又相互影响的。文化内容的变迁往往会引起文化构成方式的变迁。而文化构成方式的变化，或者要求文化的内容必须发生相应的变化，或者意味着文化的内容已经发生变化。例如，一个没有汽车的国家有了汽车，其文化的构成方式必然会发生一定的变化，会出现公路、汽车驾驶员等。一个社会把发展科学技术放在首位，即文化的位置构成方式发生了变化，那么，就可能创造出或引进更多的新文化特质。

一个社会的文化系统发生了变迁，也意味着这个社会及其社会关系、社会活动发生了变化。只不过，文化变迁与社会其他方面的变迁相比，有一个明显的特性，即从变迁的总趋势来看，文化变迁是一种累积性的变迁。文化的累积性主要表现为，一定的社会文化系统，其特质会越来越多，其文化现象会越来越丰富多彩。文化在变迁中出现的这种累积趋势，不但是文化的又一基本特性，而且还能进一步证明文化和物质产品的不同。随着科学技术的发展、人类生产力水平的提高，人类拥有的物质产品越来越多，但物质产品却不具有累积的特性。原因在于，绝大多数物质产品都会被当时或者当代人消耗掉，能长期保存并世代相传的仅为特殊原因造成的极少数；而文化正好相反，除极少数会被淘汰或失传外，大部分都可能一代一代长期传下去。

由于文化变迁呈累积性的趋势，后人面临的文化特质往往要比前人多，遇到的文化现象也要比前人丰富。因而后人在社会化过程中，若不获得比前人更多的文化，便难成为合格的社会成员。在这种前提下，教育发展了起来，学校发展了起来。进入现代社会，人类文化的累积变得更多、更快，不但使其基础教育越来越受到重视，而且使成人教育以及终身教育也越来越受到重视。

文化变迁呈累积趋势，还是文化发展进步的标志之一。因为文化累积，总要增添新的文化特质。如交通工具中出现了汽车、火车和轮船等，能大大改变人类社会的交通面貌；一些科学的新发现、一些新理论诞生和引进等，或者促进了生产的发展，或者开阔了人的视野。这一切都意味着人类文化的发展进步。当然，文化的发展和进步不仅仅体现为增加新文化特质。文化更新才是文化发展进步最基本的形式。文化更新不但包括增添新文化特质，还包括改变原有文化系统的构成方式和淘汰部分旧文化特质，重新组织起生机勃勃的新文化系统。如欧洲的"文艺复兴"、我国"五四"前后的新文化运动，就是典型的文化更新。

然而，在文化变迁这样一种漫长、复杂和曲折的过程中，文化并不总是发展和进步，文化退化或文化退步亦不时发生。在文化变迁的过程中，部分文化的退步比较常见。人们对于部分文化进步、部分文化退步的现象，不能掉以轻心。因为这会造成文化失调，从而带来相应的社会问题。文化的全面退步在文化变迁中总是极少见的，但也并非从未发生。如中世纪初期，欧洲就出现过文化的全面退步。文化退步不利于社会人和文化自身的发展。同样，对文化的相对落后，也不能视而不见。文化的相对落后，指具体的文化系统与过去相比，也许进步了，但与别的文化系统相比却落后了的文化变迁现象。

尽管文化的进步、退步和文化的相对落后都是文化变迁过程中客观存在的事实，但是在人类历史不断地从必然王国进入自由王国的过程中，人类总是力图避免文化的退步和相对落后，尽量争取社会文化持续朝着进步的方向发展。今天，在人类把有计划地改变社会提到重要议事日程中之时，怎样才能防止文化的退步和相对落后，不断促使它进步呢？正确对待和处理文化变迁的如下几种形式和现象十分重要。

1.文化渐变和文化突变 文化渐变指文化处于演化阶段时，变化速度较慢的文化变迁形式。文化突变指文化的内容和构成方式急速发生飞跃变化的文化变迁现象。文化的渐变和突变都不等于文化的进步、退步或相对落后。只不过，人们如果不能正确对待文化变迁的这两种现象和形式，可能会给文化的发展和进步带来不利。在文化变迁的漫长进程中，文化渐变和文化突变总是交替、交错出现并有其自身的规律。人类只有在认识了这些客观规律的基础上，才能避免文化的退步和相对落后，使文化朝着不断进步的方向发展。假如在文化处于渐变阶段时，硬要想当然地、人为地让它发生突变，其结果往往是欲速不达，甚至会造成文化的退步；而在文化发生突变时，仍坚持按常规办事，或对某些现象动不动就横加指责，或总看不惯新生事物，看不到希望，必然会阻碍文化的进步。

2.文化互化和文化融合 两个或两个以上的文化系统，经过长期的接触之后，一个文化系统接受另一个文化系统的文化特质的现象，称文化的涵化。然而，在两个或两个以上的文化系统接触的过程中，纯粹单方面的一个文化系统接受另一个文化系统特质的现象几乎是没有的。文化涵化都是相互的、双边或多边的。文化的这种双边或多边的涵化，就是文化互化。文化互化是文化变迁中常见的现象，需要正确对待。如果人们强调单方面的涵化而无视互化，就会在以下两个方面不利于文化的发展进步：其一，拒绝接纳外来的新文化特质，搞闭关自守；其二，只注重接受外来文化，看不见自己文化的优良传统，出现民族虚无主义。

两个或两个以上的文化系统经过接触之后，各自被迫或自觉或不知不觉地改变自己的部分文化，在此基础上混合形成一个新文化系统的文化变迁形式，就是文化融合。不同文化融合而形成的新文化系统，虽然有时保留了其中一个文化系统的名称，但是，这个新的文化系统无论在文化内容和构成方式上，均不全等于原有的任何一个文化系统。然而，有些学者对文化融合现象不以为然，坚持使用"文化同化"这样的概念，并主要将文化的同化视为少数人完全放弃自己原有的文化而采用多数人文化的过程。现在，已有大量的研究成果表明，即使被认为最落后、最弱小的民族，哪怕这些民族看起来被"同化"掉了，他们对于那些保持了文化名称的民族文化，或对于那些所谓"同化"掉了别人文化的文化，也是有贡献的。纯粹的文化同化在人类历史上并不存在。文化同化这个概念是民族歧视和民族沙文主义的产物，至于那些企图"同化"别人文化的人，或者希望自己的文化被"同化"掉的人，如主张"全盘西化"者，都违背了文化发展的客观规律，其结果都只能是阻碍和破坏文化的发展与进步。

3.文化冲突和文化整合 文化变迁的过程从来就不是风平浪静的，而是不断发生任何矛盾、对抗和冲突的过程。不同国家、不同民族的文化以及不同时期产生的文化，往往存在着价值观、文化意识、社会规范及文化心理等方面的对立，如一种理论与另一种理论对立，一种道德与另一种道德的对立，一种禁忌与另一种禁忌的对立等。这一切都会使文化在变迁时，在互化、融合的过程中，随时可能出现文化冲突。文化冲突是造成文化急剧变迁的主要原因。通过激烈的文化冲突，文化可能朝着进步的方向快速发展，也可能朝着退化的方向快速变化，或很快造成文化的相对落后。因此，对于文化冲突，人们应尽量采取谨慎而科学的态度。既不能见到文化冲突就惊慌失措，也不能听之任之，更不能人为地任意扩大冲突。文化冲突虽然是文化变迁过程中不可避免的现象，但又是可以引导、疏导和控制的。所以，面对文化冲突，人们必须因势利导，进行合理的控制，尽可能变冲突为动力，减少冲突带来的损失，以使文化更顺利地变迁、发展和进步。

无论是在文化渐变或突变、互化或融合的过程中，还是要解决文化冲突，都有一个使各种新文化之间或新文化与原有文化之间相互适应、调和而趋于一体化的过程。这个过程就是文化整合。文化变迁中的文化整合，有时是自然而然地进行的，有时是人们有计划、有步骤地进行的。人类进入当代社会后，为了减少文化冲突带来的损失，使文化变迁顺利进行，从而使文化不断地发展、进步，大都十分重视有计划、有步骤地健全文化系统的整合机制，搞好文化整合。

（三）文化的引进、生产和应用

社会学的研究成果表明，引起文化变迁的基本原因有两个：一是通过文化传播的途径去引进外来文化，二是创造或生产新文化。

人类进入现代社会后，越来越多的人已经清楚地认识到，引进外来文化是使本文化系统较快发展进步的一条捷径。所以，现代社会中各个具体的文化系统都在改变过去的那种封闭状态，尽量将自身建设成为开放型的文化系统。在文化的引进过程中，需要注意以下几个方面。①使本文化系统与其他文化系统进行多层面、全方位的文化接触：比如，派留学生出国学习，派代表团出国考察，聘请国外专家和技术人员，等等。②加强本文化系统的文化选择功能：引进外来文化，并非不问青红皂白，一律拿来。对外来文化之糟粕，应抵制和批判；对外来文化的精华和有用部分，应千方百计去汲取。文化系统的文化选择功能应该起这样的作用，而不是相反。③健全和完善本文化系统的文化重组机制：文化重组是把新的文化特质纳入某具体的文化系统，使之成为该文化系统的有机组成成分的过程。一个具体的社会文化系统健全和完善了文化重组机制，既有利于尽快将它引进的外来文化消化、吸收，又有利于文化的生产。

一个文化系统，如果只重视引进外来文化，忽视搞好本系统的文化生产，就很难避免文化的相对落后。现在，人们已经懂得了这个道理。因此，现代社会都十分重视文化的生产。

文化生产就是人类为了增添新文化特质而进行的创造性脑力劳动。首先，这个定义说明文化生产是脑力劳动，而非体力劳动。从表面上看，一些文化似乎是通过体力劳动生产出来的。最突出的是在人类社会的早期，那时的文化生产几乎都是与物质产品的生产联系在一起的。即使到了科学研究、技术发明、理论探讨和文艺创作等均已高度专职化的今天，大量的新发明、新创造仍然是在物质产品生产的过程中实现的。这样一来，就给人们造成了一个错觉，认为文化生产可以是体力劳动。其实不然，因为在体力劳动中，人们如果不动脑筋去思考、归纳、总结，新文化也就无以产生。一些文化生产在现代社会中亦需通过体力劳动去实现，只能说明现代的专职文化生产者不能仅坐在书斋和实验室里，应该参加一些有关的社会活动或深入到体力劳动中去；而体力劳动者亦应具备一定的脑力劳动技能，以便在非文化生产过程中提出新问题，发现新事物。只有专职的文化生产者和非专职的文化生产者通过上述方式很好地结合起来，文化生产的水平才能不断提高。

其次，这个定义还说明文化生产是一种特殊的脑力劳动。这主要表现为，文化生产必须创造出新文化。像汽车制造厂连续生产同类型的汽车，印刷厂印制报刊、书籍，舞台上演出歌舞戏剧等，都不是文化生产。只有设计生产一种新汽车，写出一本新著作，创作演出新戏剧等，才是文化生产。

人们引进文化、生产文化以及从前人那里学得文化，不可能不拿来应用。事实上，一个社会意义上的人，可谓随时随地都在应用文化。无论是工作学习、衣食住行，还是休息娱乐、与人交往等，无不在应用文化。人们应用物质产品和应用文化之间有一定联系。因为许多文化必须有相应的物质载体。这些物质载体都是物质产品或人工制品，或者可以说一切物质产品都可以充当文化的载体。所以，人们应用物质产品也是在应用文化。

但是，应用文化与应用物质产品、消费物质产品也有区别。

第一，在任何情况下应用文化，都可能伴随着文化的生产。应用物质产品则不然，只有在生产领域应用一些物质产品，才可能生产出别的物质产品。在非生产领域应用物质产品、消费物质产品，决不会生产出物质产品。如人们在吃饭的过程中，决不会生产出粮食来；而在纯粹的娱乐过程中，人们却可能创造出一种新的娱乐方式，在礼尚往来的过程中，形成一些新的交际习惯等。

第二，任何一种新文化，人们只有在掌握了它之后，才能应用它。如不会英文的人，绝不可能应用英文进行阅读或交谈。这一切对于物质产品来说并非如此，没有钢笔用，可以借别人的，没有住房，可以租用，等等。反之，一个人拥有了某种文化的物质载体，不会应用该文化，也完全可能。例如，一个不会德语的人买了一本德文书，并不因此而会德语。

第三，文化的应用范围与文化的生产规模无关，而物质产品的应用情况总是与其生产规模联系在一起。其基本原因在于，应用物质产品都要消耗物质产品，应用文化并不会消耗文化。一种新文化，只要被生产出来了，就用不着再去扩大生产规模。一种文化适用面的大小，传递、传播渠道畅通与否，人们学习它容易与否，其物质载体的分配情况怎样，才直接影响其应用范围。

岗位情景模拟

社区文化活动能够促进社区邻里关系，活跃业主业余文化生活，加强业主与物业公司之间的沟通。能否办好社区文化活动，是很多优秀物业公司的重要考核指标。中秋节将至，某物业公司将要举办一次社区文化活动。

讨论： 假设你是该物业公司的一员，上级领导要求由你来承担此次活动的策划。请你从社区文化的角度出发，拟写一份社区文化活动开展方案。

参考答案

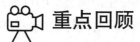 **重点回顾**

重点回顾

 **目标检测**

参考答案

一、单项选择题

1. "50年代看阳光，70年代看墙上（钟表），80年代看手上（手表），90年代看腰上（手机）"的现象主要反映了（　　）。

  A.人们生活水平的提高   B.时间观念的增强

  C.通信手段的进步   D.消费观念的变化

2.改革开放以来，我国人民生活水平不断提高，衣食住行用发生了翻天覆地的变化。下列不能反映这一变化的是（　　）。

  A.衣着丰富多彩   B.食物匮乏单调

  C.自驾出游流行   D.上网淘宝购物

3.我国社会主义新生活方式的目标是建设一种（　　）生活方式。

  A.科学的、大众的、文明的   B.科学的、健康的、文明的

  C.大众的、健康的、文明的   D.科学的、健康的、大众的

4.下列属于评比性文化的是（　　）。

  A.庆典方式   B.拜访方式

  C.礼仪禁忌   D.科学技术

5.组成文化的最小单位是（　　）。

  A.文化特质   B.文化特质丛

  C.文化丛   D.文化模式

6.文化发展和演进的主流应该是（　　）。

  A.文化的冲突   B.文化相对论

  C.文化的融合   D.文化暴力

二、思考题

1.什么是生活方式？

2.生活方式有哪些基本内容？

3.居民实际生活水平的高低受到哪些因素的影响？

4.什么是文化？文化有哪些类型？

5.如何理解文化变迁？

第七章　社会流动

"均贫富，等贵贱"一直是人们崇尚的社会运行理想状态。然而，在历史长河中，不断有个人、家庭乃至国家的兴衰成败、起落沉浮的各种现象，对这种复杂多样的社会现象，以现代社会学的概念描述，便是社会流动。本章在阐述社会流动基本内涵的基础上，着重分析改革开放以来我国的社会流动现象。

第一节　社会流动概述

社会流动是从动态视角分析社会结构，观察和研究社会成员的地位变动情况以及社会地位发生变动的机制和途径。

一、社会流动的含义

社会流动指社会上的人或人群社会地位、社会位置的变动，具体就是指个人或群体在社会分层结构与地理空间结构中位置的变动。社会流动既包括个人社会地位的变更，也包括个人社会角色的转换，实质上是个人社会关系发生改变。社会学中的社会流动与人口学上所说的人口变动、人才学上所说的人才流动都是不同的。社会流动涉及两个完全不同的方面：一方面是人们的经济、政治和社会地位的变化情况，另一方面是人们的地理空间位置的变化。

二、社会流动的特征

社会流动作为一种社会现象，具有普遍性和特殊性。

1.社会流动的普遍性 指任何社会都存在着社会流动。它存在于古今中外的各种社会中，不同之处在于在社会流动的流速、流量及频率方面，现代社会要比传统社会高一些，开放型社会要比封闭型社会高一些。1978年以后，我国经济社会体制的变革对社会流动产生了极大影响。当前社会不仅普遍存在着代内流动，而且普遍存在着代际流动；不仅大量存在着水平流动，而且大量存在着垂直流动；不仅经常存在着个人流动，而且经常存在着结构性流动。总之，社会流动存在于古今中外的一切社会之中。

2.社会流动的特殊性 指不同社会中的社会流动具有其特殊的历史与社会发展阶段特点。从历史发展的角度看，社会形态不同的社会，其社会流动的程度大不相同。在奴隶社会和封建社会，社会成员被严格限制和规定在不同的等级阶层，总体上社会流动的频率、数量极低。例如：印度的种姓制（caste，也被翻译为卡斯特、喀斯德）便是一种典型的等级制。这种由印度教文化所形成的特殊的、壁垒分明的等级制，从高至低分成婆罗门（僧侣祭司、学者）、刹帝利（统治者、武士）、吠舍（农民、商人）、首陀罗（受奴役的贱民）。在这种等级制下，各阶级成员的地位是先赋的，个人出生于某一阶级，就一辈子属于某一阶级，社会成员在不同的阶级间很少甚至没有流动。社会学者称这种社会流动渠道闭塞受阻的社会为典型的"封闭式社会"。到了资本主义社会，社会不再用法律条文来固定等级，社会成员"向上"或者"向下"流动的可能性和现实性增强了，但是，美国的黑奴制禁锢了黑人的自由，也反映了资本主义社会的矛盾性。社会学者称这种社会流动渠道畅通无阻的社会为典型的"开放式社会"，然而，无产者要"向上流动"为资产者，对于绝大多数人来说是没有现实可能性的。从现实状况来看，社会制度不同的社会，其社会流动的性质和状态也不大相同。如资本主义制度下的社会流动与社会主义制度下的社会流动就是两种不同性质的社会流动。资本主义制度下的社会流动是在私有制的基础上进行的社会流动，这种社会流动由于缺乏计划控制，是自发的、盲目的。例如与人们想象的不同，英国、美国等发达资本主义国家出现大量贫民窟，因缺乏相应的社会控制措施，贫民窟成为社会向下流动成员的聚集地；美国黑人聚居区普遍存在着贫穷、失业、犯罪、单亲家庭等社会问题，是当今美国城市中所谓的"问题街区"，黑人群体向上流动的概率极低。在资本主义制度下，人是作为特殊商品流动的，哪里价格高，就向哪里流动；与此相反，社会主义制度下的社会流动是在公有制的基础上进行的社会流动，这种社会流动得到合理的计划控制。例如我国大规模开展脱贫攻坚行动，通过给予公平的教育机会、发展产业经济等多种措施，9899万农村贫困人口全部脱贫，832个贫困县全部摘帽，12.8万个贫困村全部出列，完成了消除绝对贫困的艰巨任务，整体上实施了结构性流动、向上流动。

三、社会流动的社会功能

社会流动对促进、维持社会的发展具有很重要的意义。社会的差别和不平等形成社会分层，社会分层的固化不利于维护社会公平，会引发低阶层社会群体的反社会行为，社会流动使人们在很大程度上可以跨越层级，实现地位上升或者出现地位下降，增加社会成员改变自身的机会，能够舒缓社会矛盾、促进社会公平。人们都期待地位上升，如果一个人被选拔提升，那么对于这个人会起到正向激励的作用；反之，如果出现社会地位下降，那么就会出现负面的影响。所以，社会流动的功能包括两个方面，一是对于社会的正向的、促进的功能，例如科举制对古代中国社会发展的促进；二是对于社会的负向的、瓦解的功能，例如一些人经济破产后的自杀、激发反社会的恶性事件等会破坏社会稳定运行。

改革开放以来，我国社会流动呈现加速状态，体制机制改革既提供了阶层上升机会，也带来了阶层下降风险，比如国有企业、事业单位改革打破了"铁饭碗"身份，一些职工失业下岗，但总体上社会流动的正向促进功能明显，经济活动更加活跃，对社会发展产生了显著影响。经济与社会发展提高了全体居民的生活水平，也给人们带来了更多的向上流动的机会。改革开放后，户籍、教育、收入分配等政策改革也大大促进了人口的垂直流动、水平流动，给我国的经济社会发展带来了极大的活力，这也证明了健康的社会流动机制对社会良性运行、发展的巨大作用。当然，我们也要看到社会对一些该壮大的社会阶层未能壮大，或期望壮大的阶层群体对自身所处的阶层不认同、不满意等情形，一些舆论提出阶层日益固化的担忧，社会保障体系不健全引发阶层跌落、下降，说明现有的社会流动机制与社会主义现代化建设的要求相比还存在一定差距，进一步完善户籍制度、劳动力和人才等现代化的社会流动机制还需要破除阻碍因素，进一步适应社会发展需要。

第二节　社会流动的类型

根据不同的标准，可以把社会流动分为垂直流动与水平流动、代内流动与代际流动、结构性流动与非结构性流动、渐进的流动与骤变的流动等不同类型。

一、垂直流动与水平流动

根据流动的方向进行分类，可以将社会流动划分为垂直流动和水平流动。

（一）垂直流动

垂直流动，是指一个人或一个群体从一个社会位置移动到高低不同的社会位置上。根据流动以后的社会位置，可以分为向上的流动和向下的流动。如果流动后的社会位置比流动前的社会位置高，就是向上流动，即社会地位上升；如果流动后的社会位置比流动前的社会位置低，就是向下流动，即社会地位下降。总的来说，人们极力追求向上流动，尽力避免向下流动。然而，人们是否能够实现向上流动和避免向下流动，不仅取决于个人主观因素，而且还受制于客观社会因素。在奴隶社会和封建社会中，出身、种族、家庭背景、父母社会地位是影响向上流动的重要因素，例如不同时期的封建王朝对参与科举选拔的人员资格的限制各有不同。现代社会打破了不合理的流动限制，提倡个人奋斗、自由竞争，突出了个人的努力和成就在向上流动中的重要性。

（二）水平流动

水平流动，也称横向流动，是指一个人或一个群体从一个社会位置移动到同等或同一水平的社会位置上。包括两种：一种是指人们在地理空间位置上的移动，比如在各地区之间的移动；另一种是指人们在经济、政治、声望地位相似的位置之间的移动，比如领导干部的同级调动、职场人士在不同企业间的"跳槽"等。水平流动无论是对个人还是对社会，都具有重要意义。

对于个人来说，水平流动主要具有如下功能。

第一，水平流动有利于满足个人的需要。人的需要具有多样性。一方面，不同的人有不同的追求，如有的人注重经济收入，有的人追求事业成功，有的人关心名誉地位，有的人注重健康保障，等等。因此，当一个注重经济收入的人从一个经济效益差的单位来到一个经济效益好的单位，当一个追求事业的人从一个无所作为的地方来到一个大有可为的地方，那么，他们的个人需要就得到了满足。另一方面，同一个人的需要又是多方面的，人们的多种需要要得到满足，固守一隅是难以达到的，这就要求社会成员的水平流动。当然，一个人的水平流动也不能完全是为了满足个人的需要，还必须考虑其流动是否符合社会整体和人民大众的利益。

第二，水平流动有利于个人才能的发挥。与人的需要一样，人的能力也具有多样性，而且，人的能力多样性也表现为两方面：一方面，不同的人有不同的能力；另一方面，同一个人具有多方面的能力。不同的人有不同的能力，要求量才用人，把人放在最佳的社会位置上，实现最佳的能级结合。如果一个人已有的社会位置不是最佳的社会位置，那么，就应该流向其最佳的社会位置，以使其聪明才智能充分发挥。一个人能力的多样化，决定了其发挥能力的复杂性，而要最大限度地发挥人的能力，必须首先找准其能级结合的最佳点。但这个最佳点往往不是一找就准的。因此，只有给人们较高程度的流动机会，才能达到上述目的。当前，一些行业、组织人才队伍的分布和结构不合理，存在人才积压或用非所学、用非所长的现象，水平流动可促进或加强个人水平、充分发挥能力和专长，也会刺激相应行业、组织改革人才使用机制，推动我国经济社会高质量发展。

二、代内流动与代际流动

有些社会学家将垂直流动与水平流动、代内流动与代际流动通称为循环流动，它主要是在假定社会结构无重大改变的背景下，探讨上述不同类型的社会流动的机会与社会意义是否有所不同。代际流动指父母与子女两代人之间或几代人之间的社会地位变化。代内流动则是指一个人一生中社会地位的上升或下降。

（一）代内流动

代内流动指一个人一生中社会地位的上升或下降。由于职业地位在个人地位中起决定性的作用，代内流动也可以看作一个人职业生涯的动态变化。

代内流动的状况能够在一定程度上反映社会发展状况。代内流动的发展趋势能够反映整个社会的发展。据调查显示，我国代内流动的速度越来越快。在改革开放以前，很多人往往是一个职务定终身，很少流动；改革开放以后，由于社会加速发展，很多人在工作岗位中得到了升迁，获得了更高的职位。代内流动的速度发生变化的原因是我国社会的经济活力在不断增强，为社会成员提供的受教育和就业的机会越来越多，高等教育机会不断增加，社会产业类型丰富，就业发展机会越来越丰富，职务晋升层次不断拓展。

（二）代际流动

代际流动，指一个家庭中上、下两代人之间社会地位的变动。代内流动和代际流动都具有重要的社会意义。与代内流动相比，代际流动则具有更为明显、更为重要的社会意义。

从静态的角度看，一个社会是否存在代际流动反映该社会的结构状况。如果"法官之子永远是法官，贼之子永远是贼"，那么，该社会必定是一种封闭式的传统社会；如果农民的孩子可以成为教师，体力劳动者的后代可以成为脑力劳动者，那么，该社会一定是一种开放式的现代社会。

从动态的角度看，代际流动中的世袭率、流动率及趋势等都直接反映社会发展水平的高低。如果代际世袭率低并越来越低，说明上一代对下一代的影响越来越小，下一代向上流动越来越取决于自身的后天因素而非上一代的先天因素，这也标志着社会结构正在从封闭逐渐走向开放；如果代际流动率高并越来越高，说明其流动的速度越来越快，流动的幅度也越来越大。从图7-1可以看出，我国流动人口规模从1982年的657万增长到2020年的37582万，表明我国代际流动率呈现增长趋势，代际流动显著提升。

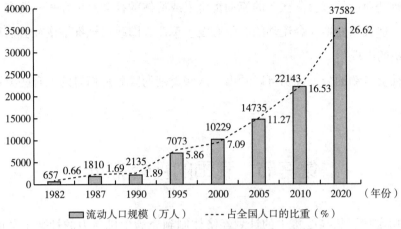

图 7-1 1982—2020 年我国流动人口规模

资料来源：段成荣，吕利丹，邹湘江. 当前我国流动人口面临的主要问题和对策——基于 2010 年第六次全国人口普查数据的分析. 人口研究，2013，37（02）：17-24. 国家统计局.

三、结构性流动与非结构性流动

1. 结构性流动　是指因社会结构的变化而造成的人们地位的变化。例如，改革开放以来，企业、公司、社会组织等各类市场主体创造了大量就业岗位，大量的农民流动到这些新的岗位，这些流动的机会是改革开放以来的结构变迁造成的，因而称结构性流动。结构性社会流动有其不同的表现形式，归纳起来，大致可分为两种。一种形式是人们的社会位置发生明显变动的结构性流动，如我国农业合作化运动中许多个体农民变为集体农民；工业化和城市化进程中大批农民转变为第二产业、第三产业从业者，大批农民变为市民，等等。这种结构性流动之所以表现得非常明显，是因为这种流动不仅仅是人们社会地位的变化，可能还包括人们职业地位、社会角色以及空间位置的变化。另一种形式是人们的社会位置发生相对变动的结构性流动。例如，随着社会发展，人们的收入不断上涨，虽然社会位置没有发生改变，但是因收入增加而形成社会的中产阶层，这种情形就是因国民平均所得的提高而引起的结构性社会流动。

2. 非结构性流动　是指在社会基本结构不变的情况下发生的个体在不同社会阶层之间的流动。由于社会基本结构不变，当一个阶层的某些成员流动出去时，它往往会从别的阶层流动过来的人员中得到补偿。典型的范例就是向上流动被流量相当的向下流动所平衡。

四、渐进的流动与骤变的流动

渐进的流动指个人或群体在一个相对长的时期内发生的社会地位的变化，例如我国强力推动九年义务教育全覆盖，国民在义务教育的基础上接受职业教育、高等教育等，为人们提供学习改变命运的机会。骤变的流动指个人或群体的社会地位在短时期内发生明显的上升或下降。造成骤变型社会流动的原因有发生革命、旧政权被推翻或社会运动导致新的社会分层体系的出现等。

由以上社会流动的分类说明可以看出，这些类别的区分是相对的，有些类别是相互交叉的。

第三节　我国的社会流动

我国成功实现了从高度集中的计划经济体制到充满生机活力的社会主义市场经济体制的伟大历史转折，为我国经济社会发展注入了强大动力活力，我国社会流动呈现新的特点。

一、影响社会流动的因素

影响社会流动的因素大致可以分为经济因素、政治因素、社会因素、文化因素等方面。

1.经济因素　经济因素在影响社会地位上升或下降中处于核心地位。马克思主义认为，经济是基础，对于其他领域有着决定性的影响和制约作用。例如，互联网的兴起使程序员成为一个高薪职业，在择偶中程序员占有更多优势。改革开放以来，中国政府重视人民群众经济收入和生活水平的提升，认为只有发展经济，提高人民收入，才能够最终改善人们的社会地位。我国坚持以经济建设为中心，已经成为世界第二大经济体，出境旅游成为大众的一种日常选择，中国游客成为受海外欢迎的消费力强群体。

2.政治因素　政治制度和政治活动的主要内容是处理阶级、阶层关系（包括处理阶级内部关系和阶级之间的关系），处理各个社会集团、社会势力、政党的关系等，所以，政治制度对于阶级、阶层的流动起着直接的影响和制约作用。政治制度决定社会集团的兴衰，中华人民共和国成立后在全国范围内进行了土地改革运动，改革消灭了地主阶级，农民阶级地位上升。政治因素的影响还表现为对于某些社会群体地位流动的限制，比如，吉卜赛人在欧洲被歧视、排斥，南非曾经实施的种族隔离制度限制黑人等进入白人控制的主流社会。

3.社会因素　社会因素指一个人所拥有的比较持久的人际关系网络。社会关系网往往由熟人组成，是一种实际的或潜在的资源，关系网中相互熟悉的每一个人都可以调动这种资源。在古代，社会关系网体现为门阀、世家。在现实的生活中，社会关系网对人们的地位变化有很大影响，社会流动往往是通过这些社会关系而实现的。人们追求的目标往往受到与其他行动者的关系，即社会网络的影响，对此我们要从制度建设的角度防止采用不正当、不公平的手段、关系网获取社会资源的现象，也要鼓励运用社会关系降低社会流动成本。

4.文化因素 文化有广义、狭义之分，这里指的是狭义文化，其内容也十分广泛，包括习惯、风俗、语言、知识、信仰、艺术、道德、教育、生活方式，等等。对教育与社会地位相关关系的研究也发现，个人受教育程度与向上流动呈正相关，1977年恢复高考制度之后，许多人通过高考这种公平的教育资源分配机制获得了高等教育机会，进而实现了向上流动。

二、当代中国社会流动

中华人民共和国成立以来，我国社会流动几乎都与社会政治经济制度的重大变革相关。改革开放后，市场经济体制逐步取代计划经济体制，在经济发展、产业升级的直接推动下，社会结构走向开放，社会流动整体加快，流动通道逐步开放，流动机制也呈现多元化。如改革开放以后，社会成员可以自谋职业、自主创业，农民可以到城市工作定居，企业可以自主用人，等等。这些都使得社会的流动活力增强。下面从制度基础、垂直流动、水平流动和影响社会流动的因素四个方面分析当代中国社会流动情况。

1.社会主义市场经济加快了社会流动。计划经济时期，基于身份制的国家政策和制度基本控制了资源的配置和社会流动机会，社会流动缓慢。传统的户籍制度、就业安排等限制了流动，社会流动的渠道非常狭窄。改革开放后，市场经济体制不断完善，劳动力流动束缚不断减少，职业、教育等机会越来越丰富了。当代中国社会呈现出开放型的特点，具有突出的开放型分层体系特征。根据胡建国等对代际流动率的研究，我国目前的代际流动率还是比较高。在2000年前，代际流动率为75.9%，也就是说，与父辈相比，平均每100个人中近76个人的职业地位发生了改变；在2000年以后，代际流动率进一步上升至81.9%，这表明世纪之交以来的10余年间，代际流动依然延续着高水平。

2.从垂直流动方面分析，大部分的流动呈上升趋势。经过社会学家多次调查，结果显示，改革开放以来，大多数人的生活水平明显上升。从代内流动方向的变化来看，在2000年前，向上流动率为54.2%，向下流动率为20.1%，二者比为2.7∶1；在2000年以后，向上流动率上升至64.3%，向下流动率下降至16.1%，二者比为3.9∶1。由此可以看出，2000年后，代内流动中的向上流动率呈现出走高的趋势。所以，中国的社会流动呈现出多数社会成员经济地位整体上升的趋势。绝大多数人生活水平的上升、地位的上升体现了我国改革开放的普惠特点，这是改革开放得以顺利进行的最重要的群众基础。当然，在相对比较的意义上，改革开放以来，也确实有一部分原来社会地位较高的社会成员出现了向下流动的情况，虽然这仅是一小部分人，但是从构建和谐社会的角度看，也应引起我们的重视。例如国有企业改制中的"抓大放小，减员增效"导致一些国有企业工人下岗分流，其中一些下岗工人因再就业遇到障碍而成为无业和失业人员；城市化加速进程中，因征地拆迁导致一些社会群体失地失利；还有产业结构调整中传统职业位置的减少，一些群体没有适应形势的变化而处境不佳。从社会保障的角度看，政府部门应健全社会保障机制，从多方面帮助他们实现再就业，使他们有再上升的机会。

3.从水平流动方面分析，人们在区域之间的流动成为促进经济发展的重要因素。改革开放以前，由于户籍制度、用人制度和档案管理等约束，阻碍人们社会流动，导致人们很难在区域之间调动工作，夫妻异地分居，农民也不能流动到其他地方去就业等。改革开放以来，农村、农民管理体制的一个重大变革就是允许农民流动，数以亿计的农民工为我国建设和发展提供了充足的劳动力，成为弥补城市第二、三产业劳动力缺口的重要来源，农民劳务收入成为改善乡村、提高下一代学历的重要支持，人口的聚集进一步促进经济发达地区不断改革城市管理、人才政策，促进大型城市在社会发展中发挥更大的引领作用。水平流动是我国经济发展的重要体现，对于我国的持续发展具有重大的社会意义。

4.从影响社会流动的因素分析，当代中国的社会流动变得更加合理了。改革开放以前，先天因素对社会流动的影响巨大，比如人们的流动在"两阶一层（工人阶级、农民阶级、知识分子阶层）"的阶级、阶层内流动，家庭出身对于一个人生命轨迹的影响的往往是决定性的。改革开放后，社会体制对个人先天因素的制约越来越少，个人后天努力的因素在社会流动中的作用逐步上升，其中一个重要变化是教育收益率的上升。从社会流动的通道来看，教育和就业是不可或缺的环节，确保普及性义务教育的质量是保证每个社会个体获取向上流动人力资本和知识技能的基础，高质量就业是社会困难群体和贫困人口摆脱困境和贫穷的根本。因此，把教育和就业作为帮助贫困和困难群体脱贫的助力方式，能够确保社会性流动的起点公平和渠道通畅。经过40过多年的经济体制改革，我国教育负收益的现象终于从根本上被扭转，个人教育努力的因素对于向上流动的影响越来越突出。

岗位情景模拟

在我国迈向现代化的过程中，整个社会从一个以农村为主的社会转变为一个以城市为主的社会，农民工进城反映了这一现象。改革开放的政策使大量农民走出土地、走出农村，涌入城市。据统计，2021年我国有流动人口3.85亿，其中以农民工为主。

讨论：请你根据这一事实，结合社会流动的相关理论，分析说明：为什么会出现如此大规模的社会流动现象？新生代农民工的选择是否会有不同？

参考答案

重点回顾

参考答案

重点回顾

目标检测

一、单项选择题

1.按照社会流动的方向划分，可以将社会流动划分为（ ）。

    A.代内流动与代际流动　　　　　　B.垂直流动与水平流动

    C.结构型流动与非结构型流动　　　D.渐进的流动与骤变的流动

2.社会流动的特征包括普遍性和（ ）。

    A.特殊性　　　　　　　　　　　　B.规律性

    C.一般性　　　　　　　　　　　　D.特别性

3.发生战争造成的社会流动属于（ ）。

    A.水平流动　　　　　　　　　　　B.结构性流动

    C.渐进的流动　　　　　　　　　　D.骤变的流动

二、思考题

1.影响社会流动的因素有哪些？

2.试分析改革开放以来我国社会流动的特点。

第八章　社区与城市化

🖐 学习目标

1. 重点掌握社区与城市化的概念。
2. 学会运用所学知识分析我国城市化发展历程。
3. 正确认识城市问题，培养促进城市可持续发展的意识。

　　人们总是在一定的地域空间内与他人共同生存、发展，社会学将这样的地域空间描述为社区。研究社区不仅有利于我们把握微观社会结构，也有利于我们认识宏观社会结构。从居住形态的角度来看，人类社会发展的一个重要趋势是越来越多的人居住在城市之中。城市化是社会经济形态发生根本转变的过程，是工业经济、城市经济取代农业经济、农村经济并占据社会主导地位的过程。本章主要介绍社区和城市化的相关概念，并对我国社区发展历程和城市化发展历程进行分析。

第一节　社区概述

　　长期以来，人们对于社区的理解并不一致，社会学家从不同的角度对社区下过许多定义。而且，由于不同国家、地区对社区理解的差异性，在不同的文化背景下，社区总是呈现出多元化的特质。本节将探讨社区的概念、构成要素及类型。

一、社区的概念

　　"社区"这个概念最早由德国社会学家滕尼斯（Ferdinand Tonnies）在其1887年出版的《社区与社会》一书中首次提出。滕尼斯在书中提到的社区是与社会相对而言的，主要用以阐明在人类的群体生活中的两种结合类型，社区是"一种持久的和真正的共同生活"，而社会是"一种机械的聚合和人工制品"。滕尼斯认为，社区是"关系密切的伙伴和共同体"，在社区中，人们具有共同的文化特质、习俗和价值观，彼此之间关系密切、情感相依、守望相助。滕尼斯所指的共同体是广义上的概念，血缘共同体、地缘共同体和精神共同体是共同体的三种形式。桑德斯（Sanders）归纳了四种理解社区的方法：生态学认为社区是一个空间单位；人类学把社区看作一种生活方式；定性方法论者认为社区是一个居住的地方；而社会学则把社区理解为一种社会帮助。1955年，美国社会学家希勒里（Hillery）收集了94个关于社区的定义，经过分析认为，虽然没有完全一致的解释，但是社区都包括社会互动、地理区域、共同关系这三个特征。1968年，社会学家伯纳德（Bernard）和桑德斯在《国际社会科学百科全书》第3卷中指出，社区是居住于特定地区范围内的人口，是以地域为界并具有整合功能的社区系统，同时也是具有地方性自治自决的行动单位。20世纪70年代以后，社区研究开始关注文化内涵，1974年出版的《社会学百科全书》就指出：社区首先是指空间或地域的社会组织，其次也指心理凝聚力或共同情感下结合于此组织中者。1979年的《新社会学辞典》也强调了社区的文化特征："社区"是指称人们的集体，这些人占有一个地理区域，共同从事经济和政治活动，基本上形成一个具有某些共同价值标准和相互从属的、情感的、自治的社会单位。

"社区"一词从滕尼斯提出到现在，其含义发生了很大变化，人们对社区含义的理解也不尽相同，社区的含义也多种多样。然而，几乎所有学者都认同它所具有的共同体含义，这也成为社区的基本内涵。

我国关于社区的概念，最早是由费孝通先生等一批燕京大学的学生在翻译美国芝加哥学派创始人——帕克的社会学论文时，将英语"community"一词翻译成"社区"，并赋予其"在一定地域内共同生活的社会群体"的含义。结合我国的情况，我们可以认为社区是聚居在一定地域内的、相互关联的人群形成的共同体。社会学意义上的社区与行政管理实践中的社区存在一定的区分，狭义上理解及在基层行政管理实践中，社区更多被视为基层的一个行政实体，在整个行政架构中是最基层的行政权力末梢。社区与社会是既有联系又有区别的概念，社区和社会指的都是人类生活的群体形式，社区也是一种特殊的社会形式，但社区强调共同体和地域两个特点；与社会相比，社区更强调具体地域内的人群关系以及这种关系的亲和性。

二、社区的构成要素

根据我们对社区的界定，可以把社区的构成要素归纳为以下几个方面。

（一）地域要素

社区是地域性的社会实体，也就是说，社区是有着一定边界的，任何一个社区都存在于一定的地域空间内，是一个相对稳定和固定的地理区域。地域性决定了生活在该区域内的人们的生产和生活方式，更重要的是它是人们共同价值观和情感形成并且得以维系的基础。一般而言，社区的地域要素主要包括自然地域要素和人文地域要素。自然地域要素包括社区的自然条件、生态环境、地貌特征等，人文地域要素则包括社区的人文景观和建筑设施等。社区的范围一般而言小于国家、社会和城市，比如城市中的社区或居委会，农村中的行政村或自然村。随着科技和社会进步，人们将具体的地理空间扩展到更为广阔的空间，如特定亚文化群体组成群体网络空间等。

（二）人口要素

社区的存在和发展离不开一定的人口，一定数量的人口是社区的主体。社区中的人口不是孤立存在的，而是相互之间有一定联系、彼此之间结成一定社会关系的人群，他们是社区物质和精神文化的创造者。人们通过参与社区政治、经济和社会活动，形成各种社会关系，同时也形成各种群体和组织，使社区具有实体性。社区人口包括人口数量、人口构成、人口素质、人口密度等要素。人口数量指的是某时间段内社区的人数，包括社区常住人口和流动人口；人口构成包括多方面内容，比如社区男女人口比例、婚姻状况、职业状况、民族状况等；人口素质指的是社区人口的受教育状况、科学技术水平和文化素质等方面；人口密度指的是社区一定面积内所居住的人口数量。

（三）结构要素

社区组织结构主要指社区内各种社会群体与社会组织之间的构成方式及相互联结关系。社区是由不同的社会群体和社会组织构成的，包括居民家庭、学校、医院、工厂、公司、政府机构、政党组织、群众社团、非政府组织等。这些群体和组织之间的关系直接影响社区的稳定和发展。随着社区规模的不断扩大和社区人口数量的不断增加，社区的异质化程度随之增强，不同群体和组织之间的关系更为复杂。

（四）文化要素

社区文化是指社区居民在社区这个地域性社会实体中长期生活的过程中形成的历史习惯、文化传统、生活方式、社会规范以及对于社区认同感和归属感的共同意识，是社区得以存在和延续的精神基础。社区文化在本质上是一种家园文化，它渗入社区生活各个层面，约束着社区居民的行为，为社区居民提供系统的行为规范。社区文化是社区居民形成归属感和认同感的基础，一个具有共同价值文化的社区，居民有着较强的社区凝聚力，社区居民更容易融入社区。同时，不同特征的社区文化也是区别一个社区和另外一个社区最显著的标志之一。

上述构成社区的四种基本要素是形成社区的必要条件，这四个要素相互依赖、有机统一。其中，地域要素是社区的地理环境要件，人口是社区生活的主体要件，组织与群体是社区居民交往和整合得以实现的客观机制，而文化则是社区居民交往与整合得以实现的精神要件。

三、社区类型

随着社区的不断演变和人们对社区的认识不断加深，我们可以按照不同的标准将社区划分成多种类别。

（一）按社区功能分类

按照社区的主要功能来划分，可以将社区分为政治社区、经济社区、文化社区、军事社区等。政治社区一般是指国家、省、市、县等各种行政区划的行政中心所在地，比如英国的唐宁街、北京的中南海等。经济社区是指该社区的经济活动集中、经济功能明显，如中央商务区、商业活动中心以及旅游、矿产资源集中的地区。文化社区是指科研院所、学校、文艺单位比较集中的社区，如北京的中关村及各地兴建的大学城等。军事社区主要以军营、军事基地为代表。同时，上述社区还可以有更具体的分类，如经济社区可以分为工业型社区、农业型社区、商业型社区等，文化社区可以分为文化教育型社区、民间文化型社区等。这种社区分类的目的不在于指出该地区主要活动的特点，而在于指出社区成员的共同活动的背景和基础。

（二）按社区规模分类

规模是社区分类的重要角度，因为人口规模及密度、地域之广狭对人们的共同生活和相互认同程度有直接影响。一般说来，地广人稀难以形成真正的社区，因为在这种情况下居民之间难以形成充分的交往和共同体。在人口规模及密度较大的地域空间内可以形成不同的社区，按照人口与地域两个特征可以把社区分为巨型社区、中型社区和微型社区。巨型社区如一个城市，中型社区如小城镇，微型社区如一个自然村落、居民小区。

（三）按形成方式分类

社区有自然形成的，也有人为规定的。自然形成的社区可以称为自然社区，它是由于人们聚地而居、共同生活，而从内部自然而然地产生人们的共同意识，并形成人们对居住地的归属感和认同感的社区。例如，我国很多自然村是人们沿着河流、水源形成的社区，而后，一些大型河流附近的自然村不断发展壮大成为城市。人为规定的社区一般是政府基于管理的需要而划定的，可以称法定社区，在这种社区中，居民的规模、社区的边界是由管理者根据多种原因划定的。在这一基础上，社区居民通过共同活动形成了具有一定认同感和归属感的生活共同体，具有了某种程度的社区特征。例如，我国城市中的居民委员会、近几年来城市在社区建设中划定的社区就是法定社区。

（四）按综合标准分类

如果把社区看作人们进行社会生活的共同体，那么用综合标准对其进行分类就更有意义。所谓综合标准，就是考虑到社区居民的活动特征、居民之间的相互关系、社区文化等因素，不同社区有自己独特的生活方式。根据综合标准，可以把社区分为农村社区、集镇社区和城市社区。

1.农村社区　是指居民以农业生产为主要生活来源的地域性或区域性社会。主要特点是：人口密度低，同质性强；经济结构单一，以农耕为主；风俗习惯和生活方式受传统势力的影响较大；社区内居民关系密切、守望相助；社区设施相对落后。

2.集镇社区　是介于农村社区和城市社区之间的社区形式，兼有农村社区和城市社区的某些特征。主要特点是：人口密度大于农村社区，又小于城市社区；社区居民基本不从事农业生产活动；居民既保留了传统文化，又接受了现代城市文明和理念，体现出现代性和传统性的碰撞。

3.城市社区　是指在特定区域内，由从事各种非农生产劳动的密集人口组成的社会。主要特点是：人口密度大，居民之间异质性强；社会组织结构复杂；社区居民生活方式、价值观体现出多元化和差异化；人际关系较为松散并且复杂；社区服务设施相对齐全和先进；思想、政治、文化相对发达。

第二节　社区发展

社区发展运动最早可以追溯到19世纪80年代在英、美一些资本主义国家开展的社区睦邻运动。社区睦邻运动的宗旨是改善和发展社区居民的福利，通过充分发掘和利用社区内的人力、物质资源等解决社区居民在生活中出现的困难，更为重要的是培养社区居民自助和互助的社区精神，全面提升社区居民的生活质量。本节将一起分析社区发展的含义，并探讨我国的社区发展历程。

一、社区发展概述

"社区发展"一词最早由美国社会学家弗兰克·法林顿（Franck Farrington）于1915年在他所著《社区发展：将小城镇建成更加适宜生活和经营的地方》中首先提出。1955年，联合国发表题为《通过社区发展促进社会进步》的专题报告，使"社区发展"成为一个全球性的概念，并指出社区发展的目的是动员和教育社区内居民积极参与社区和国家建设，充分发挥创造性，与政府一起大力改变贫穷落后状况，促进经济的增长和社会的全面进步。如今，"社区发展"的外延已不再局限于发展中国家，已经覆盖发展中国家、发达国家和新兴工业化国家，其内涵已不再仅仅是落后国家的扶贫助弱工作，而已拓展到社区的经济、政治、文化等各个方面。

综上，社区发展是以社区为单位的有组织、有计划的社会变迁，社区在政府的支持和指导下，通过动员和组织社区居民，发掘社区资源，解决社区问题，提升居民自助、互助与民主参与意识的过程。

二、我国的社区发展

中华人民共和国成立后，党和国家的工作重点从农村转向城市。中华人民共和国成立至改革开放的30年间，中国构建起区、街道、居委会三级城市基层政权组织体系，城市居民委员会开展了公共福利、治安保卫、调解纠纷等工作，为社区的建设和发展奠定了基础。真正意义上的社区建设开始于改革开放之后，根据不同阶段社区发展的内容和特点，可以将我国社区发展历程分为四个阶段。

（一）社区服务阶段（20世纪80年代中后期至1990年）

这一阶段，社区建设以社区服务为核心。1986年，民政部首次把"社区"这一概念引入城市管理，提出要在城市中开展社区服务工作。1987年，民政部召开"全国城市社区服务工作座谈会"，提出城市社区服务应从老人服务、残疾人服务、优抚对象服务、困难户服务、儿童服务、家庭服务以及其他便民服务做起。1989年9月，民政部在杭州召开"全国城市社区服务工作会议"，要求在全国普遍开展社区服务工作。这一时期，我国的社区建设以社区服务为主，以民政服务为重点。我国在开展社区服务的过程中，不断扩大服务对象、扩展服务内容，社区服务对象由民政对象扩大到全体居民，社区服务内容也不再局限于民政服务内容。

（二）社区建设试验探索阶段（1991—1999年）

这一阶段，我国政府提出社会建设的概念，开始进行社区建设。1991年，时任民政部部长的崔乃夫指出："社区建设是健全、完善和发挥城市基层政权组织职能的具体举措，是建立'小政府、大社会'的基础工程。"1998年，民政部"基层政权建设司"变更为"基层政权与社区建设司"，社区建设被纳入国家行政职能范围。1999年，民政部制定《全国社区建设试验区工作实施方案》，明确了社区建设的总体要求、基本原则、工作步骤以及工作内容。这一时期，我国社区建设突破了社区服务的范畴，具有了更丰富的内涵与内容。上海、青岛、南京、杭州等城市积极探索社区建设的路径，初步积累了社区建设的经验。

（三）社区建设全面深化阶段（2000—2009年）

这一阶段，社区建设在全国范围内正式推广，社区建设的核心工作为创新社区管理体制、构建新的社区组织体系。2000年11月，中央办公厅、国务院办公厅转发《关于在全国推进城市社区建设的意见》，明确"社区建设是指在党和政府的领导下，依靠社区力量，利用社区资源，强化社区功能，解决社区问题，促进社区政治、经济、文化、环境协调和健康发展，不断提高社区成员生活水平和生活质量的过程"，推动各地区将社区建设纳入国民经济与社会发展计划。2009年，民政部发布《关于进一步推进和谐社区建设工作的意见》，确定"建设管理有序、服务完善、文明祥和的社会生活共同体"的目标，统筹推进城乡社区建设。同年，民政部授予500个社区为"全国和谐社区建设示范社区"。

（四）社区治理阶段（2010年至今）

这一阶段，社区建设的重点在于构建城乡社区治理体系，提升城乡社区治理能力，打造共建共治共享的治理格局。社区治理是社区建设的新阶段，是国家治理的重要组成部分。2012年11月，党的十八大报告指出："要健全基层党组织领导的充满活力的基层群众自治机制。"2017年10月，党的十九大报告提出："加强社区治理体系建设，推动社会治理重心向基层下移，发挥社会组织作用，实现政府治理和社会调节、居民自治良性互动"。

社区发展是一个持久的过程，在未来的社区发展中，我国社区应积极应对个体化、异质性以及居民需求多样化带来的挑战，以重塑社区公共性为目标，推动居民自治、培育社区精英、完善社区服务、实现协商共治。

第三节　城乡关系

城乡关系是广泛存在于城市和乡村之间的相互作用、相互影响、相互制约的普遍联系与互动关系，是一定社会条件下政治关系、经济关系、阶级关系等诸多因素在城市和乡村之间关系的集中反映。

一、城乡关系的主要理论

城市和乡村是社会生产力发展和大分工的产物，自城市从乡村分离出来之后，城乡关系也就随之产生。一直以来，城乡关系都是各国社会发展中的核心关系，产生了很多相关研究和理论，主要可以分为"城市偏向"发展理论、"农村偏向"发展理论和"城乡融合"

发展理论三大部分。

（一）"城市偏向"发展理论

"城市偏向"发展理论强调以城市为中心，资源要素以城市为中心进行配置，通过城市来带动农村的发展，特点是强调城市在城乡关系中的主导地位，表现出"城市偏向"。"城市偏向"发展理论以刘易斯的二元结构理论作为代表。1954年，刘易斯在其论文《劳动力无限供给下的经济发展》中提出"二元经济"概念及模型。他认为在发展中国家存在两种不同性质的部门，分别是以现代化方式为特征的工业部门以及以传统方式为特征的农业部门。刘易斯认为，传统部门的劳动力无限供给构成了二元经济的内在特征，二元经济发展的核心问题是传统部门劳动力向现代部门转移的问题，即农村劳动力向城市转移的问题。刘易斯二元结构理论揭示了传统农业部门与现代工作部门之间的内在发展联系，主张"工业主导论"，并指出这种联系不是静态、相互割裂的，而是动态、相互联系的。

（二）"农村偏向"发展理论

"农村偏向"发展理论强调农村（农业）在经济结构转化中的作用，认为农业是现代部门发展的基础。"农村偏向"发展理论典型的观点是舒尔茨的传统农业改造论。舒尔茨始终强调农业和人力资本的开发在工业化中的地位。他把农业划分为传统农业、现代农业和过度农业三种类型，并提出收入流价格理论，即在传统农业中，来自农业生产的收入流价格是比较高的，投入传统社会的资本额收益率比较低。他认为要改造农业，可以从两方面入手：一是改变技术状况，实现现代生产要素对土地和劳动的替代；二是加快人力资源的开发，改变农民需求，并使之合理化。舒尔茨进而提出，改造传统农业的关键是引进新的现代农业的生产要素，从而引起技术变化，推动农业发展。

（三）"城乡融合"发展理论

"城乡融合"发展理论反对"城市偏向"及"农村偏向"观点，强调农村与城市、农业和工业实现融合发展。19世纪中期，马克思、恩格斯批判地吸收了空想社会主义关于城乡关系发展的观点，形成了城乡关系从分离到融合的马克思主义城乡关系理论，其主要内容包括以下三点。一是剖析城乡分离的原因。马克思认为，城乡分离是资本主义制度和生产力发展的必然产物。资本主义的产生和发展致使工业和人口集中于城市，并为城市的工商金融资本剥削农业生产者创造了便利；随着生产力水平的不断提高，社会分工也逐渐深化，商品经济快速发展，由此推动城市与农村的分离。二是分析城乡对立的后果。"资产阶级使农村屈服于城市的统治"，城市剥削农村的现象极为突出，城乡差距不断扩大。资本主义大工业的发展将农村人口汇集到城市，庞大的城市人口所消费土地的组成成分形成了对地力的大量消耗和巨大掠夺，将对乡村发展和农业生产造成灾难性的后果。三是指出城乡融合的实现路径。即实现城乡融合要具备两个条件：一方面推动生产力发展，通过大工业带动城市化和农业现代化，进而促进城乡融合；另一方面，消灭资本主义制度，建立无产阶级专政的社会主义制度，进而把城市与农村、工业与农业、工人与农民结合起来，最大限度地促进生产力发展和城乡融合。

二、统筹城乡发展

统筹城乡发展是指利用农村与城市的优势互补，促进城乡经济、社会共同发展，实现工业与农业、城市与农村以及城市居民与农民共同发展的路径。统筹城乡发展主要包括统筹城乡规划建设、统筹城乡产业发展、统筹城乡管理制度以及统筹城乡收入分配四个方面。

（一）统筹城乡规划建设

改变城乡规划分割、建设分治的状况，把城乡经济社会发展统一纳入政府宏观规划，协调城乡发展，促进城乡联动，实现共同繁荣。根据经济社会发展趋势，统一编制城乡规划，促进城镇有序发展、农民梯度转移。主要包括：①统筹城乡产业发展规划，科学确定产业发展布局；②统筹城乡用地规划，合理布局建设、住宅、农业与生态用地；③统筹城乡基础设施建设规划，构建完善的基础设施网络体系。尤其要在农村地区缺乏基础设施建设资金的情况下，调动和引导各方面的力量，着力加强对农村道路、交通运输、电力、电信、商业网点设施等基础设施的投入，使乡村联系城市的硬件设施得到尽快改善。优先发展社会共享型基础设施，扩大基础设施的服务范围、服务领域和受益对象，让农民也能共享城市基础设施。

（二）统筹城乡产业发展

以工业化支撑城市化，以城市化提升工业化，加快工业化和城市化进程，促进农村劳动力向第二、三产业转移，农村人口向城镇集聚。建立以城带乡、以工促农的发展机制，加快现代农业和现代农村建设，促进农村工业向城镇工业园区集中，促进农村人口向城镇集中，促进土地向规模农户集中，促进城市基础设施向农村延伸，促进城市社会服务事业向农村覆盖，促进城市文明向农村辐射，提升农村经济、社会发展水平。

（三）统筹城乡管理制度

突破城乡二元经济社会结构，纠正体制上和政策上的城市偏向，保护农民利益，建立和完善城乡一体的劳动力就业制度、户籍管理制度、教育制度、土地征用制度、社会保障制度等，给农村居民平等的发展机会、完整的财产权利和自由的发展空间，遵循市场经济规律和社会发展规律，促进城乡要素自由流动和资源优化配置。

（四）统筹城乡收入分配

根据经济社会发展阶段的变化，调整国民收入分配结构，完善分配制度，改变国民收入分配中的城市偏向，加大对"三农"的财政支持力度，加快农村公益事业建设，加大农村交通、环保、生态等公益性基础设施建设投入力度。

第四节　城市化

随着社会经济的发展，乡村人口逐渐转化为城市人口，乡村文明逐步转变为城市文明。本节将分析城市化的概念，阐述我国城市化的发展历程，并探讨城市问题与城市规划问题。

一、城市化概述

关于城市化内涵的表述，学界大体上是从要素转移和功能转化两个角度来定义。

一是从要素转移角度定义城市化。人口学认为，城市化是乡村人口转化为城市人口的过程，这个流动过程是导致城市数量和城市人口数量双增加的结果，即农民市民化。地理学认为，城市化是人口、产业等由乡村地域向城市地域转化和集中的过程，即农村城镇化。经济学认为，城市化是由于社会分工、经济专业化的发展和技术的进步，农业经济活动向城市非农经济活动转移并在城市集中的过程，即农业产业化或农业工业化。社会学认为，城市化是人们的生产、生活方式由农村社区向城市社区的转化过程，即农村社区化。

二是从功能转化角度定义城市化，认为城市化是一个由乡村社会、乡村文明逐步转变为现代城市社会和城市文明的自然历史过程。沃纳、赫希将城市化定义为"从以人口稀疏并相当均匀地遍布各地、劳动强度很大且个人分散为特征的农村经济，转变为具有基本对立特征的城市经济的变化过程。"美国学者弗里曼指出，城市化作为国家和区域空间系统中的一种复杂过程，包括人口和非农业活动在规模不同的城市环境中的地域集中过程，非城市型景观逐渐转化为城市型景观的地域推进过程，还包括城市文化、城市生活方式和价值观念向农村地域扩张的过程。

我国学者对城市化问题的研究大概始于20世纪70年代末，时间上晚于国外，但内涵上却有新的拓展。内涵的理解与表述也是各持己见但大同小异，由于讨论的深入及多学科的参与，对城市化的构成要件已基本形成共识，没有根本分歧，不同的只是学科特点、侧重点及语言文字上的差别。一般来说，人们较多地倾向于从质和量的统一来加以界定。从质的规定性看，城市化过程是农村不断被城市"同化"的过程，即城市的先进生产力、现代文明不断向农村传播和扩散，最终达到城乡共享的过程。从量的规定性看，城市化过程又是一个不断"量化"的过程，这一"量化"过程意味着：农村地域不断地转化为城市地域，表现为城市地域的扩大和城市数量的增加；农村人口不断转变为城市人口，表现为城市人口规模的扩大和人口密度的增加，"量化"到一定程度，将转变为城市化的"同化"过程。

概括起来，我们可以把城市化理解为：城市化是随着社会、经济发展，农村要素不断转化为城市要素的"量化"过程和城市要素不断向农村扩散的"同化"过程的有机统一。这里的要素既包括物质要素，又包括精神要素。

城镇化与城市化的基本内涵是一致的，在英文中是同一个词，即"urbanization"；译成中文后，有的译作"城市化"，有的译作"城镇化"。城镇化这一概念的出现要比城市化晚一些。实际上，城镇化这一概念是我国学者根据中国城乡发展实际提出、讨论、争鸣，而后被官方认可并推进的。之所以用"城镇化"替代"城市化"，并非对城市化内涵的本质修改，而是体现国情、突出特色。依照《中华人民共和国城市规划法》，广义的城市与狭义的城镇在内涵上是完全一致的，二者通用并无不妥。我国人口众多，设市的人口规模标准相对较高，与其他国家形成较大反差。我国地域广袤、人口分布差异极大，随着信息化及产业发展的影响，我国不同地区结合实际开展因地制宜探索，既有粤港澳大湾区这种世界级城市群的规划，也有围绕产业、大城市群形成的特色小镇，从城市化转移成本、农民的意愿及降低大城市风险等实际考虑，重视小城镇建设，因地制宜实行就地就近城镇化，仍将是一条可取之道。

二、我国城市化的发展历程

学术界一般将城市人口占总人口比重达到10%作为城市化的起点。以此标准来衡量，我国是自1949年之后才进入城市化的起步阶段的，和中华人民共和国成立的时间大体上一致。1949年，我国城市人口约占总人口的10.6%；而如今，我国的城市化水平已超过50%。中华人民共和国成立以来，我国城市化的发展历程大致可划分为三个阶段。

（一）起步阶段（1949—1957年）

这一阶段是我国国民经济的恢复和开始实施计划指导阶段，国家经济和社会发展比较平稳，工农业生产发展迅速。其中，1949—1952年为恢复阶段，1953—1957年为"一五"计划时期。特别是在"一五"计划时期，国家开始了大规模的工业化建设和城市建设，围绕156个重点建设项目，采取了"重点建设，稳步前进"的城市发展方针，新建了6座大城市，大规模扩建了20座城市，一般扩建了74座城市。8年时间里，平均每年增加城镇人口445万，年均增长7.06%，城市化水平由10.6%上升到15.4%，年均增长0.6个百分点，略高于世界平均速度。这一阶段也正是我国工业化的起步阶段，工农业总产值由574亿元增加到1375亿元，表现出城业化与工业化同步发展的态势。

（二）非常态发展阶段（1958—1978年）

1. 1958—1965年为第一个时期　1958年开始"大跃进"，全国大炼钢铁，导致工业化和城市化在脱离农业的基础上超速发展。三年"大跃进"，工业产值占社会总产值的比重由1957年的43.83%提高到1960年的61.10%。全国职工猛增2860万人，城镇人口从1957年的9949万人上升到1960年的13073万人，三年净增31.4%。城镇人口比重由1957年的13.08%猛增到1960年的16.61%，年平均上升1.2个百分点。城市化的超常跃进埋下了很大隐患，农业生产产量连年下降，再加上三年困难时期，吃饭成了大问题。这迫使政府做出了遣返市民回农村的决策，由此出现了我国第一次城市化倒退现象。1961—1963年，全国共精简职工2546万人，其中1641万人直接由城镇回到了乡村，全国城镇人口净减少1427万人，城市化水平由1961年的19.75%下降到1963年的16.84%。到1965年，城市人口回落到10170万人，城市化水平下降到14%。这一阶段，城市人口经历了大起大落，起伏很大。

2. 1966—1978年为第二个时期　这一时期，国民经济处于崩溃边缘，城市化总体上处于停滞状态。此间发生了以知识青年上山下乡和干部下放劳动为标志的我国第二次城市化倒退现象。12年时间，城市非农业人口增长仅仅相当于人口的自然增长，城市化水平由1966年的13.4%下降到1978年的12.5%。

（三）加速发展阶段（1979年以后至今）

1978年党的十一届三中全会召开，是中国社会的一个转折点，也是中国城市化的转折点，它标志着我国城市化进入快速发展时期。农村改革给农村社会、经济带来了活力，农村剩余劳动力开始向城镇流动，国家政策上又为这种流动减少了限制。1979年，我国城市化水平仅有13.2%。1980年，国家出台我国城市化建设指导方针，政府主导、行政力量推动的作用逐渐显现出来；越到后来，有关流动人口等入城农民的户籍管制愈益放宽，有关社会福利保障制度逐步建立健全，城市流动人口渐渐转变为常住人口。1983年起，国家先后实行市管县体制和整县改市政策；1984年，国家又降低了设镇标准，放宽了户籍管制，乡改镇步伐随之加快。1978—1988年，我国新设城市241座，平均年增加24.1座；新设建制镇576个，平均每年设57.6个。截至2008年末，我国的城市化水平已达到45.7%，城镇人口达6.07亿，建制城市655座，其中，百万以上特大城市118座，超大城市39座。1997—2008年的10年间，城市化水平从31.91%提高到45.70%，年均提高1.38个百分点，相当于每年平均有1800万人从农村转向城市。2008—2013年的5年间，城市化进程再次加速，城市化水平由45.70%提高到53.73%。2022年底，全国常住人口城镇化率已达65.22%。

三、城市问题与城市规划

城市化是人类文明发展的自然历史过程。城市化的快速发展在给人类带来巨大经济效益的同时，也造成了一系列负面影响，从而形成了一系列城市问题。城市规划对于现代城市的发展有着重要作用，如果能做到科学合理规划，很多城市问题都可以减轻甚至完全化解。

（一）城市问题

城市问题是指存在于城市中的各种社会病态现象，也称"城市病"。

1.城市问题产生的原因　在工业革命之前，城市问题并不严重；而在工业革命后，工业化、城市化引起急剧社会变迁，城市问题日益严重。一般来说，工业化、城市化所引起的急剧社会变迁是导致城市问题恶化的基本原因。然而，在具体解释城市问题成因时，不同社会学家有不同的观点。

（1）城市决定论　持这一观点的学派以齐美尔和沃思为代表。该学派以工业革命以来近现代城市所具有的社会生态学特性作为城市问题产生的基本依据，这些特性包括人口数量多、人口密度大等。该理论认为，人口的高度集中及高人口异质性等城市特性会造成一种城市解组现象，从而导致社会控制力减弱，个人对社会的疏离感增加，进而引起人格分裂等人际关系问题和犯罪问题。

（2）人口构成论　持这一观点的学派以刘易斯和甘斯为代表。刘易斯的研究发现，墨西哥村民移居到墨西哥城之后，生活方式并无显著改变，人际关系也并无解体现象，大城市的高度集中及高人口异质性对他们的影响很小。经过研究，刘易斯认为，城市问题与组成城市的某些人口群体自身所具有的性质有关。甘斯也认为，在分析城市、郊区和农村存在社会问题的差异时，应该将重点放在这些社区居民的性质上，如种族、年龄、社会阶级等。甘斯进一步提出，醉汉、失业者、流浪汉等"被剥夺生活必需品的人"或"身陷困境的人"是产生城市问题的根源所在，贫穷问题、犯罪问题、反社会行为主要存在于这些居民中。

（3）亚文化论　这一理论是由美国社会学家费舍尔创立的。费舍尔认为，在有关城市问题的解说上，城市决定论和人口构成论各有所长，也各有所短，而亚文化论做到了在取二者之长的同时避二者之短。任何人在社会上都需要他人的帮助与扶持，有异常行为的人也需要同类人的支持才能存在，而只有大城市的人口基数才能够保证有足够数量的同类人的存在。费舍尔进一步指出，一群人经过较长时间的相处，会逐渐形成一种相互了解并接受的价值观念和生活方式，即"亚文化"。只有同属于一种"亚文化"的人群才能相互给予情感上的帮助和支持，这是"亚文化"群体得以长期存在的基本条件；相反，如果缺乏这种"亚文化"及人际互动上的帮助和支持，则该群体无法在社会中存在，相应的社会问题也不可能发生。

以上关于城市问题的理论虽具备一定参考价值，但都存在偏颇之处，并且只对某些城市问题特别是反社会问题的成因进行了探讨和分析，并不适用于所有城市问题。

2.城市问题的主要类别　城市问题多种多样，主要可以分为城市环境问题、城市交通问题、城市住房问题、城市社会问题四类。

（1）城市环境问题　表现形式主要有固体废弃物污染、水体污染、空气污染、噪声污染等。在城市发展进程中，每时每刻都会产生各种各样的固体废弃物，现阶段城市对固体废弃物的处理方式主要为填埋与焚烧，但这两种方式都不能从根本上解决固体废弃物污染问题。水体污染的类型主要包括工业废水与生活污水两种，两者均导致城市水资源安全受到严重威胁。随着工业化进程的不断推进，城市空气污染问题也日益严重，空气污染的主要原因包括汽车尾气的排放、工业废气的排放及城市供暖燃煤产生的废气等。噪声污染主要是人为因素造成的，主要包括城市车辆鸣笛噪声、商场等公共场所产生的噪声、建筑工地产生的噪声、工业企业生产出现的噪声等。随着城市化的进程加快，城市所面临的各种环境问题将越来越严重，城市污染防治工作应该得到应有的重视，真正将可持续发展观贯穿城市建设与经济发展，从而建设更加美好的城市环境。

（2）城市交通问题　是世界大城市共有的问题。如今，城市交通问题已经成为制约城市发展的一大顽疾，对于一些大城市来说，交通拥堵已是常态。城市交通问题的产生原因主要有城市化进程加快、城市规划不合理、汽车保有量过高等。城市化进程加快，人口数量和密度不断增加，必然导致城市交通需求不断增加，当城市交通需求大于城市交通供给时，就会造成交通拥堵。很多城市资源分布不合理，学校、公司、娱乐场所往往都集中于中心城区，且路网结构规划不合理，一系列城市规划因素都给城市交通系统带来了巨大压力。而随着人民生活水平提高，汽车价格下降，人均汽车保有量越来越高，进一步导致交通拥堵。解决城市交通问题要采用多学科思维、系统论方法，注重满足人的需求，注重提升城市整体运行效益。

（3）城市住房问题　一直是城市化发展过程中一个难以回避的问题。住房紧张、住房安全、住房管理、住房环境一直都是社会关注的热点话题。伴随着城市加速发展，人口向经济发达地区的大城市和城市群中心聚集的趋势愈发明显，而住房供给有限，从而导致大城市住房供需矛盾突出，产生城市住房问题。一是住房用地供给不足，大城市住房用地供给占城市建设用地的比例低，人均居住用地面积小。二是住房供给总量不足，大城市新建住房供给速度往往不能满足住房需求速度，整体供给量不足。三是住房供给结构失衡，住房供给中重产权、轻租赁，产权住房供给占比高，租赁住房占比低，且产权住房供给中，中低价位的普通商品住房占比低，导致资源配置效率低，从而导致住房供需矛盾更加突出。就部分城市而言，如何通过更全面的政策组合解决城市住房问题，控制生活成本、吸引人才，既是城市发展的长期问题，也是紧迫的现实问题。

（4）城市社会问题　是指城市中存在的人与自然、人与社会以及人与人之间关系的严重失调或冲突现象。城市是一个巨大而复杂的有机体，城市内部各种要素之间相互影响，城市外部也与其他系统处于广泛联系之中，故而城市社会问题的产生有生产力发展、构成要素变化、人口变迁等内部因素，也有区域经济、城乡关系等外部因素。随着经济的发展，现代化、工业化、城市化均给城市带来了诸多社会问题，主要有城市人口问题、城市就业问题、城市贫困问题等。城市社会问题既可以成为城市发展的桎梏，反过来也可以成为城市发展的目标依据和现实动力，如何在满足城市化发展需求的基础上缓解因其导致的一系列城市社会问题，是城市规划者和管理者需要重视的问题。

（二）城市规划

城市规划是为了实现一定时期内城市的经济和社会发展目标，确定城市性质、规模和发展方向，合理利用城市土地，协调城市空间布局和各项建设所作的综合部署和具体安排，是一定时期内城市发展的蓝图。城市规划是随城市发展与运行状况长期调整、不断修订，持续改进和完善的复杂的连续决策过程。

1.城市规划思想　城市生态学和新城市社会学均有关于城市规划的相关思想学说，其中，城市生态学的城市规划思想包括霍华德的"花园城市"、芒福德的"有机秩序"、马塔的"带形城市"、勒·柯布西埃的"阳光城"等；新城市社会学的城市规划思想包括曼努埃尔·卡斯特的集体消费学说和阿里·马达尼泼的社会排斥思想等。

（1）霍华德的"花园城市"　霍华德在著作《明日的花园城市》中系统阐述了他的城市规划思想。霍华德认为，任何城市发展到一定规模之后都应该停止继续增长，而应该在旧城附近建一个新城，新城可以通过主要干线与旧城连为一体。新城人口规模很小，建议在3万人左右，如果占地6000亩，则至少应有5000亩作为绿带，即所谓的"花园城市"。这样的新城既能保证人们有获得职业岗位和享用各种市政服务设施的机会，又能让人们贴近绿地，享受得天独厚的自然环境。

（2）芒福德的"有机秩序"　芒福德把现代特大城市看作一种非自然的环境，认为其中存在着各种难以克服的问题，他比霍华德更加不喜现代特大城市。芒福德认为解决这些问题唯一的方法就是解散特大城市，另寻出路。为了纠正现有城市的一些弊端，他提出要建设符合人类所有生物需求和社会需求，充分适合人类生活的城市，即具备"有机秩序"的城市。基于此，他制定了详尽的计划，包括新城市必须是一个完全的社区，居住区是新城市建设的主要单位，家庭是新城市建设的焦点，需保持低密度，限制城市规模，步行交通与车辆交通相互独立，正式教育与非正式教育相结合，让人们有基本的社会交往，生活在自然的、露天的绿色环境中等要点。

（3）马塔的"带形城市"　1882年，西班牙城市规划专家马塔提出发展"带形城市"的思想，认为应该让现有的城市沿着一条既高速度又高运量的轴线向前发展。据此，他提出了一个雄心勃勃的构想，即沿着西班牙的加的斯到俄罗斯的圣彼得堡的漫长地带发展带形城市，全长1800英里（约2896千米）。"带形城市"这一思想顺应了城市进一步发展的需要，对之后欧美的城市规划实践产生了一定影响。1943年的伦敦城市规划、1961年的华盛顿城市规划、1965年的巴黎城市规划以及1966年的斯德哥尔摩城市规划都不同程度受到马塔"带形城市"思想的影响。

（4）勒·柯布西埃的"阳光城"　勒·柯布西埃认为城市"拥挤的弊端可以用提高密度来解决"，进而提出了"阳光城"的思想。他认为，在一定的空间地域内可以建设大量高层建筑，这些建筑的周围可以腾出很大的空地。按照这个构想，城市的景象应当是大量的绿地穿插在高楼之中，这样的城市既能容纳高密度的人口，又能使大多数的土地不会被建筑物占用。这一思想在二战之后对城市规划的影响很大，特别是在对旧城的改造方面。

（5）曼努埃尔·卡斯特的集体消费学说　曼努埃尔·卡斯特是遵循马克思主义传统的城市学者，然而他认为根据战后资本主义社会的新趋势，马克思主义很难分析解释城市社会运动问题。战后，资本主义国家的中央政府为所有工人都提供了失业保障、住房补贴等公共福利项目，基本上能够保证人们的生活质量。基于此，曼努埃尔·卡斯特提出，传统马克思主义更加注重生产过程，而集体消费更能成为现代城市过程的主导力量。集体消费是指由国家集体性提供的福利形式，如交通、医疗设施等，具有不可分割、不能满足市场价格要求、不直接被供求关系支配等特点。曼努埃尔·卡斯特将集体消费置于与城市规划最重要的关联上，认为现代资本主义城市的显著作用并非在生产过程，而是在"集体消费"中心这个特征上。

（6）阿里·马达尼泼的社会排斥思想　阿里·马达尼泼将当代欧洲城市中出现的社会排斥与空间因素结合起来进行研究，指出由于种族、宗教、经济收入和出生地等因素，一些城市居民无法获得该城市的各种资源和机会。这些因素形成了诸如经济歧视、政治歧视、文化歧视等一系列社会排斥现象。马达尼泼指出，排斥状态具有连续性，某个居民群体可以从与社会完全整合到完全隔离；排斥状态也具有空间维度，某个居民群体可能被排斥限定在城市的某些特定区域。对此马达尼泼认为，在城市规划中应该采取一定的去商品化措施，限制私人房地产商对不同群体居于城市何处的决定权限，并充分促进社会多样化，制定"去空间化社会排斥"的城市规划。

2.城市规划原则　主要有五项原则，即整合原则、经济原则、安全原则、美学原则和社会原则。

（1）整合原则　城市规划要坚持从实际出发，正确地对各种关系进行协调整合。城市规划应与国家和地方的经济技术发展水平相适应，正确处理城市局部建设和整体发展之间的辩证关系，科学考虑城市各类建设用地之间的内在联系。要正确处理城市规划中近期建设与远期发展的辩证关系，不能只顾眼前利益而忽视长远发展，要为远期发展留有余地。要正确处理城市经济发展和环境建设之间的辩证关系，加强城市绿化建设和市容环境卫生建设，保护历史文化遗产、城市传统风貌、地方特色和自然景观，使城市的经济发展与环境建设同步进行。

（2）经济原则　城市规划是一项耗资庞大的项目，会消耗大量的金钱和资源，在规划设计前就应该充分了解各项经济风险因素。城市规划要坚持经济适用的原则及合理用地、节约用地原则，珍惜城市的每一寸土地。土地是城市的载体，是不可再生资源，在城市规划中要尽量少占农田、不占良田，注重对土地的综合利用和合理开发，避免资源浪费。要量力而行，科学合理地确定城市各项建设用地和定额指标，对一些重大问题和决策进行经济综合论证，把集约建设放在首位，形成合理的功能与布局结构，提高对城市发展中可能出现矛盾的预见性，以实现城市的可持续发展。

（3）安全原则　安全需要是人类最基本的需要之一，城市规划要将城市防灾对策纳入城市规划指标体系。城市规划应当符合城市防火、防爆、抗震、防洪、防泥石流等要求，在可能发生强烈地震和严重洪水灾害的地区，必须在规划中采取相应的抗震、防洪措施，特别注意高层建设的防火防风问题。另外，还要注意城市规划的治安、交通管理、人民防空建设等问题，有意识地消除那些有利于犯罪的局部环境和防范上的"盲点"。

（4）美学原则　规划是一门综合艺术，需要按照美的规律来安排城市的各种物质要素，以构成城市的整体美，给人以美的感受，避免"城市视觉污染"。要注意传统与现代的协调，在保护好城市中有代表性的历史文化设施、名胜古迹的同时，也要注意体现时代精神，让传统之美与现代之美充分融合。要注意自然景观和人文景观的协调、建筑格调与环境风貌的协调，通过对建筑布局、密度、层高、空间和造型等方面的干预，充分体现城市的精神和气质。

（5）社会原则　在城市规划中应树立为全体市民服务的指导思想，贯彻有利生产、方便生活、促进流通、繁荣经济、促进科学技术文化教育事业发展的原则，尽量满足市民的各种需要。城市的社会结构复杂，有各行各业的生产经营活动，也有普通人民的生活工作，还有城市自有的生态环境维护，因此，在进行城市规划设计时要合理考虑社会中的人、事、物、自然等社会性因素，参照人与自然和谐共存的标准，遵照经济发展与环境保护同时进行的生产理念，将社会发展和城市建设有机融合到一起。设计要注重人与环境的和谐，体现出以人为本的原则，符合人的生活规律，使得各类建筑、景观、设施更好地为人服务，为社会活动提供服务，使市民能够充分享受阳光、绿地、清新的空气、现代化的公共设施和舒适安全的居住环境。另外，要大力推广无障碍环境设计，为老、弱、病、残、幼着想，在建筑出入口、街道商店、娱乐场所等地设置无障碍通道，体现社会高度文明，充分体现城市人文关怀。

岗位情景模拟

党的二十大报告指出，全面建设社会主义现代化国家、全面推进中华民族伟大复兴，关键在党。全国城乡各个社区和村都成立了"党群服务中心"，将党的政治优势、组织优势和密切联系群众的优势转化为治理效能，切实打通服务群众的"最后一米"。小张毕业以后没有选择去大城市工作，而是回到了家乡，在某个社区党群服务中心工作。有居民向他提出，社区周边没有足够多的便利超市，购物非常不方便。小张收到反馈后马上将建议上报，社区马上研究并联系便利超市商家。小张向便利超市商家详细介绍了社区的基本情况，商家很快确定了便利超市的位置。在便利超市开张那天，提出建议的居民感叹："只是随口说一句，没有想到真的实现了在楼下就可以买东西的愿望。"

讨论： 如果你是小张，回到了你家乡所在的社区党群服务中心工作，你会如何介绍社区的基本情况？

参考答案

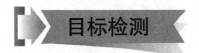

重点回顾

重点回顾

目标检测

参考答案

一、单项选择题

1.社区的构成要素包括（　　）。

A.政治要素、人口要素、结构要素、文化要素

B.地域要素、政治要素、结构要素、文化要素

C.地域要素、人口要素、结构要素、文化要素

D.地域要素、人口要素、政治要素、文化要素

2.将社区分为政治社区、经济社区、文化社区、军事社区等，是按照（　　）进行分类。

A.社区功能　　　　　　　　　B.社区规模

C.形成方式　　　　　　　　　D.综合标准

3.城市人口问题属于（　　）。

    A.城市环境问题   B.城市交通问题

    C.城市住房问题   D.城市社会问题

二、思考题

1.统筹城乡发展包括哪些方面？

2.城市规划的主要原则有哪些？

第九章　社会变迁与社会发展

🖐 学习目标

1.重点掌握社会变迁的概念和类型、社会发展的含义与特征。
2.学会运用社会变迁的知识和理论分析近现代社会的发展变化。
3.将个人理想融入社会整体发展，学以致用，服务社会。

当我们从结构的角度去观察社会时，会发现它处于不停的变化之中。无论是地域性社区，还是更为宏大的社会系统，或是具体的制度和规则，都处于不断发展变化中。变化是社会存在的基本状态，也是社会学研究社会的一个重要方面。我们既要从相对静态的角度考察社会的结构问题，又要从动态的角度考察社会的运行和变迁问题，了解社会运行和发展的来龙去脉。本章主要介绍社会变迁、社会发展与现代化的基本内容。

第一节　社会变迁

人类社会是一个能够变化并且经常处于变化过程中的有机体，无论是从宏观角度还是从微观角度看，社会整体结构及其各要素之间的相互作用关系都处于不断变化的运动过程之中。社会变迁是说明社会的变化运动的范畴，是对社会进行纵向分析，即研究社会发展的状况和规律。当今社会日新月异，与日俱增地影响着人们的社会行为与生活方式。社会变迁与社会发展、现代化等概念既有联系又有区别。

一、社会变迁的概念

从社会学意义上来看，社会变迁既泛指一切社会现象的变化，又特指社会结构的重大变化；既指社会变化的过程，又指社会变化的结果。在社会学中，社会变迁是一个表示一切社会现象，特别是社会结构发生变化的动态过程及其结果的范畴。社会形态的更替是社会变迁；社会生活方式的变化，社会组织、社会制度的变化，这种局部的缓慢的变化也是社会变迁；社会意识形态的变化、社会风气的转变同样是社会变迁。社会变迁是一切社会现象发生变化的过程和结果，既包含社会发展和进步，又包括社会停滞和倒退。社会变迁不是一种价值判断，而是一种事实陈述，蕴含一切方面和各种意义上的变化，比社会发展、社会进步具有更广泛的含义。社会发展寓于社会变迁之中，社会变迁的总趋势是社会发展。社会变迁是社会系统的结构和功能产生变化的动态过程及其结果。社会结构变迁面临的问题主要是社会解体和社会重组，而社会功能变迁面临的主要问题是社会分化和社会整合。社会系统结构未发生本质变化的情况下，社会系统的功能也可能发生极大的变化。

概括起来，社会变迁的主要内容表现在以下几个方面。

一是价值观念的变化。价值观念是指生活在一定社会中的人们对于自己周围各种客观事物的评价以及由此产生的行为趋向。价值观念具有鲜明的时代特征，是一个社会文化体系的内核。每个时代都有每个时代的价值观念，这种价值观念决定着人们行为的动机、趋向和方式，价值观念的变化必然引起人们的行为趋向、行为方式的转变，进而引起更广泛的社会变迁。如伴随经济增长、生活水平提高而来的消费社会兴起是促使超前消费行为流行的一个重要动力，而价值观念变迁是导致消费行为转变的更深层次的原因。

二是生活方式的变迁。生活方式是内容相当广泛的概念。"生活"的主体是一个个具体的个人，人们的生活需要、利用生活资源的方式各不相同。生活方式是指人们在一定价值观念的指导下，享受物质文明和精神文明成果的社会生活活动一般形式的体系，具体包括人们对待生活的态度，人们在日常生活中相互交往的形式，学习、娱乐和身体健康等活动的形式，婚恋、家务劳动以及衣食住行等日常生活方面活动的形式等。生活方式在一定的生产关系的基础上形成，与一定的物质生活条件相联系。马克思指出，"个人怎样表现自己的生活，他们自己就是怎样"。

三是社会结构的变迁。社会结构由人口结构、家庭结构、就业结构、社会组织结构、社会阶层结构、文化结构等多个方面组成。社会结构的变迁，是指社会的阶级结构、职业结构以及各种社会组织的结构和体系的变迁。阶级结构的变迁表现为各个阶级自身的变化以及阶级关系之间的变化。职业结构的变迁是随着生产的发展、科学技术的进步和社会分工的发达而逐步进行的。社会组织是为适应一定的社会生活需要而建立起来的，组织内部有相应的结构体系，社会组织也在随着社会生产的发展和人们需要的变化而不断变化。

另外，还有人口的变迁。人口变迁就是一代人向另一代人的变迁，就是新一代人相对于老一代人的变迁。人口是社会发展的主体，从人口学角度来看，人口变迁就是一代人接替一代人，下一代人在数量、质量和结构方面都不同于上一代人。人口的变迁会影响社会发展的方方面面。

就社会变迁这一概念来说，它是中性的，本身并不具有目的性，不含有评价性的意义。社会变迁可以是任何方向上的变化，既包括社会的进步又包括社会的退步，既包括社会的整合又包括社会的解体，具有多维性和多指向性的特点。然而，具体地在一定的历史环境中考察社会变迁，尤其是从保障社会良性运行和协调发展的角度对社会变迁进行考察，就必然会带有价值评价的意义。而且在对社会变迁的考察中，任何人也不可能保持纯粹"中性"的立场，脱离对社会变迁方向的评价。虽然人们对"进步"的理解和评判标准不同，然而，促进社会进步一直是人们研究社会变迁的主要目的，人们期望通过认识社会变迁的规律来趋利避害。而当人们深刻把握了社会变迁的规律，并在规律的指导下以某种方式去影响社会变迁的方向和过程时，社会变迁就会以某种有目的的形式出现，如社会发展和社会变革。

社会变迁与社会发展两者密切联系，但两个概念又不能等同。社会发展指的是社会的进步，具有一维性和单指向性。社会变迁相较于社会发展具有整体性和综合性变化的特点，社会变迁一般是用于描述那些包括特定的人口、地理环境以及政治、思想文化等各种要素在内的社会整体、社会单位和社会综合性现象的系统变化。社会发展侧重于从宏观的角度反映社会变化的本质和一般规律。社会变迁除了反映社会整体的变化过程外，也研究社会微观领域的具体变化过程和变化规律。

社会变迁具有内在的客观规律性。马克思主义揭示了人类社会就像自然界一样有自身不以人的意志为转移的规律性，但社会规律不同于自然规律，自然界事物的变化是无意识的，自然界的发展规律就通过这些无意识的事物之间的相互作用形成、表现出来并得以实现。但人类的活动是有意识、有目的的，社会变迁又是由人来实现的，社会变迁的主体是人，正是人的有意识、有目的的实践活动创造了人类自己的历史，并且人类创造历史的活动不是任意的，人类以什么样的方式参与社会变迁以及在多大程度上参与社会变迁，取决于人类对社会发展规律的认识程度和掌握的工具。因此，社会变迁带上了人的主观意志，这不同于自然界的变迁，要揭示社会变迁的规律，有着更强的复杂性。

二、社会变迁的类型

社会变迁是丰富多样的变化过程。受不同历史文化条件下政治、经济以及地理和人口等因素的影响，社会变迁会呈现为不同类型。研究社会变迁的类型，可以深化对社会变迁某些重要特征的认识。

（一）渐进的社会变迁和激进的社会变迁

根据社会变迁的方式，可将社会变迁分为渐进的社会变迁和激进的社会变迁。

1.渐进的社会变迁　是指在社会性质、整体结构保持基本不变的前提下，实现结构调整和功能有秩序而持续的变化和发展，或由一种模式过渡到另一种模式，一般属于改革和改良性质。这是局部变迁的社会进化，是局部变迁的积累，整个变迁过程通常表现为渐进的量的变化或部分质变的过程。质的变化不是采取突变的方式，而是在量的逐渐积累的基础上逐渐实现的质变。这种变迁形式不会带来社会系统的震荡，能够在平稳发展的过程中逐步实现社会的变迁。

2.激进的社会变迁　是指迅速飞跃式的社会变迁，是对社会整体结构、基本制度进行实质性改变，一般属于社会革命性质，采取突变的暴风骤雨的形式，社会系统和社会结构解体、改造和重组，社会由一种形态过渡到另一种形态，通常带有质变性质，社会的经济、政治、意识形态以及社会生活的各个方面都会发生根本变化。这是社会变迁渐进过程的中断，是社会的质变。在人类历史上，生产力的重大变革是推动社会革命的根本原因，如机器代替手工、电力代替机械力，都曾引起生产关系的变革。人类社会的历史已经表明，在阶级社会中，先进的生产方式代替落后的生产方式，先进的社会制度代替陈旧的社会制度，都是通过先进阶级推翻反动阶级的社会革命而实现的。

社会变迁的渐进与激进，主要是指发展和变化所采取的形式，并不一定意味着变化的深刻程度。激进的变革发生了，甚至一再地发生了，但社会未必有质的变化，如人类社会历史上的封建王朝更迭；而长期缓慢的渐进式发展，也可能累积成革命性后果，如结合我国国情进行的改革开放就属于渐进的社会变迁。

（二）正向社会变迁和负向社会变迁

根据社会变迁的方向，可将社会变迁分为正向社会变迁和负向社会变迁。

社会变迁是一个中性概念，它包括社会的所有变化。但由于处于社会变迁中的社会群体是有价值取向的，具体的社会变迁也会被赋予价值评价。

1.正向社会变迁　是指社会进步和社会发展，有利于促进人类的福利、平等和发展。进步的社会变迁符合人类社会发展的客观规律，带来社会物质财富的增长和社会生活各个方面包括社会精神生活的提高，使每一个社会成员逐步得到全面发展和逐步自由地表现自己的才能。进步的社会变迁是一种促进整个社会良性运行和协调发展的社会变迁。从整个人类社会的发展历程来看，正向的社会变迁以及社会进步、社会发展是社会变迁的主流。人类社会终究是要从低级阶段逐渐发展到高级阶段的。

2.负向社会变迁　是指社会倒退或社会停滞，表现为社会失范，社会问题大量产生。历史上的伟大进步，常常伴随着很多新问题的出现。社会的快速发展往往带来社会分化的加剧，如果不能很好地进行制度创新，建立公平机制和整合机制，会引发社会动荡。因社会的结构失调和功能障碍导致的负向社会变迁，主要是指违反客观规律、单凭主观意志办事而造成的社会倒退。

社会价值具有多样性，即不同的社会群体站在不同的角度对社会变迁会有不同认识，所以对同一社会变迁是否属于进步、是多大程度上的进步可能会有不同的看法。当然，这一现象的出现也与社会变迁影响的复杂性有关，总体进步中也可能会有负面的东西存在。进步的社会变迁和倒退的社会变迁的划分是在一定的抽象意义上做出的，在社会变迁的实际过程中，正向和负向二者往往是同时存在、同时进行的。如发达资本主义国家经济的高速增长，既促进了物质财富和生活水平的提高，同时也带来了福利困境、严重贫富两极分化、多种社会矛盾激化等社会问题。

（三）整体社会变迁和局部社会变迁

根据社会变迁的范围和规模，可将社会变迁分为整体社会变迁和局部社会变迁。

1.整体社会变迁　是指社会结构的整体变化以及由此带来的功能的彻底转变，是整个社会结构和制度体系的变化，是社会各个要素相互联系的变化合力的结果。社会具有系统性特征，当社会结构和制度体系都发生变化时，即为整体社会变迁。比如，一个新的社会经济制度的建立、某一地区社会经济和政治结构的重大调整，都是不同层次的整体社会变迁。

2.局部社会变迁　是指社会生活某个方面的变化，是社会各个构成要素自身以及它们之间部分关系的变化，如我国的经济体制改制最初是从农村开始的，农村实行家庭联产承包责任制，城市经济体系没有发生变化，那么从全国的角度来看，这就是局部社会变迁。在城市内部，一些部门首先进行改革，另一些部门基本维持原状，这也属于局部社会变迁。然而，由于社会的系统性特征，局部变迁对整体是有影响的。在社会中的一些部分变化明显而另一些部分相对稳定时，我们还是可以从局部社会变迁的角度去分析问题。

局部变迁并不是整体变迁的简单外延，其变迁不一定与整体变迁的方向和速度一致，既可能成为整体变迁的障碍，又可能超前于整体社会变迁。整体变迁的力量不是等于而是大于局部变迁的力量之和。因此，研究局部变迁之间的相互关系和组合形式，是把握整体变迁的方法。

（四）自发的社会变迁和有计划的社会变迁

从最具体的意义上讲，社会变迁是社会成员的行为方式、社会成员之间的社会关系模式的变化。这种变化可能是人们有意推动的，也可能是自然而然地发生的。

1.自发的社会变迁　是指自然而然发生的社会变迁，它并非人们刻意追求、有意干预而发生的。当人类社会发展程度较低，认识能力和认识工具水平也还较低时，人类在很多方面以盲目的方式参与社会变迁。当人类对社会变迁过程和方向缺乏参与和控制时，社会变迁往往在进步的同时伴随着大量的倒退。例如，大规模的工业化曾经甚至至今都给人类的生存环境带来破坏性的后果。

2.有计划的社会变迁　是指人们根据自己的意愿和设计而推动的社会变迁，带有明显的人为色彩。人们基于自己的愿望和对社会运行的某些规律的认识，去设计和具体推动社会过程，以达到目标的活动及结果，这就是有计划的社会变迁。一般地，有计划的社会变迁主要表现为人们对自发社会变迁可能的消极后果的预防和克服。现代信息技术和预测技术的迅猛发展，为人类有意识地参与和控制社会变迁提供了条件。所以，有计划的社会变迁，即人类有意识、有目的地参与和控制社会变迁，就成为现代社会变迁的主要形式。当然，真正实现科学和有计划的社会变迁，尚需要人们做出较大的努力。

三、影响社会变迁的因素

社会变迁是十分复杂的社会现象。社会为什么会发生变迁？有哪些因素造成了社会变迁？这是我们研究社会变迁首先需要解决的问题。影响社会变迁的因素涉及社会生产和生活的所有领域，其表现形式十分多样。社会变迁除了最终取决于社会生产力的发展之外，还取决于自然环境、人口状况、社会制度、生活方式、科技进步、价值观念、社会心理、文化传播等多方面因素的影响，它是经济与社会多种因素交互作用的结果。不同国家、不同社会的社会变迁，还要受到种族特征、民族特征和各个国家、民族历史传统的影响。社会生产力的决定作用，在不同国家和民族的不同发展时期也有不同的表现和结果。要探究社会变迁，必须考虑所有这些在社会变迁中起影响和制约作用的因素。

（一）社会生产力的发展

生产力是人类所拥有的解决其与自然之间的矛盾及增加产品的能力。生产力是参与社会生产和再生产过程的物质的和技术的要素的总和，它以劳动者、劳动工具和劳动对象为基本要素。社会变迁最根本的动力是社会生产力的发展。生产力是人类物质生产方式内部最活跃、最革命的因素。生产力总是处于不断的变化发展中，但生产关系相对稳定。生产力和生产关系的矛盾运动，使生产方式不断地新陈代谢，整个社会政治、价值观念、生活方式等随之发生变化，进而构成整个社会结构的变迁。

社会经济的变化与发展是社会变迁最重要的因素和最主要的内容，对整个社会变迁具有决定性的作用。社会经济的变化既包括社会物质财富量的增加，也包括质的提高；既包括不同社会形态生产方式的更替，也包括同一社会形态中经济结构、劳动方式的变化。一个社会的生产力的巨大发展会创造出更多财富，可以满足人们的生活的需要，促进社会的发展；而一个生产力停滞的社会，社会发展也会处于相对停滞状态。生产力与生产关系形成某种适应或张力关系，并推动着社会的变化。从原始社会人类完全依靠猎取和采集自然界的动植物而生活，到农业生产和畜牧业生产的出现，从18世纪大机器工业的产生，到现代以信息技术和信息产业为先导的新技术群和新产业群的出现，人类社会经历了巨大的经济变迁，深刻地改变了人类的社会活动和社会生活。

（二）环境变迁

人类生活与自然环境有着直接联系，这样，自然环境的重大变化就会引起社会变迁。环境的变化和发展是人类社会变迁的基本前提。这里所说的环境不是指一般的社会环境，而是指那些与人类发生相互作用的自然环境。自然环境为人类社会的生存和发展提供了自然资源和物质条件，社会变迁的过程总是在一定的自然环境中进行。自然环境主要可分为两类：第一类指未经人类活动影响的自然环境，称原始自然环境；第二类指经过人类改造或受人类活动影响的自然环境，称人化自然环境。自然环境依其自身规律演变而影响社会的变迁；人类作用于自然环境引起自然环境的变化，也会影响社会的变迁。

自然环境的变动对社会变迁的影响可以表现为两个方面：一是人类不能控制的自然力，主要是指自然灾害对社会变迁的影响，如地震、水灾、台风、火山爆发等严重的自然灾害会对人类社会造成巨大的灾难；二是由人类活动所引起的生态环境的变化，也会对社会变迁产生很大的影响。人类会因为违背自然规律，盲目地破坏生态环境，而遭到大自然的无情报复。在不同的社会发展阶段，环境对社会变迁的作用方式有所不同。当社会发展水平较低时，环境的影响作用主要是依其自身变化规律自然而然地发生。随着人类与环境相互作用关系的不断扩大和深入，人化自然环境对社会的影响越来越大，现代社会所赖以生存的环境基本上是经过人类改造或受人类活动影响的环境，特别是人类活动对整个生态环境的破坏和污染严重制约了社会的进步，给人类带来了许多未曾有过的灾难。坚持人与自然和谐共生，充分认识绿水青山就是金山银山、良好生态环境是最普惠的民生福祉，为社会持续发展提供生态环境保障，是当今人类必须面对并需要认真解决的重大课题。

（三）人口变动

人口变动对社会变迁也能产生不可忽视的影响。人口变动主要指人口数量、质量、构成及人口流动和分布的变化。人口是社会构成的基本要素，没有一定数量的人口，就不能组成社会，就不能进行物质生产，也就谈不上社会的变迁。这在人类社会初期表现得最为突出，当时人们要以群的力量来弥补个体能力的不足，一定的人口状况是社会存在和发展的基本前提和必要基础。经济的发展引起人口的变动，形成很多新城镇。人是社会生活和社会活动的主体，人口的变化会对社会变化发生多方面的影响。人口结构的变化对经济和社会发展的影响是全方位的。促使人口数量变化的因素有出生、死亡和迁移。这三个因素的重大变化对具体社会变化的影响是直接的，有时是长久的。例如，持续的高出生率会产生大量的新生人口，提高社会的抚养比，对社会公共设施（如各类学校）的建设提出强烈要求，并进一步影响社会的就业和家庭结构等。

一个国家或地区的人口密度、增长速度是否同经济、文化的发展状况和需要相适应，会对社会的变迁起加速或延缓的作用。人口状况与整个社会发展比例失调，会给社会的发展速度和水平带来直接影响。人口数量过多和增长过快，会严重制约经济发展水平和人们生活水平，给就业、医疗、教育等造成很大负担，给经济发展、资源利用和生态环境保护等都带来巨大压力；人口数量不足，会造成社会发展所必需的劳动力短缺；人口质量低，就无法适应现代化的科学技术和现代化生产建设的要求，同时也影响精神文明建设的发展；人口分布不合理，会造成某些地区的社会问题，如经济发达区域城市人口过度集中，会造成污染加剧、交通拥堵、住房短缺、犯罪增多、城市管理困难等情况；人口性别结构的重大变化，年龄结构的重大变化如人口老龄化等，会给经济增长、社会发展带来一系列挑战，产生社会保险、医疗保健、经济负担等一系列社会问题。

（四）社会结构变迁

社会结构可以看作社会各要素间稳定的关系及构成方式，包括群体结构、组织结构、社区结构、制度结构、意识形态结构等。社会结构运行的过程也是其发挥社会功能的过程。

社会结构变迁主要体现在两个方面。一是社会功能性结构的变化，表现为人们为了满足生存和发展的需要，各种经济、政治、组织、制度等结构要素的分化和组合。如经济所有制的变化、城市化速度的加快等都会影响社会结构的转型，大规模的人口迁移流动及因此带来的就业形式、居住形式、家庭类型、价值观念的变化，也会影响到社会结构的变迁。二是社会成员地位结构的变化，表现为社会成员由于其经济地位、职业、教育水平、权力、社会声望等的不同和变化，所造成的社会阶级和阶层关系的变化。

（五）科学技术进步

科学技术是人类在认识自然、改造自然中获得的真理性认知和利用自然资源为自己谋取福利的手段。科学技术进步对于现代社会的影响深刻而广泛，科学技术的发展越来越影响人类社会的生产和生活，对人类社会的变迁产生越来越大的影响，成为推动社会变迁的主要力量。在农业社会中，人类利用科学技术提高自己的生产能力，降低自身对自然的依赖程度。在工业社会中，科学技术成为人类开发自然、掠夺自然的工具，而科学技术的每一次大的进步都会大大改变人类社会的面貌。

科学技术发明创造的增长，科学技术研究规模和组织形式的变化，不仅会扩大人类生活的范围，带动或直接造成社会物质财富的增加，而且通过新的科学技术成果及其所要求的组织和制度，不断改变人们的社会互动方式，直至改变人类的生存方式，直接影响社会经济、政治、观念和生活方式的变化。如汽车的发明是科学技术的重大进步，但是也带来了诸如交通事故、道路拥堵、空气污染等问题，为此，人们在长期的社会实践中制定了各种交通规则、汽车尾气排放标准等，尽可能消解汽车带来的诸多社会问题，也加强了对人们文明驾驶习惯的培养；再如中国发明的火药、指南针等传入欧洲，大大推动了那里的航海通商事业，改进了战争的武器，进而改变了战争的形式。科学技术的发展增强了人类的生存能力，但它的过分使用，特别是非和平使用给人类社会造成的威胁也是不容忽视的。科学技术的发展不但会影响人类社会的生产和生活，而且在同一个社会中，科学技术的发明和使用也会导致社会结构的变化。现代科学技术的飞速发展，使得现代社会变迁呈现日益加速的景象。

（六）文化嬗变

文化嬗变主要是指文化内容或结构的变化，包括因文化的积累、传递、传播、融合与冲突而引起的新文化的增长和旧文化的改变，特别体现为文化的跳跃性发展或突发性变化。一个社会内部和外部的变动都会促使其文化系统发生适应性变化，从而引发新的社会需要。从文化内部因素来看，文化的接触和传播、新的发明和发现、价值观的冲突等是变迁的主要原因；从文化的外部条件来看，社会关系和结构的变动、人口和自然环境的变化等是变迁的主要原因。社会价值观的变化是文化嬗变的核心内容，其对人们的行为和社会进程有重要影响。人们的社会活动都是程度不同地在价值观指导下发生的，社会价值观往往成为整个社会变迁的先声。当人们接受了一种新的价值观之后，人们的行为也会发生变化，当这种行为的变化遍及社会时，社会变迁就比较明显。我国的经济体制改革是价值观念变化导致社会变迁的典型例证。改革的启动直接来源于社会价值观念的变化，这包括关于实现社会主义的目标、经济和政治的关系、计划和市场的关系、效率和公平的关系等一系列基本价值观念的转变，这些价值观念的转变引导了改革的深入发展，并导致社会的巨大变化。

第二节　社会发展

社会发展是社会变迁的主要形式和总趋势。社会发展是当今世界各国普遍使用的一个基本概念。要结合我国实际掌握社会发展的理论与实践，首先要对社会发展的内涵和意义有深入的了解。

一、社会发展的含义和特征

（一）社会发展的含义

对社会发展这一概念，可以有广义和狭义两种理解。广义的社会发展是社会变迁的一个部分或者一种表现，主要是指整个社会体系由低级向高级、由简单向复杂的转化，这种转化具有整体性、连续性、进步性，是包括经济发展在内的整个社会的进步过程。狭义的社会发展主要是指在经济增长的基础上取得的社会进步，更多强调的是与经济发展相对应的社会领域的发展，尤其是与社会公正相关的发展方面。

社会发展与经济发展相辅相成。经济发展是社会发展的前提和基础，没有经济的发展，社会发展就是一句空话。人类首先需要通过大力发展经济，获得越来越多的社会物质财富，才能够更加有效地推动社会发展行动和实现社会发展目标。从古至今，经济活动都是人类社会的基础活动，但是经济发展并不能自动地惠及所有的人。社会发展是经济发展的目标，也是经济进一步持续发展的重要条件。但经济发展和社会发展毕竟不是一回事。经济发展并不能自动带来社会发展，高速的经济增长并不能直接解决社会发展中的问题，一些社会问题的产生甚至是由经济增长带来的。尤其是工业化以来，世界上一些国家在经济快速发展、财富迅速增加的同时，出现了较为严重的利益分化、收入差距和贫困等问题，并且对社会结构、社会关系和人们的生活环境都带来了一定的破坏，甚至导致较为严重的社会冲突和不稳定。

社会发展强调以人为本，把人看作经济社会发展的动力，把实现人民群众的政治、经济、文化利益作为经济社会发展的根本目的，通过向公众提供各种公共服务而不断满足人们日益增长的需要，不断改善人们的生存条件和生活水平。社会发展强调通过再分配的方式缩小经济与社会各个方面的不平等，增大社会财富分配的公平性，以实现人类追求的公平与平等的目标。社会发展强调合理使用经济发展的成果，主张通过社会发展行动将财富用于构建一个更加健康、更加和谐、更加美好的社会。社会发展也是一个主动的行动过程，即"社会发展行动"，强调通过政府、社会和个人的共同行动来推动社会领域诸方面的发展。社会发展的行动过程包括确定社会发展目标，制定和实施相关的法规与政策，制订社会发展规划，调动各种资源，动员和组织公众的参与，开展各种社会服务，评估各类行动的效果等方面的行动。

（二）社会发展的特征

1.人本性　是社会发展的基本特征。对人本性，可以从两个层面去理解。一是指人在发展过程中应当具有主体的意义，在社会发展中重视人的主体地位。经济发展应该是作为满足人类生存和发展需要的基本工具，是完善人类自身的手段。二是发展的目标在于实现人民幸福的生活，让人民群众共享发展的成果，人人共享、普遍受益。

2.整体有机性　社会是处在不断变化和发展中的有机整体和复杂系统。社会发展是社会诸领域全面协调的发展，是各种因素相互作用的结果。社会发展是社会机体各个层面、各个环节的协调并进，发展是整体的推进。发展的速度、规模和效益取决于发展过程中最慢、最薄弱的那一个层面与环节。

3.开放性　在世界市场存在的历史条件下，国家、地区之间相互影响和活动的范围不断扩大，相互之间的联系日益紧密，彼此成为不可分割的组成部分。一个民族若要实现有效的社会发展，就要内外联动，充分利用国内、国际两种资源。通过开放借鉴和参照其他民族的发展，相互学习，取长补短，实现资源交换以及资金和技术的对流。

二、社会发展的主要内容和行动领域

（一）社会发展的主要内容

社会发展的内容相当广泛，概括起来主要有以下几个类别。

1.通过社会保障和公共服务，保障所有人的基本生活　满足人们的基本需要和保障公众的基本生活是各国社会发展最基本的内容之一。为此，各国都在不同程度上建立了基本的社会保障制度体系，直接向有需要的人提供保障，并通过普惠型的社会服务去全面地满足人们在教育、健康、住房等方面的需要。社会发展致力于面向全体社会成员，满足全体社会成员的基本需要。

2.通过再分配，建设更加公平和平等的社会　从财富分配的角度看，社会发展是对市场财富进行再分配的过程。再分配是指政府和社会在市场性分配之后，通过公共行动的方式对社会财富进行再次分配。其主要手段如下：一是通过税收、慈善捐赠等调动资源的行动来筹集公共资源，二是通过转移支付、社会服务提供等方式来重新分配公共资源。社会发展行动的一个重要方式就是向有需要的人提供各类公共性社会服务，而这一过程自然就实现了对财富的再分配，并从总体上促进社会平等和社会公平。

3.通过公共行动的方式，营造良好的发展条件和社会环境　社会发展还致力于通过公共行动的方式来营造良好的发展条件和社会环境。其中包括：通过更加均衡的营养、教育和医疗服务，不断提高人口素质；通过再分配和改革，构建良好的社会结构；通过社会工作的参与，维护良好的社会关系，并不断提高维护社会稳定的水平。所有这些行动将不仅使当前有需要的人受益，而且还能够为未来的发展积累更多的社会资源，营造更好的发展条件和社会环境。

（二）社会发展行动的主要领域

社会发展的内容相当广泛，当前各国社会发展行动的重点领域有教育、健康、消除贫困以及针对特殊群体的各项社会服务。

1.教育　教育决定着人类的今天，也决定着人类的未来。教育领域一直是各国社会发展的重要领域。时代越是向前，知识和人才的重要性就愈发突出，教育的地位和作用就愈发凸显。教育传承过去、造就现在、开创未来，是推动人类文明进步的重要力量。在当代社会中，接受教育对个人成长有着重要的基础作用，普及和发展教育是社会发展的重要基础。教育会带来人力资本的提升，帮助个人获得良好的就业机会，而且对消除贫困、提高妇女地位、实现社会平等等方面都具有重要的意义。治贫先治愚，扶贫先扶智。教育是阻断贫困代际传递的治本之策。教育公平是社会公平的重要基础，要不断促进教育发展成果更多、更公平地惠及全体人民，以教育公平促进社会公平正义。尽管当今各国教育事业已经有了较大的发展，但在世界上仍有非常多的学龄儿童因贫穷等原因无法接受基础教育或面临辍学的危险。各国都将教育事业置于优先发展的位置，给予了很高的重视。联合国等国际组织也将推动教育事业发展作为其推动社会发展的重要领域。

2.健康　美好生活，健康先行。健康是幸福之源，是人类永恒的追求，连着千家万户的幸福，关系国家和民族的未来。人民健康是社会文明进步的基础，是民族昌盛和国家富强的重要标志，也是广大人民群众的共同追求。每个人都希望拥有健康的身体，全社会都在关注医疗卫生事业发展，世界各国都将不断提高公众健康水平作为社会发展行动的重点领域。经过多年的努力，各国的基本健康服务条件得到了极大的改善，疾病能得到及时检查和治疗，尤其是许多严重的传染病得到了有效的控制，使得世界上大多数地区公众的健康水平有了明显的提高。但是，目前世界各国的健康问题仍然需要高度重视。一方面，传染病的不断出现给人类健康与生命安全带来了新的严重威胁，尤其是今天全球经济联系更加紧密、海陆空交通更加便捷、世界交往更加频繁等，为传染病在世界范围内快速传播和新型传染病滋生提供了条件，阻止疾病传播是全球关注的核心议题之一；另一方面，积极应对人口老龄化，提高中老年人的健康水平和生活质量在各国也变得越来越重要。此外，随着经济稳步发展和人民生活水平的不断提高，人们对健康生活品质的要求也越来越高。世界各国政府和社会以及世界卫生组织等国际组织仍然在为不断提高健康水平而努力。

3.消除贫困　消除贫困是人类共同理想，是人类的共同使命，是古今中外治国理政的一件大事。贫困问题历来就不是一个纯粹的经济问题，而是一个系统的社会问题，由此诱发社会结构失衡和社会阶层矛盾激化甚至危害国家安全与统一的事例不胜枚举。当今世界，在各国经济不断发展、财富不断增多的同时，也还有不少的人仍然处于贫困之中。时至今日，全球仍有几亿人生活在极端贫困之中，因贫困而衍生出来的一系列难题依然困扰着许多发展中国家。世界范围的贫困问题不仅有贫穷国家的普遍性贫困，也有富裕国家中的相对贫困问题，即在富裕国家中也有大量的人处于相对贫困之中。迄今为止的理论和实践都证明，仅靠市场机制和经济发展难以达到很好的消除贫困的效果。除了大力发展经济之外，还需要通过公共行动来缓解和消除贫困。因此，目前世界各国和联合国等重要的国际组织都将消除贫困列为社会发展行动的重要领域。

4.保护弱势人群权益　社会发展的主要目标之一是要使发展的成果更加平等地惠及所有的社会成员，因此，保护弱势人群权益是社会发展的重要行动领域之一。所谓弱势人群（或称弱势群体），是指在日常生活、经济、政治和社会活动中能力相对低下的群体。这些群体或者因为生理方面的不足、残缺或衰退（如儿童、残疾人、老年人），或者由于文化技术水平的低下而导致其在经济活动中的竞争力和在社会生活及政治活动中的能力低于其他群体，或者由于社会排斥和歧视而导致部分群体的利益受损等。这些群体自身生活中存在着某些特殊的困难，需要更多的保护，但市场机制往往难以自动地顾及他们，因而需要通过公共行动的方式给他们提供更多帮助。为此，世界各国和重要的国际组织都将保护弱势人群列为社会发展行动的重要领域。其中包括：促进性别平等和增强妇女权能；促进儿童发展、提高儿童生活质量、降低儿童死亡率和保护儿童权利；保护残疾人权利和推动残疾人事业发展；保护老年人权利和为老年人提供更好的经济保障和养老服务等。

除了上述几个主要方面之外，社会发展行动领域还包括改善人类居住环境与居住条件，人口发展行动（包括生殖健康服务、移民服务等）、预防犯罪、禁毒和药物管制、家庭服务、社区发展等重要领域。

三、社会发展的意义

社会发展是当今世界各国总体发展中的重要方面。社会发展对国家和人民都具有非常重要的意义。

（一）社会发展能够更好地满足人的需要

任何一个国家的发展最终目标都应该是使全体人民获得更加美好的生活。但是，仅靠经济发展难以达到这一目标。经济增长不会自动带来社会的发展，若忽视社会其他领域的发展，整个社会的发展就会是畸形的，而且经济的发展也难以持久。因为经济发展的基本目标主要是通过市场机制促进财富的增加，它在提供人们所需要的公共产品方面的能力先天不足，并且往往难以很好地顾及对贫困者和弱势群体的保护。在一个国家或地区，如果公共产品供应不足，财富分配严重不均，并且缺乏对穷人和弱势人群的保护，那么财富再多也很难满足全体人民的需要。因此，在大力发展经济的同时，各个国家都必须高度重视社会发展，通过社会发展行动使经济发展成果更好地满足全体人民需要。社会发展主要依靠自觉的政府行为和人民群众的广泛参与，以各项社会事业的建设为载体，通过实施一系列社会政策和法律法规来实现。

（二）社会发展有助于国家安全与社会和谐

国家安全是指国家政权、主权统一和领土完整，人民福祉、经济社会可持续发展及国家其他重大利益相对处于没有危险和不受内外威胁的状态，以及保障持续安全状态的能力。一个和谐的社会必然具有稳定安宁的社会政治环境和有条不紊的社会生活秩序。当今世界许多国家在经济发展的同时也产生了较为严重的利益分化，导致社会矛盾和社会冲突，给人们的社会生活带来了很多困扰，进而导致社会不稳定和国家安全方面的问题，因此需要通过社会发展来为构建更加和谐的社会和更加安全的国家奠定重要基础。社会发展重视消除贫困、满足全体人民的基本需要和实质性缩小社会不平等，这明显有助于消除社会矛盾和冲突。国家应健全有效预防和化解社会矛盾的体制机制，健全公共安全体系，积极预防、减少和化解社会矛盾，妥善处置公共卫生、社会安全等影响国家安全和社会稳定的突发事件，促进社会和谐，维护公共安全和社会安定。

（三）社会发展为经济发展营造更好的环境和条件

国家既要通过大力发展经济来不断提高物质财富，也要通过民生建设来合理分配物质财富，以保障民众的基本生活并不断提高民众的生活质量。社会发展不仅具有保障和改善民生、促进社会和谐稳定的意义，而且对经济发展也具有重要的支撑作用。一方面，只有通过比较好的社会发展，才能为经济发展营造和谐稳定的社会环境，维护社会稳定是促进社会和谐的基础与保障。尤其是在当今经济全球化的背景下，各个国家和地区都在创造更有吸引力的投资环境，而一个国家和地区社会和谐稳定的状况是构成投资环境的必要因素。另一方面，当前经济发展对人力资本的要求越来越高，人力资本的状况作用于经济社会生产的方方面面，而教育、健康、社会保障等方面的发展对提升一个国家和地区的人力资本具有重要意义。我国目前正处在转变经济发展方式的关键时期，人力资本总量在未来经济发展中将具有越来越重要的作用，相对于物质资本投入，人力资本提升所产生的效益更大、影响更长远。因此，社会发展对未来经济发展的支撑作用越来越明显。

概括起来看，社会发展与一个国家或地区发展的各个方面都有密切的关联。经济、政治等各个方面的发展最终都要通过社会发展来惠及全体人民。离开了社会发展，不仅经济发展会失去其自身的意义，而且整体上的发展都会走偏，甚至造成更多、更大的社会问题。

第三节　我国社会的现代化

如果说社会变迁涉及的是历史发展长河中寻常可见的社会变革，现代化则集中体现为人类社会自近代以来所发生的重大结构性变革，即从传统向现代的社会转型。

一、社会现代化概述

社会现代化是社会发展的必然结果。在社会学中，社会现代化有其特定的概念和含义。

广义的"现代"一词，是被当作"目前""现在""今天"的代名词，被用来泛指人们正在经历的任何一个当前的时间阶段。在这种含义上来理解的"现代"概念，具有一种相对的意味。按照这种理解，人类历史演变过程中的任何一个时间区域相对于以往都可以称为"现代"。人类历史的演变过程就是无数的"现代"不断转变为"过去"，同时又不断地产生或迎来新的"现代"时期的过程。狭义的"现代"一词则主要指的是从17世纪或18世纪开始（尤其是工业革命以来）的这一历史演变时期，与"传统"社会相对应。

广义的"现代化"一词是指向任何一个更"新"的"现代"时期或状态的转变过程。狭义的"现代化"概念指的是17世纪或18世纪（尤其是工业革命以来）从欧洲起源，然后以各种方式逐渐扩展到其他国家或地区的，一种建立在工业化基础之上的新的社会生活或组织模式，是从"传统社会"向这种新型的"社会生活或组织模式"转变的过程。

在社会学中，社会现代化是指社会在日益分化的基础上，进入一个能够自我维持增长和自我创新，以满足整个社会日益增长的需要的全面发展过程。这是现代化变迁过程和非现代化变迁过程的本质区别。

社会现代化是一种具有世界意义的历史潮流。大约从16世纪起，首先在西欧，逐渐发生了一系列制度变革和政治、经济变革，使得现代化浪潮在18世纪左右席卷整个西欧和北美，形成了世界现代化历史上的第一个高潮。19世纪末至20世纪中叶，社会现代化浪潮向世界其他地区扩散，形成了以日本和当时的苏联为代表的第二次高潮。第二次世界大战结束之后，在20世纪五六十年代，亚洲、非洲、拉丁美洲大批国家摆脱了帝国主义的殖民统治，建立起独立的民族国家，掀起了社会现代化的第三次高潮，这些国家在政治上取得独立之后，都面临迅速发展本国经济、改变贫困落后面貌、缩短同发达国家在经济和物质生活方面的差距、巩固已经取得的独立地位的重大任务。因此，这些发展中国家都选择了"社会现代化"的道路，将其视为本国社会发展的必由之路。这一过程直至今天还在继续。

社会现代化是一个连续不断的历史进程。在近代科学技术发展的带动下，以工业革命和信息革命为主要形式，社会现代化构成了一个连续不断的历史过程。社会现代化还是社会协调发展和人的全面发展的过程。社会现代化是一个社会变迁过程，而不仅仅是一个经济增长过程。工业化和经济增长是整个社会现代化的手段，其最终目的是满足社会日益发展的需要和人的全面发展的需要。社会现代化应该以人的全面发展为核心，应该符合绝大多数社会成员和本民族文化价值的特定需要。

二、我国的现代化进程

我国的现代化具有后发外生型的特征，但同时又体现了很强的自主性和创造性。我国的现代化进程是一个充满曲折和希望的历史过程。

我国历史悠久、人口众多、疆域辽阔，在几千年的历史发展中，中华民族创造了高度发达、灿烂多彩的文化，为人类做出了卓越贡献，成为世界上伟大的民族。近代以后，由于西方列强的入侵、封建统治的腐败，我国逐渐成为半殖民地半封建社会，山河破碎，生灵涂炭，中华民族遭受了前所未有的苦难。长期封建社会的传统、100多年的半殖民地半封建历史使得自近代以来，我国没有对世界现代化的潮流做出成功的反应，社会现代化进程长期停滞。

我国社会的现代化进程，是从1840年鸦片战争之后开始的。在西方以工业文明为基础的"坚船利炮"的冲击下，我国社会从19世纪下半叶开始启动了现代化的历史进程。纵观我国近代以来的现代化进程，学者们大致将其分为以下几个阶段。

第一阶段是从19世纪中叶（约19世纪60年代）至20世纪初（辛亥革命），前后大约半个世纪。鸦片战争的失败，刺激了我国现代化进程的开始。这一阶段主要是在旧的封建王朝体制下探索现代化的自上而下的改革时期。如果对这一阶段进行细分，可以根据当时所发生的重大运动，依时间先后分为三个小的阶段，即洋务运动（自强运动）、维新运动和立宪运动阶段。洋务运动是清政府中的一些地方官员开展的一项自救运动，主要内容是通过引进西方先进工业生产技术兴办工业，壮大经济和军事能力，维护封建王朝的统治；维新运动主要是由部分中下层士绅推动，目的是试图将现代化变革进程从器物层面推进到制度和文化层面；立宪运动，使中国的现代化进程在非常有限的范围内触及了制度层面。总体来说，这一阶段我国的现代化取得的成就非常有限。

第二阶段是从1911年辛亥革命起至1949年中华人民共和国成立之间，约40年。这一时期是我国现代化进程的新阶段，也是我国内忧外患不断加深的时期。在这一阶段，我国的政治制度在形式上发生了根本变化，为我国社会在制度层面逐渐从传统向现代的转变创造了前提。在这一时期，出现了两次经济增长的高潮（1914—1924年、1927—1937年），工业化、城市化有了明显的发展，现代教育制度逐渐在城市中普及，并扩展到广大农村，一系列思想和文化运动相继出现。但是，这一阶段也是我国现代化陷入严重危机的阶段，这主要是指在推翻封建王朝后重建政治权威的危机。我国陷入了一个多种利益、多种模式大冲突的境地，现代化的努力遭遇严重挫折。

第三阶段是从1949年中华人民共和国成立到1978年改革开放，这是从新民主主义社会走向社会主义计划经济体制的时期。中华人民共和国的成立，结束了自辛亥革命以来长期的政治混乱局面，第一次在近代中国历史上实现了国家高度的政治统一和社会稳定，并将我国的现代化进程从资本主义模式转向社会主义模式。随着第一个五年计划的完成，我国转变成为一个以计划经济体制为基础的社会主义国家。以计划经济体制为基础的社会主义制度，对我国的现代化进程起到了重要的促进作用，标志着我国的现代化进程开始进入社会主义现代化阶段。在高度集中的中央计划经济体制下，通过强大的社会控制手段和高度的动员能力，我国的现代化进程在这一时期取得了重大成就，初步建成了一个独立完整的工业体系。

第四阶段是从1978年至今，是从社会主义计划经济体制走向社会主义市场经济体制的时期。自1978年以来，伴随改革开放的开始，我国的现代化事业进入了一个新的历史发展时期，"建设有中国特色的社会主义现代化"成为当今时代的主题。新的历史时期，我国现代化的特征是以经济体制改革为中心的全面体制改革，改革贯穿现代化新时期的全过程，成为当代中国推进现代化的必由之路。党的十一届三中全会提出把全党的工作重点转移到社会主义现代化建设上来，并提出要对现存的经济管理体制以及一切与现代化建设不相适应的管理方式、活动方式和思想方式进行改革。我国的社会主义现代化建设进入了一个以"改革、开放"为基调的新阶段。自那时迄今40多年的时间里，改革开放逐渐从经济体制扩展到政治体制、社会体制、文化体制、教育体制、科技体制等多方面，成为一场涉及社会生活各方面的全面的体制变革。改革开放给社会主义现代化建设带来了强大的内在动力和广阔的发展契机，将中国的现代化提升到一个全新的水平。

三、中国式现代化

党的十九大作出中国特色社会主义进入新时代这个重大政治论断。习近平总书记在党的二十大报告中强调："从现在起，中国共产党的中心任务就是团结带领全国各族人民全面建成社会主义现代化强国、实现第二个百年奋斗目标，以中国式现代化全面推进中华民族伟大复兴。"

中国式现代化，是中国共产党领导的社会主义现代化，既有各国现代化的共同特征，更有基于自己国情的中国特色。

中国式现代化是人口规模巨大的现代化。人口规模巨大是我国的基本国情。18世纪下半叶英国开启现代化时人口是千万级的，20世纪后美国逐渐领跑现代化时人口是上亿级的，而中国式现代化是超大人口规模的现代化。中国作为世界上最大的发展中国家整体实现现代化，意味着比现在所有发达国家人口总和还要多的中国人民将进入现代化行列，在人类历史上没有先例可循，将彻底改写现代化的世界版图。

中国式现代化是全体人民共同富裕的现代化。"国之称富者，在乎丰民。"共同富裕是社会主义的本质要求，是人民群众的共同期盼。中国式现代化坚持把实现人民对美好生活的向往作为现代化建设的出发点和落脚点，着力维护和促进社会公平正义，着力促进全体人民共同富裕，坚决防止两极分化。实现全体人民共同富裕，彰显了中国式现代化的中国特色，是区别于西方现代化道路的重要标志，将为解决共同富裕这个人类难题贡献中国智慧、中国方案、中国力量。

中国式现代化是物质文明和精神文明相协调的现代化。物质富足、精神富有是社会主义现代化的根本要求。物质贫困不是社会主义，精神贫乏也不是社会主义。一个民族的复兴需要强大的物质力量，也需要强大的精神力量。前进道路上，只有物质文明建设和精神文明建设都搞好，国家物质力量和精神力量都增强，全国各族人民物质生活和精神生活都改善，中国式现代化才能顺利向前推进。

中国式现代化是人与自然和谐共生的现代化。人与自然是生命共同体，无止境地向自然索取甚至破坏自然必然会遭到大自然的报复。人与自然和谐共生的现代化，彰显的是尊重自然、顺应自然、保护自然的生态文明理念。人与自然和谐共生的现代化可以推动实现更高质量、更有效率、更加公平、更可持续、更为安全的发展，走出一条生产发展、生活富裕、生态良好的文明发展道路。

中国式现代化是走和平发展道路的现代化。中国是世界上唯一一个将"坚持和平发展道路"写入宪法的国家，任何人、任何事、任何理由都不能动摇中国走和平发展道路的决心和意志。中国式现代化道路不是传统大国崛起的翻版，更不是"国强必霸"的再版，而是造福中国、利好世界的正道。站在新的历史起点上，中国将继续奏响和平发展、合作共赢的时代强音，同世界各国携手构建人类命运共同体，共同建设持久和平、普遍安全、共同繁荣、开放包容、清洁美丽的世界。

岗位情景模拟

随着城市化的发展，某市流动人口占比不断上升，一些流动人口选择定居在此安享晚年，还有一些老人随着子女到该市定居养老。在开展老年群体调研时发现，这些老年群体从五湖四海来，对其拼搏往事引以为豪，而本地的老年群体也对城市日新月异的变化津津乐道。在社会工作者、一些老人的提议下，他们准备做自己的回忆录，邀请专人帮助撰写、记录。

讨论： 如果你是回忆录负责人，试运用社会变迁的视角，撰写一份老人回忆录的起草大纲。

参考答案

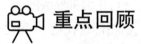 重点回顾

重点回顾

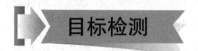 目标检测

参考答案

一、单项选择题

1. 社会变迁最根本的动力是（　　）。

　A. 社会生产力的发展　　　　　　B. 社会物质需要和利益冲突

　C. 科学技术的进步　　　　　　　D. 文化的发展和传播

2.从社会变迁的方式这一角度，可以将社会变迁区分为（　　）。

　　A.进步的社会变迁与倒退的社会变迁　　B.渐进的社会变迁与激进的社会变迁

　　C.整体变迁与局部变迁　　　　　　　　D.宏观社会变迁和微观社会变迁

3.下列关于社会变迁的说法中，错误的是（　　）。

　　A.社会变迁最终取决于社会生产力的发展

　　B.社会变迁仅仅是指社会的进步

　　C.社会变迁是一切社会现象发生变化的过程和结果

　　D.社会发展是社会变迁的主要形式和总趋势

二、思考题

　　1.影响社会变迁的因素有哪些？

　　2.社会发展的主要内容有哪些？

第十章 社会问题

学习目标

1. 重点掌握社会问题的概念与特征、社会问题的类型及成因。
2. 学会运用所学理论及方法研究、分析现实生活中的社会问题。
3. 增强问题意识，提升解决社会问题的能力。

从原始社会到奴隶社会，从封建社会到资本主义社会，再到社会主义社会，人类社会形态的更替不是一蹴而就，而要经历一个漫长的发展过程。在这个发展的过程中，社会问题在任何一个社会中都是无处不在、无时不有的，它是一种常态化的存在。可以说，没有社会问题的社会犹如空中楼阁，可遇不可求。社会问题是社会学的传统研究领域，也是现代社会学最重要的研究领域。人类社会的发展演变有其自身的规律性，它不可能按照人们的主观愿望与要求，永远处于稳定、协调和良性的发展状态。社会矛盾与冲突充斥在人类社会生活当中，社会问题也就在所难免。

第一节 社会问题概述

随着科学技术的不断进步和人类文明的不断发展，人类社会也发生了翻天覆地的变化。在这种变化过程中，社会系统和人类活动的复杂性无疑会给社会带来了一些难以避免的社会问题。小到人们日常生活中具有普遍性的行为嗜好，大到涉及人类共同命运的全球性问题，都能成为引人注目的社会问题。

一、社会问题的概念

社会问题是一种普遍的社会现象，当社会内部的矛盾发展到一定程度，成为一种明显又普遍的现象时，就会产生社会问题。这些社会问题对社会运行与发展带来巨大的影响，它既对社会产生一定的消极作用，与此同时，人们在不断寻求解决社会问题的方法的过程中，客观上也起到推动社会在稳定、发展的轨道上正常运行的积极作用。

社会问题（social problems）在社会学早期也曾称为社会病态、社会解组、社会反常和社会失调，它与人们日常生活中所讲的社会问题的含义有所不同。在日常生活中，人们喜欢把一切大大小小的社会异常和社会矛盾都称为问题。只要对某一事情的处理感到棘手和困难，就说"问题来了"。社会问题与此不同，它特指那些引起社会关系严重失调的社会矛盾。

社会问题也不同于个人问题。个人问题是个人在社会生活中遇到的麻烦或困难，它涉及的只是个人和个人直接生活的环境，只要在个人直接体验到的有限社会生活领域就可以使问题得到解决。而社会问题则远远超越了个人的局部环境，涉及社会生活的许多方面和众多成员。它与整个社会的制度、历史、结构有关，社会多数成员的价值观念、社会利益和生存条件也会因此受到影响。

郑杭生在《社会学概论新修》中指出："社会问题有广义与狭义之分。广义的社会问题，泛指一切与社会生活有关的问题；狭义的社会问题特指社会的病态或失调现象。这里所说的狭义的社会问题，指的是在社会运行过程中，由于存在某些社会结构和社会环境失调的障碍因素，影响社会全体成员或者部分成员的共同生活，对社会正常秩序甚至社会运行安全构成一定威胁，需要动员社会力量进行干预的社会现象。"我国当代社会学家所持的观点大致相同，他们都普遍认为凡是由于社会关系失调而造成的问题，都是社会问题。社会是一个有机整体，其内部各个组成部分之间以及社会系统与环境之间需要彼此协调、相互适应。在社会变迁的作用下，如果社会生活的某一方面或某些因素与社会其他方面以及社会整体之间发生脱节和失调，难免会导致社会秩序出现失序紊乱的局面，为此会给社会大多数成员的正常生活造成影响，给社会的稳定发展增加一定的阻力，严重者甚至会给整个人类的生存带来威胁。

概括来说，社会问题是指在社会中存在的人与自然、人与社会以及人与人之间关系的严重失调或冲突现象。社会问题是社会发展与变迁的产物。在社会发展和变迁的过程中，当社会导向、继承与发展、交流、整合能力出现下降、停滞甚至倒退等社会功能减退现象出现时，社会的整体平衡就会被打破，社会结构就会失去相对稳定性，伴随而来的往往是各种各样的社会问题。

对于社会问题的界定，人们普遍从以下四个方面进行判断。其一，在现实社会中必须有一种或数种社会现象产生了失范情况。其二，这种失范情况严重影响了一定数量的社会人群的生活。其三，这种失范情况引起了社会多数成员的密切关注。其四，对这种失范的控制或消除必须要动用社会力量才能够实现。社会问题是社会环境中的公众问题，而不是局部环境中的个人困扰，这一公众问题影响了社会生活中多数人的生活，而不仅仅是对个人生活产生影响。由此可见，社会问题不仅与个人困扰不同，而且也和一般社会特定部门中的问题不同。例如，犯罪问题只有达到相当严重的程度，单靠公安部门难以解决，才使它成为社会问题。同样，就业问题如果靠就业部门就可以顺利解决，也不能成为社会问题，只有单纯依靠就业部门无法解决，需要全社会的参与，才使它成为社会问题。

特别值得提出的是，在构成社会问题的诸要素中，最本质的因素在于社会问题的客观标准，即它已严重地影响了人们的正常生活，妨碍社会的发展与进步，破坏正常的社会秩序与稳定，威胁社会整体的存在和发展。这是我们与西方社会学在社会问题概念上的重要区别。西方社会学家特别强调社会问题的主观标准，认为"某一社会情况的存在，还不足以说成这种情况就是一个社会问题。这一社会情况必须为相当多的人认定确实不理想因而需要改变时，才可算作一个社会问题。"确实，为社会多数成员所认识，是界定社会问题的重要因素。但这种要素的出现，首先来自问题的客观性。社会问题只有在客观上对多数成员产生消极影响，才会引起人们对它的高度重视，并调动社会各种力量来解决它。相反，某些为人们普遍关注的问题却只是一些孤立的事件，甚至根本就是子虚乌有，完全是某些居心叵测的新闻媒体"制造"出来的"社会问题"，它们虽然能够在短期内吸引人们的眼球，但至多只能算是社会热点而非真正意义上的社会问题。

二、社会问题的基本特征

社会问题的特征是指社会问题本身所特有的性质和属性。一般来说，社会问题的基本特征主要表现为普遍性和变异性、复杂性和周期性、时代性和多样性等方面。

（一）普遍性和变异性

1. 普遍性 是指社会问题是普遍存在的，表现为无时不有和无处不在。无时不有是社会问题的普遍性在时间领域中的表现，即从人类社会诞生之日起，社会问题就始终伴随着社会的运行与发展，一刻都没有消失过。从人类历史的发展来看，在每一个历史阶段，都充满着社会问题。在原始社会，生产力十分低下，获得食物、维持族群的生存就是当时面临的最大的社会问题。奴隶社会、封建社会和资本主义社会以及社会主义社会，都有自己的社会问题。在社会矛盾的作用和社会发展不平衡的影响下，任何一个社会的社会结构内部的各个组成部分之间、社会与环境之间，都存在因内部因素的相互矛盾或因外部因素的相互冲突而引发的社会问题。只是在人类社会的不同历史阶段和不同社会形态中，社会问题存在的形式和性质有所不同。而无处不在是社会问题的普遍性在空间领域中的表现，即在全球范围内，任何国家、任何民族和任何地区都普遍存在社会问题，没有哪个国家、民族和地区可以幸免。从空间角度来看，社会生活的各个领域、方面都普遍存在社会问题，即任何社会领域都存在和出现过社会问题。社会的发展和进步是在社会问题的不断产生又不断解决的过程中实现的。因此，人们无法完全消灭社会问题，只能将它的破坏性限制在一定的范围和时间内。

2.变异性　是指社会问题在不同地区、不同民族和不同时间里各具特点的性质。在不同的地区、民族或社会中，社会问题的表现形式和性质各不相同，这是社会问题在空间上的变异性表现。而在不同历史时代，各地区、民族或社会的社会问题的表现形式和性质也各不相同，这是社会问题在时间上的变异性表现。换言之，无论是原始社会、奴隶社会、封建社会、资本主义社会还是社会主义社会，无论是发达国家还是发展中国家，是西方民族还是东方民族，都无例外地普遍存在社会问题。但所有这些社会问题的表现形式和性质是各不相同的，这是社会问题在空间上的普遍性与变异性的统一。同样，在各个历史发展阶段和社会运行时期，各民族、各地区或社会以及各社会形态中，社会问题不仅普遍存在而且其表现形式和性质也是各不相同的，这是社会问题在时间上的普遍性与变异性的统一。

准确把握社会问题的普遍性与变异性，有助于我们客观认识当代中国社会存在的社会问题。普遍性告诉我们，社会问题在当代中国仍然存在，过去那种认为社会问题只存在于资本主义社会及以前的社会形态中，而社会主义社会不存在社会问题的观念应予以摒弃。变异性则告诉我们，当代中国的社会问题有着自身独特的规律和特点，这既有别于以往中国的社会问题，与其他国家的社会问题也有所差异。这就要求我们具体情况具体分析，要从这些社会问题的产生根源去寻求相应的对策。

（二）复杂性和周期性

1.复杂性　任何社会现象都不是孤立存在的，社会问题也同样是一种复杂的社会现象。可以说，复杂性是社会问题与一般问题相区别的重要特征。社会问题复杂性的表现，首先在于它的多因性。任何社会问题的产生和形成都是由多种因素共同作用造成的，既有历史的原因，也有现实的原因；既有制度的原因，也有环境的原因；既有直接的原因，也有间接的原因……导致社会问题产生的诸多因素交织在一起，不仅致使社会问题的原因不易被发现，而且造成各种原因在社会问题产生和发展中所起的作用不易分辨。例如教育问题，一个地区之所以教育落后，总是多种原因造成的。基础教育质量不高、教育观念守旧、教育体制机制不够灵活、政府对教育经费的投入长期严重不足……以上种种因素相互交织、互为因果，形成一种特定教育文化的综合效应，使得解决这种教育问题非常困难。

社会问题的复杂性还表现在它的影响的广泛性。社会某一个领域出现社会问题，总是迅速向其他领域渗透，造成广泛的消极影响。例如人口问题，人口剧增将对社会各个领域产生影响。根据美国世界观察研究所所长布朗分析，人口的剧增会对社会22个方面产生影响，它们可以概括为三大类：政治、经济、社会类；生态类；医疗健康类。例如，人口的剧增必然影响人均国民收入，带来严重的就业压力，导致对资源的掠夺性开采，引起生态恶化、能源危机等；人口剧增还会对教育、住房、医疗保健、婚姻、交通等方面产生广泛影响，导致各种社会问题的并发，最终影响政治稳定与社会稳定。

社会问题的复杂性还表现在解决社会问题的途径和方法上。解决一个社会问题，绝不是一两个部门就可以做到的事，也不是靠一个政策或一个口号就能办成，需要动员全社会的力量，采取各种措施，进行综合治理，才有解决问题的可能。有些社会问题还必须通过长期不懈的努力，才能逐步解决。

2.周期性　是指社会问题在一定时期内反复出现的特征。也就是说，一个已经解决了的社会问题，在其特定的社会条件具备时，又有可能重新出现。社会问题在一定时期内反反复复地出现，危害社会运行安全，这使得消除或缓解社会问题成为十分艰难的工作。例如，中华人民共和国成立后，我国实施了一系列的政治、经济、社会政策，基本消灭了以前普遍存在的失业、黄赌毒等社会问题，但随着各类社会因素的变化、影响，失业率、黄赌毒等再次成为社会关注的问题。社会问题的反复性告诉我们，某个社会问题即使被解决后也绝不能一劳永逸，不能放松警惕，因为条件一旦具备，它又有重新出现的可能。

总的来说，社会问题的复杂性表现为社会问题是由多种复杂的社会因素复合而成的，这使得社会问题产生的社会根源更加扑朔迷离；社会问题的周期性表现为社会问题在一定时期内反复出现，危害社会运行安全，这使得解决或缓解社会问题成为十分艰难的工作。

（三）时代性和多样性

恩格斯说过，每个时代只能提出那个时代所能解决的问题。社会问题的时代性正是体现在这里。社会问题之所以形成和被提出，并不仅仅是因为它影响社会多数成员的社会生活，更主要的是与时代有密切的关系。如贫穷问题在生产力发展水平极端低下、人们生活质量很差、文化发展也极为缓慢的原始社会中早已存在，但最早被当作社会问题提出来是在工业化开始以后，这并非因为这个时代的人们生活得比原始社会、奴隶社会和封建社会还差，而是因为只有工业化以后的社会才有能力解决贫穷问题，才有可能向贫穷宣战。在以前的社会中，贫穷是和整个社会结构相适应的，因而是一种正常现象。而在工业化以后的社会中，贫穷与整个社会结构明显失调，成为社会进步与发展的严重障碍，因而才会作为一个社会问题被提出来。因此，社会问题始终是一个历史范畴，具有鲜明的时代特征。特定的社会问题只会发生在特定的时代。劳资问题不可能发生在奴隶制度之下，它只能是资本主义社会的产物；同样，地主剥削农民不可能发生在社会主义社会制度之下，它只能是封建制度的产物。即使是同一类社会问题，在不同的历史阶段也表现出不同的时代特点。例如人口问题，在古代，人口多寡一直是衡量一国之国力的标准，正如毛主席所说："存人失地，人地皆存。存地失人，人地皆失"。所以，古代的大部分的人口政策都是鼓励生育，特别是王朝初立的时候，因为在王朝建立过程中往往都会经历战乱，导致人口少，土地抛荒的情况严重，为了快速恢复国力，都会出台很多政策，鼓励生育。多子多福、人丁兴旺的古代生育文化因此而形成。到了现代则表现为人口膨胀，人口高速增长已成为社会健康运行的挑战因素，这就导致形成人口生育控制政策这一与古代社会鼓励多生多育完全不同的人口政策。在经济高质量发展的今天，我国人口结构呈现出老龄化等新特征和新趋势，人口问题给我国经济社会发展带来了新的影响和挑战。例如有研究认为，人口老龄化的继续发展会对我国未来经济增长形成一定程度的压制，收缩和削弱我国经济周期上行阶段的波长和峰值。

正如列宁所言："在分析任何一个社会问题时，马克思主义理论的绝对要求，就是要把问题提到一定的历史范围之内。"只有把社会问题放在历史的长时段中，究其然更究其所以然，才能掌握总结历史规律、理性分析现实、探寻未来发展的重要思想武器，进而揭示事物发展的必然规律和内在逻辑。

社会问题不仅普遍存在，而且各不相同。它们在内容、形式及性质上都表现出多样性特征。从内容上看，社会问题千差万别，涉及社会生活的各个领域和各个方面。在物质生活、社会生活、政治生活和精神生活等不同的生活领域，都可能会发生社会问题。社会问题的多样性也表现为不同国家、不同地区在社会问题上的差异性。即使在同一个国家，不同地区的社会问题也表现出很大的不同。

第二节　社会问题的类型及其形成原因

社会问题是一个和人类社会一样古老的历史范畴，是社会发展和社会进步的伴随物和代价。它几乎涵盖人的共同体生活的方方面面，例如家庭问题、老年问题、性别问题、犯罪问题、环境问题、失业问题、腐败问题、民族问题等。社会学或其他学科对纷繁复杂的社会问题均有不同角度或不同程度的研究以及对研究成果的应用。社会问题的形成原因各有不同，特别是在社会剧变或转型时期，某种状态恶化和标准改变都会形成社会问题。

一、社会问题的类型

关于社会问题的分类，中外的一些社会学家都曾对此做过研究，但是，迄今为止尚无对社会问题的分类及类型所做的专门的系统探讨。在社会生活的各个方面都有可能出现社会问题。社会生活的层次性和复杂性，决定了社会问题的复杂性和广泛性。因此，可以依据多种标准将社会问题划分为不同的类型。通过社会问题的分类，我们可以区分社会问题的不同性质及其相互关系，从而建立起关于社会问题的类型体系。对社会问题的分类，可以分两个层次进行。

第一个层次是对社会问题进行综合分类，如按社会问题的所涉范围，可分为全球性社会问题和国别性（地区性）社会问题，它有助于我们认识当前人类面临的诸多全球困境和多种地区性共同利益。我们还可以按照社会发展状况，将其划分为发达国家的社会问题和发展中国家的社会问题，它有助于我们认识到在不同发展阶段，社会问题也有不同的表现形式，帮助我们更深刻地认识社会问题的时代性特征。这种综合性社会问题的划分，有助于我们在整体上把握当今世界不同性质的社会问题和每个国家的社会问题的性质和特征。

第二个层次是对社会问题的具体分类，即对各种具体社会问题进行归类。我国学者孙本文在《现代中国社会问题》一书中认为，在没有一种系统的合乎逻辑的分类时，主张以重要性为根据，通过列举的方法对社会问题进行分类。他把中国社会问题分为四类：①家族问题，如家庭组织、家庭解组、妇女教育与职业、儿童教养以及婚姻问题；②人口问题，如人口数量、人口分布、人口品质等问题；③农村问题，如农村经济、农村教育、农村卫生、农村组织等问题；④劳资问题，如工资、工时、童工、女工、失业、劳资争议、劳工福利等问题。这种分类有助于人们认识当时中国社会问题的广泛性及其复杂难治的情形。

现代美国社会学家对社会问题着重从性质上进行分类。如弗·斯皮卡蒂把美国社会问题分为三类：①社会无组织状态；②异端行为；③技术与社会变迁。乔恩·谢泼德和哈文·沃斯把社会问题分为：①结构性社会问题；②过失性社会问题。他们分类的共同特点，一是针对美国的社会现实，二是重视社会结构、变迁和行为，这些有益的思想应该为我们所吸收。

我国台湾社会学家杨国枢、叶启政在《台湾的社会问题》中将社会问题分为三类：①社会性的社会问题，包括人口问题、贫穷问题、农村问题、都市发展问题、环境问题和消费者问题；②制度性社会问题，包括婚姻与家庭问题、老人问题、教育问题、宗教问题、劳工问题和就业问题等；③个人性社会问题，包括青少年犯罪、成人犯罪、自杀问题、心理疾病问题、药物滥用问题、医疗行为问题、休闲生活问题等。

中国社会学会前会长陆学艺先生在《社会学》中将社会问题也分为三类：①结构性社会问题，包括人口、贫穷、腐败、婚姻与家庭、少数民族、宗教、劳动与就业等问题；②变迁性社会问题，包括城乡发展、环境问题、精神心理疾病、自杀、老龄问题、流动人口、农村劳动力转移、离婚问题等；③偏差行为性社会问题，包括犯罪、青少年犯罪、进城民工违法、酗酒、性犯罪、药物滥用、集群行为等问题。

对于当代中国社会问题的分类，应该可以从多个角度进行。既可以从社会问题的形成原因来划分，也可以从社会问题的性质来划分，还可以从社会问题的后果和影响来划分。从某种意义上说，只能是仁者见仁，智者见智。对社会问题的类型如何划分，往往是与研究的目的相联系的。另外，也可以用列举的方法，就其社会问题的紧迫性和重要性，把我国当前最突出的社会问题列举出来进行研究。

二、社会问题的成因

在一个社会有机体当中，如果某个部分不能正常地发挥功能，就会导致社会的不平衡和不稳定，从而产生社会问题。任何社会问题的产生都有其复杂的原因：既包括社会大环境的影响，也有行动者自身的因素；既有历史文化的原因，也有现实生活的特殊原因；既有偶然性的原因，也有必然性的原因；既有显现性的原因，也有潜在性的原因……上述原因往往不是单一的，而是不同类型的原因相互交织在一起。任何社会问题的原因均呈现出异常复杂的状态，因此，要解决社会问题，首先要搞清楚它产生的原因。社会问题的成因，一直是社会学研究的重点。然而，由于社会问题的复杂性及社会学家研究角度的不同，对于社会问题形成的原因，中外学者有各自不同的观点。

（一）西方社会问题的成因理论

在西方，社会问题不仅是社会学的一个基本范畴，而且在某种意义上它已经成为一门独立的社会学分支学科，并形成了非常系统的社会问题理论解释。在美国，有的教材将美国社会问题研究归结为七种研究视角，每一种理论视角在社会问题的理论解释和经验研究上都有一个相应的占据主流地位的历史时期：1905—1918年，为社会病理学时期；1918—1935年，为社会解组论时期；1935—1954年，为价值冲突论时期；1954—1970年，为越轨论和标签论时期；1970—1985年，为批判论时期；1985年以来，为社会建构论占主导地位的历史时期。从经典社会学理论角度看，这些社会问题研究视角大体上归属于功能理论、冲突理论与互动理论三种类型。然而，从每一种研究所预设的本体论和方法论来看，又可以把这七种理论视角归结为三类具体的研究范式，即社会事实论、社会定义论和社会建构论范式。社会病理论、社会解组论、越轨论和批判论都可归为社会事实范式。价值冲突论和标签论则属于社会定义范式。而社会建构论研究范式是一种比较新的研究范式。这些理论范式主要围绕以下三个问题进行争论：①社会问题的性质是什么（本体论立场）；②如何研究社会问题（方法论立场）；③研究者在社会问题研究中扮演何种角色（角色定位）。通过对这三种不同范式的比较，可以更简明地了解西方社会问题的理论走向。

社会事实论认为，社会问题的性质首先是一种客观的社会性事实，这些社会性事实往往表现为某种社会病态、社会结构解组或功能失调、社会群体冲突或行为失范等状态。研究社会问题，就是要研究这些问题事实的成因、危害、后果及对策。在方法论上，社会事实论注重实证主义的研究方法，并通过社会问题的研究为发现和解决社会问题提供理论基础和可行方案。

社会事实论遭到社会定义论的质疑，价值冲突论最早对这种研究范式提出挑战，并启发了人们对社会问题主观性质的思考。20世纪中叶，一些社会学家指出，社会问题现象中不仅有事实要素，同时还应包括主观态度和价值因素，每一个社会问题都由客观状态和主观定义所构成。对于一项社会问题的构成而言，客观状态是必要条件，但并不充分。20世纪五六十年代兴起的标签理论，对社会问题的定义特征进行了广泛深入的研究。社会定义论认为，社会学家不应局限于问题事实，而应在社会成员的问题定义中探究社会现象的"问题"属性。对社会问题下定义不是一个学理问题，而是一种重要的社会现实。社会问题的定义权不是由权威的社会学家，而是由权威的社会机构运作的。

社会建构论是在对上述两大理论范式进行批判的超越中产生的。社会事实论范式往往把社会问题看作既定的或给定的，是社会事实本身所具有的一种属性。这种理论不能合理地解释为什么具有同等危害程度的社会事实状况，有些被列为社会问题，有些不会被列为社会问题。一种客观事实成为社会问题，不是由事实自身可以自我说明和解释的。社会定义论范式局限于越轨行为的研究，难以为所有社会问题研究提供统一的理论基础，而且，社会定义论也缺乏对社会问题的定义过程及定义权斗争的深入研究。社会建构论认为，社会问题既不是一种问题自明的客观状态，也不是贴了问题标签的社会行为。他们为此坚持从问题被定义的活动及其社会过程出发，把社会问题界定为"个人或群体对其所认称的某些状况主张不满，作出宣称的活动"。

社会问题理论研究的中心议题，是"要对宣称和回应宣称活动的出现、性质和持续过程作出解释"。社会现象的问题性质，不是或不仅仅由客观状况所决定，它同时也是被社会性地建构出来的。建构主义在很大程度上不断"解构"着基于实证主义理念形成的各种"正统共识"，启动并参与到有关社会现象的争论之中。

但是，在中国社会学界，影响最大的还是比较传统的社会学理论，特别是结构功能主义理论和冲突理论。它们不仅在理论界有很大的影响，而且也对实际部门具有较大的影响力。因此，我们对这些传统的社会问题理论做简要的介绍。

1.功能理论　强调社会是一个有机体，是由相互联系、相互作用的众多部分所构成的统一整体，其中每一部分都为维护这个社会整体的存在和发展承担相应功能。如果这个社会有机体中的任何一部分不能正常发挥功能，都会引起整个社会不能正常运行，导致社会运行的不平衡或不稳定，从而形成各种社会问题。功能主义对社会问题的具体成因有几种不同的理论解释，其中影响较大的有社会病态论、文化堕距论等。

（1）社会病态论（social pathology）　早期的社会学家将社会比作一个生物有机体，认为社会问题的产生是由于社会中的某些人或群体不能保持健康状态，不能保持与整个社会的协调关系，从而导致社会问题的产生。一般认为，良好的社会状态是健康的，而脱离道德期望的个人与情况（即妨碍社会正常机能的个人或情况）则被认为是有"毛病"的，因此也是坏的。所以，社会问题就是违背了道德期望。造成社会问题的最大原因即是社会化过程的失败，而解决办法则是施以道德教育。

其早期理论与晚期理论在观点上有很大的不同。早期社会学家由于受自然科学的影响，企图用一种类似于自然科学的方法来研究社会问题，认为社会犹如一个生物有机体，就像一个人会生病一样，社会问题的发生也是由于社会中某些人发生社会疾病，不能保持与整个社会的协调关系而造成的，如工业化早期出现的诸多社会问题就是很多乡村人口流入城市后不能适应城市生活的结果，这部分人就被视为社会病态的原因。因此，早期社会病态论者常把社会问题的发生归因于某些所谓"闹事者"，也就是说是个人的病态导致社会的病态；并强调这种社会病态主要是一种道德问题，是少数人与社会道德、信仰相违背造成的。因此，早期社会病态论者多半侧重于从社会道德的重整以及个人品德的陶冶方面来解决社会问题。后来，随着社会的变迁，人们对社会问题的看法发生了一些重要的变化，出现了一种新的社会病态论。这种新的社会病态论与以往的观点正好相反，认为不是个人的病态导致社会的病态，恰恰是社会的病态导致个人的病态，正是"不道德的社会制造了不道德的个人"。因此，后期的社会病理学者则着眼于改造社会环境，认为唯一可以真正解决社会问题的办法就是对全民施以道德社会化。

社会病态论曾经在20世纪初期占据主导地位。它侧重于描述病态的个人和病态的社会，但是该理论对于病态社会产生的原因解释不足，不能从根本上解释社会有机体发生"疾病"的深层次原因。

（2）文化堕距论（culture lag） 文化堕距也可译为文化滞后，是美国社会学家奥格本在研究社会变迁的过程中提出的一种理论。该理论是建立在社会及文化的功能整合理论基础之上的，强调文化是由不同部分组成的一个整体，社会文化体系的各部分在功能上是互补的。在社会变迁过程中，所组成文化的各部分的变化不一致，一部分落后于其他部分而呈现停滞的现象就是一种文化堕距现象。奥格本在1923年出版的《社会变迁》一书中首先使用这个概念，用来指称物质文化和非物质的适应性文化由于变迁速度不同所发生的文化时差。一般来说，物质技术方面的变化发生在前，非物质的适应性文化变化于后。如科学技术上的发明创造和发现使物质生产发生了变化，而指导和管理生产的政策、组织、制度等并没有及时做相应的调整，这时后者就成为文化变化过程中的滞后部分，从而发生堕距现象，这是因为在物质文化发生变化的时候，这种变化信息传达到非物质的适应性文化中去要有一个过程，即适应性文化反映物质文化的变迁要经历一段时间，然后才能发生相应的变化，正是这种时间差导致文化堕距现象。

文化的变迁总是从经济、科技等物质文化开始的，然后是各种精神文化，最后才是风俗、习惯等的变迁。文化变迁速度的差距引起文化失调，进而带来社会问题。我国社会现阶段正处于快速转型期，文化各部分失调或者文化滞后现象非常突出。某些发达地区虽然引进了先进的物质设备，但由于人的素质、观念等的滞后而限制了物质文化、经济的进一步发展。例如，计算机是20世纪最先进的科学技术发明之一，对人类的生产活动和社会活动产生了极其重要的影响，并以强大的生命力飞速发展。但与此同时，也导致了黑客、网络信息污染、网络诈骗、视力危害、网瘾等许多问题。为此，人们在长期社会实践中逐渐形成了与网络文化相适应的网络文明，如各种网络信息管理制度、网络安全标准等，以尽可能地消除网络带来的诸多社会问题。但是，由于观念道德层面的非物质文化存在滞后性，还不能与这套物质文化相辅相成，人们尚缺乏网络文化背后良好的道德价值观念、健康的上网习惯作为支撑，以致造谣传谣、群发信息暗设圈套、广告弹窗强制下载、网络暴力、诈骗犯罪等不文明行为屡见不鲜、屡禁不止。然而，文化堕距并非专指适应性文化落后于物质文化变化的情形，在物质文化变化之前先发生非物质文化变化的情形是时常发生的，这也是文化堕距的一种表现。

2.冲突理论 该理论认为，社会是由不同利益群体构成的，各个群体为维护自身的利益与其他群体发生冲突，是社会的一种正常现象，也是一种经常发生的社会现象。正是这种不可避免的社会冲突导致各种社会问题的发生。个人、群体、阶级、民族之间的冲突是难以避免的，也必然导致一系列社会问题。下层与中上层的冲突，种族或民族之间的冲突，工会与资方的冲突，各工会之间的冲突，也会产生社会问题。社会问题正是不同利益群体相互冲突而带来的必然结果。

冲突理论源于马克思主义的阶级斗争学说，但又做了某种意识形态的修正，成为西方社会学内部的一个理论派别。但其内部又有不同的理论分支，其中影响较大的是阶级冲突论、群体冲突论和价值冲突论，它们是冲突理论对社会问题的三种不同的理论解释。

（1）阶级冲突论（class conflict） 吸收了马克思的阶级理论成分，认为自从人类进入文明社会以来，阶级就是最主要的社会群体，社会不同阶级之间的利益冲突是造成社会问题的根本性原因。但是，阶级冲突论对阶级的理解与马克思主义有着根本的不同，他们时而认为阶级是主观心理和行为方式具有一致性的群体，时而认为阶级是一种权力阶层。

阶级冲突论认为，在阶级社会中，法律仅仅是统治者控制穷人和其他少数集团的一种手段，这些统治者利用法律设施，把他们本阶级的道德要求利用价值标准强加于整个社会，并以此来保护他们自己的财产和人身安全免遭少数集团特别是无产者的侵扰。他们还不断扩张违法和犯罪行为的概念界限，把那些潜在的威胁纳入其中。不管穷人是否比其他阶层的成员更多地触法犯禁，都会受到更频繁的逮捕和更严厉的处置。同时，在一个物欲横流、物质财富极为丰富但却被少数人所占有的消费社会中，下层阶级无法忍受在物质条件方面的挫折，他们对剥夺他们参与机会的社会制度，自然要产生深刻的敌意。在这种背景下，社会问题，特别是犯罪社会问题也就不可避免。在阶级冲突论看来，犯罪问题不过是犯罪者用以适应和抵制资本主义制度强加给他们的条件的一种手段，是下层阶级社会挫折和生存竞争的产物，它在本质上可以被视为一个阶级不甘于受另一个阶级支配的表现。

（2）群体冲突论（group conflict） 社会中的冲突并不仅仅是阶级上的冲突，群体之间的利益冲突也是非常重要的一个方面。群体冲突论的观点如下。其一，群体冲突论将阶级概念泛化为各种社会群体，认为社会是由不同的利益群体所构成的，不同的人归属于不同的利益群体，为了争夺稀缺的社会资源而相互竞争冲突是一种普遍的社会现象，社会问题往往是与不同群体利益密切联系在一起的。其二，群体之间的矛盾和冲突不仅仅在阶级方面，群体之间的矛盾和冲突主要是利益矛盾和利益冲突，由于各种社会群体之间的利益相异而发生的矛盾和冲突便造成社会问题。社会上的各种群体都可能发生冲突，并导致社会问题的产生。比如，激进派与保守派之间的冲突产生政治问题等。

西方的社会冲突理论更多的是群体冲突论。它对马克思主义的阶级斗争理论进行了意识形态的改造，使之更符合西方社会学的整体理论需要。这里的群体既包括有组织的群体，也包括各种没有组织的群体，特别是对社会秩序具有较大破坏性的聚众行为。但是，这种社会群体的冲突只要控制在有序的范围内，对于化解社会的不平等而引起的结构性社会问题是有帮助的。

（3）价值冲突论（value conflict） 20世纪二三十年代，出现了运用价值冲突观点对社会问题进行的研究，这种理论是在综合了欧美社会学关于冲突理论的思想观点的基础上产生的。价值冲突论的观点如下。其一，社会问题是某些群体之间的价值不能相容共存的社会状况，或是指不同群体的价值观发生矛盾致使社会思想准则混乱的状况。其二，当代社会是价值多元化的社会，价值冲突是社会的常态。冲突不仅是社会生活中的一个主要事实，而且也是社会问题的构成要素。其三，造成社会问题的根本原因是价值或兴趣上的冲突。不同的群体有不同的兴趣，他们彼此之间是相互对立的。在价值冲突论看来，所有的社会问题都与"文化价值上的冲突"有密切的关系，社会问题产生的主要根源是人们所处的社会地位和经济利益不同，对同一问题就会有完全不同的价值评判标准、立场、态度等，因而在采取某种措施改变某一社会现象时，通常会引起人们无休止的冲突。该理论提倡研究社会利益，主张以价值冲突的观点来研究社会问题，认为冲突不仅是社会生活中的一个主要事实，而且也是许多社会问题的主要成分之一。正是由于人们在社会生活中存在着价值观念的差异，才引发出一系列社会问题。

价值观的多元化是现代社会的一大特点，社会上同时存在着多种不同的价值观，这种价值冲突在交往过程中必然导致人们在行动中产生分歧和冲突，造成人们思想准则的混乱，人们长期受这种冲突的价值观的影响，就很容易做出越轨行为，并导致社会问题的产生。

总之，对社会问题的解释没有统一的理论，各种理论在不同的时期对不同的社会问题有其独特的解释力，但不可能有某一种理论能够放之四海而皆准，必须要注意社会问题发生的特定历史背景和时代特征，从各个方面针对具体问题进行具体分析，综合地分析各种社会问题产生的社会根源及其所带来的影响，只有这样，才能提出正确的解决社会问题的政策思路，促进社会问题的解决。

（二）当代中国社会问题的形成原因

我国人口众多、幅员辽阔但资源紧缺，人口与环境、资源矛盾突出，当代中国的社会问题类型多元、影响复杂，以这些社会问题产生的历史原因来分类，可将其分为两大类，即历史遗留问题和转型中的问题。

历史遗留问题是指在我国社会转型加速期之前（1978年以前）就已经存在的社会问题，一直延续到今天并对我国社会转型产生重大影响，区域发展不平衡的问题就属于这类社会问题。在改革开放之前，我国的东部、中部与西部之间就存在区域发展不平衡的问题。因此，我们说，区域发展不平衡的问题不是社会转型中产生的社会问题，而是社会转型加速期之前遗留的历史问题，并且在改革开放之后，这一问题有了新的变化。

另一类是转型中的社会问题，即与社会结构、社会运行机制转换相伴生的社会问题，社会保障问题、物价问题即属于这一类社会问题。在社会转型加速期之前，我国实行的是单一的计划经济模式，"大锅饭"式的经济体制包揽了城市职工的生老病死和劳动。当代中国社会问题的产生原因也是复杂多样、错综交织的，不同类型的社会问题产生的原因也不尽相同，必须针对具体社会问题做综合的考虑，才能比较全面地解释社会问题，并提出解决社会问题的办法。

一个社会问题的产生，往往是多种因素共同作用的结果。在我国，社会问题的产生有着复杂的根源。在此，可以将它们归纳为以下几个方面。

1. 自然环境的变化　自然环境是人类生存和发展的基础，是人类生存和发展所依赖的各种自然条件的总和。自然资源状况是人口规模与社会经济发展水平和速度的基本限制因素之一。

具体如下。一是自然灾害，如地震、火山喷发、海啸、水灾、滑坡、旱灾、雹灾、风灾等，在生产力水平低下的条件下，它们对人类社会的正常生活造成很大的影响。即使在现代，也往往是引起某些社会问题的重要诱因，如洪灾过后的疫病、干旱引发的贫困、饥荒和疾病等。二是对自然环境的人为破坏，如大肆开采矿产、乱砍滥伐森林导致水土污染、水土流失、耕地减少、荒漠化等；将工业废水、生活污水排入江河，使水中动植物减少甚至绝迹，同时污染人们的生活用水。这些都会引起严重的社会问题。

2. 人口增速的影响　主要是指人口增速不当和人口素质低下所造成的一系列社会问题。人口增长太快，超过经济状况和自然环境的承受能力，与经济发展速度和物质消费水平脱节，可能造成贫穷落后、住房紧张、交通拥挤、就业困难等社会问题；人口增长太慢，跟不上社会经济发展速度，则可能造成劳动力紧缺、人口过度老龄化等社会问题。人口文化素质低下会制约道德素质的提高，从而使整个国民素质处在一种较低的发展水平。国民素质低下是民族精神不振、社会道德滑坡、低级文化流行和社会丑恶滋生的又一重要原因。旧中国在较长的历史时期中，由于战争、疾病等原因，死亡率高，人口增长慢；中华人民共和国成立后，人口增长速度加快。

第七次全国人口普查结果显示，全国人口达到14.1178亿人，约占全球总人口的18%，中国仍然是世界第一人口大国。"十年间，我国人口的主要变化反映了我国经济社会和人口发展的历史进程，反映了推动高质量发展、决胜全面建成小康社会的实践历程，也符合人口自身发展趋势和人口与经济社会相互作用的客观规律。"普查数据反映出我国人口发展中面临着一些结构性矛盾，如劳动年龄人口和育龄妇女规模下降，老龄化程度加深，总和生育率下降，出生人口数量走低等。我国人口增速放缓，这种趋势的出现是多种因素综合影响的结果，主要原因是育龄妇女特别是生育旺盛期妇女数量的持续下降，还有人们生育时间的推迟，以及生育养育成本的提高等，这些都导致出生人口规模有所收紧。这是我国经济发展特别是工业化、城镇化发展到一定阶段的客观结果，也是世界尤其是发达国家普遍面临的问题。从近年来我国人口发展变化的趋势看，今后的人口增速将继续放缓。在发展经济的同时，我们应当持续关注人口增长变化情况，积极应对人口发展可能出现的各类风险挑战。

3. 经济方面的原因 当前，经济社会发展不平衡、不充分产生一系列社会问题，深化经济社会改革，进一步解决经济社会发展的限制性因素，才能推动解决社会问题，实现社会长治久安。

社会制度的建立往往滞后于经济社会发展，不合理的经济制度、经济体制和落后的生产力发展水平会导致一系列社会问题。生产力水平不高，生活物质财富还不能充裕地满足人们的生活需要，决定了种种差别和不平等现象是客观存在的，这是导致人与人关系不协调的直接原因。经济基础对上层建筑，特别是对政治、经济制度及社会文化、意识形态等产生直接影响，在解决社会问题的过程中要注重分析经济基础的影响。

改革开放以来，我国经济建设取得了举世瞩目的成绩，成为世界经济发展的"奇迹"。然而，在我国经济快速发展的同时，医疗、住房、教育和社会保障等社会事业建设与经济发展速度、人们的诉求期望相比存在较大差距，社会事业的发展呈现相对滞后的情况，一系列社会问题不断暴露，反映出经济发展和社会发展的不平衡，这不仅是社会问题不断变化的必然结果，更需要深化经济改革，促进经济与社会平衡、健康发展。

此外，社会问题的产生尚有价值观根源。社会发展需要价值观的引导，价值观判断是指导人们一切行动的基础。在社会转型时期，原来占主导地位的旧有价值观体系逐渐瓦解、重组，并将最终让位于适应社会主义市场经济的新价值观体系。然而，这一过程不可避免地存在滞后于社会发展、暂时混乱、局部失序的情况，从而加剧了社会转型中社会矛盾、社会冲突的产生和蔓延。

总之，研究社会问题的成因，不能脱离具体的社会环境和社会因素；某一社会因素可能同时引起多种社会问题，多种社会因素也可能触发同一个社会问题。因此，分析某一具体社会问题，既要抓住产生这个社会问题的主要因素，也要重视其他因素。

三、当代中国面临的主要社会问题

当代中国社会的问题很多，但最基本的社会问题还是人口问题和环境问题，因为这两个社会问题牵涉全局，并对其他社会问题具有关联性影响。

（一）人口问题

人口问题的形成并非一朝一夕，也是当今全球性社会问题。我国目前存在的人口问题是在长期的历史过程中逐渐形成的，与我国的政治经济制度和生育文化密不可分。在我国各种社会问题中，人口问题占据首要的地位。人口问题的实质是人口再生产与物质资料再生产不相适应。通俗说法是"人口"与"人手"的关系问题。"人手"反映人的创造性劳动的一面，"人口"则反映人作为消费者的一面。人口中劳动者少、消费者多，入不敷出即产生人口问题。如何解决我国的人口问题，将对我国今后的发展产生战略性的影响。我国人口问题主要表现在以下几个方面。

1. 人口素质问题　人口素质又称为人口质量，是人口在质的方面的规定性，包含思想素质、文化素质和身体素质等，即通常所称的德、智、体。人口质量的下降会给经济社会的运行与发展造成不良的影响。人口质量的高低不仅关乎个人、家庭生活质量的提升，还将直接影响我国的经济建设和现代化进程。

（1）人口的思想素质　包括世界观、道德观、法治意识、社会公德以及思想品行等诸多方面，有明显的社会性，是支配人们行为的意识状态。随着我国社会进入全面深化改革的新时期，各种不同的思想流派也力图扩大其在我国的影响力，其中固然有人类发展的先进经验，但同时也不乏与和谐社会建设相悖的腐朽思想。拜金主义、享乐主义、极端个人主义以及历史虚无主义等，与迷信思想、等级特权观念等沉渣泛起的残余封建腐朽思想一起，在社会上广泛流传，直接危害社会主义民主政治和精神文明建设。

（2）人口的文化素质　是指通过学习和积累而具有的文化修养、知识容量以及利用这些知识的能力。文盲率、受过高等教育的人口占总人口的比重以及科技人员和熟练劳动者占总人口的比重等指标可以反映人口的文化素质。中华人民共和国成立以来，我国人口的文化素质得到了前所未有的提高，随着九年义务教育的普及，文盲率大大降低，受过高等教育的人口比重上升。《第七次全国人口普查公报》显示：与2010年第六次全国人口普查相比，每10万人中，拥有大学文化程度的由8930人上升为15467人，拥有高中文化程度的由14032人上升为15088人，拥有初中文化程度的由38788人下降为34507人，拥有小学文化程度的由26779人下降为24767人。而文盲人口（15岁及以上不识字的人）为37750200人，与2010年第六次全国人口普查相比，减少16906373人，文盲率由4.08%下降为2.67%，下降1.41%。然而不容忽视的是，我国的教育水平相对于发达国家甚至一些发展中国家来说，仍有较大的差距，教育的重要性未被充分重视，突出表现为教育经费的投入不足，专业科研人才还有很大的缺陷。在竞争激烈的现代社会中，要把人口多这个条件转化为人力资源优势，就必须提高人口的文化素质，必须加大对教育的重视程度和投入力度，均衡教育资源的地区分布和类型分布，全面提升中华民族的整体文化素质。

（3）人口的身体素质　是人口素质的自然条件和基础，指人口群体的身体器官和生理系统的发育、成长和技能的状况。衡量身体素质的标准有平均身高、体重、遗传病患者比重、婴儿死亡率以及人口平均预期寿命等。中华人民共和国成立以来，随着社会经济的发展，我国医疗卫生投入快速增长，公共卫生体系和医疗服务体系不断完善，覆盖城乡的基本医疗保障制度逐步建立和完善，人民的身体素质日益改善，人口预期寿命不断延长。1949年我国人口的平均预期寿命仅为35岁，1957年达到57岁，1981年上升到68岁。三十多年间，人口平均预期寿命提高了30多岁。1990—2000年这10年间，人口的平均预期寿命从68.55岁延长到71.40岁，增长2.85岁。进入21世纪以后，随着我国经济发展水平的快速提高，医疗卫生条件显著改善，社会保障制度更加健全，先进医疗服务体系覆盖面不断扩展，2010年人口平均预期寿命达到了74.83岁，比2000年延长3.43岁。党的十八大以来，我国卫生事业投入力度进一步加大，重大疾病防治成效显著，2021年我国居民人均预期寿命提高到78.2岁，孕产妇、婴儿、5岁以下儿童死亡率均降至历史最低水平。随着人民生活水平的提升和医疗保健的发展，我国人口平均预期寿命确实有了很大的提高，但近年来我国人口身体素质也呈现下滑趋势，肥胖率、青少年体能测试不合格率以及老年人高血压、冠心病、癌症发病率这些指标都不容乐观。

2.人口分布不合理，人口结构变动较大　由于自然因素和历史原因，我国的人口分布一直不均衡。东南及沿海地区的人口相对拥挤，人口密度大。中国城乡人口的地域分布问题是一个值得关注的社会问题。

根据第七次全国人口普查结果显示，全国人口中，居住在城镇的人口为901991162人，占63.89%（2020年我国户籍人口城镇化率为45.4%）；居住在乡村的人口为509787562人，占36.11%。与2010年第六次全国人口普查相比，城镇人口增加236415856人，乡村人口减少164361984人，城镇人口比重上升14.21%。人户分离人口为492762506人，其中，市辖区内人户分离人口为116945747人，流动人口为375816759人。流动人口中，跨省流动人口为124837153人，省内流动人口为250979606人。与2010年第六次全国人口普查相比，人户分离人口增加231376431人，增长88.52%；市辖区内人户分离人口增加76986324

人，增长192.66%；流动人口增加154390107人，增长69.73%。按照国际惯例，城市人口占全部人口的比重是衡量城市化水平的重要标准，虽然我国的城市化进程有着特殊的规律，不能单纯以西方的标准来衡量，但不可否认的是，我国城市之间的张力仍然存在，城市化压力仍相当大，城乡人口分布的总体格局随着城市化进程的推进，将发生持续性的变化。因此，作为我国城乡人口结构调整的伴生物，由农村向城市的人口流动现象在当前以至今后一段时期内，都将是一个重要的社会现象。而这种大规模持续性的人口流动，在对我国经济发展产生促进作用的同时，也引发了一系列严重的社会问题，比如流动儿童的教育问题、留守儿童的成长困境、迁出地老人的养老缺失和流动的权益损害等，都需要加以重视。

人口结构的变动会给经济发展带来严峻的挑战。随着社会经济发展水平的提高、医疗条件的改善、饮食结构的丰富和社会保障水平的完善，人类的预期寿命逐渐延长，人口结构发生变化，给社会发展带来了深远影响。我国目前也面临着人口结构变动带来的问题。随着老年人口抚养系数的上升，我国整体社会抚养负担在上升。截至2021年末，全国60周岁及以上老年人口26736万人，占总人口的18.9%；全国65周岁及以上老年人口20056万人，占总人口的14.2%。全国65周岁及以上老年人口抚养比20.8%。我国老年人口绝对规模大，老龄化发展速度快，高龄化趋势明显，区域发展不平衡，这些特点无论是从当前还是从长远来看都对我国的社会经济发展形成了巨大压力，提出了严峻挑战。"未富先老"的沉重包袱使得我国面临的人口形势更为复杂，解决老龄化问题的任务也更为艰巨。2021年《第七次全国人口普查公报》显示：65岁及以上人口为19064万人，占13.50%，表明我国人口老龄化的趋势在进一步加剧。人口老龄化是社会经济发展过程中不可回避的问题，人口老龄化带来的一系列社会问题也将逐步凸显，未来一段时期将持续面临人口长期均衡发展的压力。

综上，当前我国面临的人口问题是之前人口问题的继续。人口数量与资源环境不协调、人口素质偏低以及人口分布结构不合理等状况，是我国社会经济可持续发展的重大制约因素。因此，如何规划人口数量、提高人口素质、优化人口结构，将人口资源转化为人力资源优势，是解决人口与发展关系的着力点。

（二）生态环境问题

随着我国经济的高速发展，生态环境问题已经成为严峻的社会问题，影响着我国经济社会的科学发展、和谐发展和持续发展。生态环境问题所带来的环境风险、生态安全事故、卫生健康、社会稳定及国际形象等各类问题，将在未来一段时间内困扰整个社会。2012年11月，党的十八大关于《坚定不移沿着中国特色社会主义道路前进，为全面建成小康社会而奋斗》报告首次将生态文明建设纳入中国特色社会主义事业的战略布局之中。

十八届三中全会通过的《中共中央关于全面深化改革若干重大问题的决定》将生态文明建设融入经济建设、政治建设、文化建设、社会建设各方面，完成了生态文明建设的顶层设计。纵观全球，在理性主义、人类中心主义等价值观和科技进步的双重影响下，人类活动在征服自然的过程中，对资源的使用和对生态环境的破坏也达到了空前的程度，引发了一系列生态环境问题。生态环境问题已经成为全球普遍面临的社会问题。

实现城市生态环境可持续发展，建造一个清洁、安静、舒适和优美的城市生产环境和生活环境，使人们高效率地从事社会经济活动是当前我国环境保护的主要战略任务。然而，随着城市的大发展，城市的生态环境问题也十分突出，我国城市的环境问题已经成为制约城市发展的一个重要障碍。保护和改善城市生态环境质量，控制城市环境污染的恶化，是城市社会经济持续发展的重要一环。大气环境污染严重、水资源分布失衡与水污染、固体废弃物污染、噪声污染、光污染等是当今城市生态环境所面临的主要问题。

生态环境问题的本质在于人与自然之间关系的严重失调。由于人类自身的破坏所造成的生态环境恶化，必然反过来严重影响人类自身的生存状况。一方面，由于水土流失、植被破坏特别是森林覆盖率的急剧减少，导致我国各种自然灾害频繁发生，百年不遇的旱灾、水灾连年出现，给社会生产和人民生活带来了巨大的灾难；另一方面，生态条件的恶化也严重威胁着人类的健康，导致各种恶性疾病的发病率不断上升。

目前，我国生态环境治理与保护取得了不小的成就，但也面临着巨大挑战。因此，应该从文化、经济、社会等各个方面采取各种措施，加强我国生态环境治理与保护，促进社会可持续发展。

第三节　社会问题的综合治理

进入21世纪，我国的经济实力得到了很大的提升，同时也伴随着产生了许多棘手的社会问题，社会问题的综合治理日益成为经济社会和谐平稳运行的重要手段。当代中国社会问题的综合治理，不仅有利于减少国家宏观治理的成本和风险，而且还能凸显社会治理的结构功能意义。

一、治理社会问题的一般途径

马克思主义认为，科学的任务不仅在于认识世界，而且在于改造世界。我们研究社会问题，不仅要寻找社会问题的外部特征和形成原因，而且要研究如何控制和治理社会问题。

首先，必须大力发展生产力，在发展中求得社会问题的解决。在我国，社会生产力水平低下仍是形成各种社会问题的根本原因，它不仅导致许多社会问题的直接产生，而且间接影响其他社会问题的形成和恶化。因此，发展生产力才是治理社会问题的根本途径。如环境污染问题，它既是工业化带来的负面结果，同时又是生产力发展不足的表现。要解决生态失调、环境污染等这一类社会问题，也只有在发展生产的基础上才能从根本上实现。西方发达国家在20世纪60年代以前，环境污染十分严重，但自20世纪70年代以后，开始了规模浩大的环境治理工作，经过几十年的不懈努力，环境污染基本得到控制，环境质量明显好转。我国在工业化初期，特别是改革开放以后的大规模工业化过程中，环境污染问题日益突出，到2005年达到最高峰。但随着我国的工业化进入中期，国家实施可持续发展战略，切实转变经济增长方式，环境污染的状况开始趋向好转。

其次，改革与完善经济、政治和社会的制度与体制同行，在改革中求得社会问题的解决。党的十八大统一提出了全面深化改革开放的目标，强调必须以更大的政治勇气和智慧，不失时机深化重要领域改革，坚决破除一切妨碍科学发展的思想观念和体制机制弊端，构建系统完备、科学规范、运行有效的制度体系，使各方面制度更加成熟、更加定型。当前，国内外环境都在发生极为广泛而深刻的变化，我国发展面临一系列突出矛盾和挑战，前进道路上还有不少困难和问题。比如：发展中不平衡、不协调、不可持续问题依然突出，科技创新能力不强，产业结构不合理，发展方式依然粗放，城乡区域发展差距和居民收入分配差距依然较大，社会矛盾明显增多，教育、就业、社会保障、医疗、住房、生态环境、食品药品安全、安全生产、社会治安、执法司法等关系群众切身利益的问题较多，部分群众生活困难，形式主义、官僚主义、享乐主义和奢靡之风问题突出，一些领域消极腐败现象易发多发，反腐败斗争形势依然严峻，等等。解决这些问题，关键在于深化改革。

再次，加强宏观调控，提高社会治理与管理水平，在管理中求得社会问题的解决。解决社会问题，从直接的途径看，还是靠加强管理。许多社会问题的发生，是管理不善造成的结果，而这些社会问题的解决，也只有通过科学管理才能实现。其中最重要的是抓好三个环节。一是管理决策的科学化。管理首先是一种决策过程。决策科学，才能导致社会问题的解决；决策失误，只会使社会问题恶化，甚至又滋生出新的社会问题。二是建立科学的管理制度。管理制度是比较具体的社会制度。它是在管理过程中关于如何处理常规关系的一些具体规定，如干部制度、人事制度、劳动制度、户籍制度等。我国的一些社会问题如教育问题、贫富分化问题、城市农民工问题等都与国家的相关制度有关。三是加强宏观协调。改善具体的微观管理是解决社会问题的重要途径，加强宏观协调管理对解决社会问题具有更大的价值。社会问题往往是相互关联、因果循环的复杂现象，只有注意各项管理制度和各种管理措施的综合配套，才能收到对社会问题的宏观治理效果，才能避免解决社会问题过程中"按了葫芦翻起瓢"的现象。

二、社会问题的综合治理

社会问题是普遍存在的。这就要求我们在解决社会问题时不能不分巨细，胡子眉毛一把抓。必须要根据社会问题的性质，严重程度、轻重缓急，抓住主要社会问题，实施综合治理。

综合治理概念是我国在20世纪70年代末80年代初，针对青少年犯罪问题提出来的。1979年3月，《中国青年报》发表社论，呼吁学校、机关、工矿企业、街道、文化、劳教等各个部门，各方面的同志，都来出主意、想办法、下决心、花力气、积极做好失足青少年的转化工作。1983年5月，《人民日报》发表社论，对社会治安的综合治理进一步作了全面阐述。它已成为我国在解决青少年犯罪问题上一条成功的经验，引起世界犯罪学界的注意。但是综合治理概念的理论意义远远不止于此。它对社会问题的治理，具有普遍的意义。社会问题自身所具有的复杂性特征决定了我们必须对其实行综合治理。综合治理是解决重大复杂的社会问题的一条基本原则。

对社会问题的综合治理，概括起来主要包括三个方面内容。第一，综合运用治理力量，即动员全社会的力量参与治理社会问题。就像对青少年犯罪的综合治理一样，不是依靠哪一个部门、哪一个团体，而是要求在党和政府的领导下，依靠各个部门和各个人民团体，依靠全社会的力量，发动和组织亿万群众关心和参加。第二，综合运用治理方法。要把解决社会问题的各种手段和各种方法都调动起来、使用起来，包括思想的、政治的、经济的、教育的、文化的、行政的和法律的各种方法和手段。根据社会问题的不同性质，有针对性地综合运用。第三，努力实现综合治理目标。治理社会问题，不能头痛医头、脚痛医脚，治标不治本，也不能就事论事地分别解决。要把制止社会问题的恶化与根治社会问题有机地结合起来，尤其要注意从全局出发，把社会问题的解决纳入国家经济社会发展计划，使一个社会问题的解决有助于其他社会问题的治理，从而收到社会问题综合治理的良性循环效果。

事实上，我国在解决许多重大社会问题方面都有综合治理的成功经验。例如，过去在解决人口问题方面，我们不仅建立了全国性的计划生育专门机构，而且发动全社会做计划生育工作。又如在治理贫穷问题上，我国同样是党政军民一起上，有钱出钱，有力出力，有智出智，深入具体，落实到户，扶贫又扶志，取得了明显的成效。在今天，为了解决人口的老龄化，国家重新调整相应的生育政策，并且还制定相应的措施，让老年人的养老问题得到解决。要让老年人老有所养、老有所乐，相关的养老机构也开展了相应的措施。这样，既可以促进老年人再就业等问题，使老年人在老年也有所作为，同时，对于促进国民经济的发展具有很大的意义。

岗位情景模拟

李某，女，45岁，曾是厂里的技术骨干，几年前因照顾生病的婆婆而辞去工作。现在婆婆病故了，女儿也考上了重点高中，她想出去工作，却遭到了丈夫和女儿的反对。丈夫认为自己是企业的管理干部，整天忙忙碌碌，无暇顾家，收入也可以，老婆就应在家好好照顾他和女儿。李某执意去找工作，但连续找了几星期也未找到合适的工作，原来的技术用不上了，体力工作不适应。李某为自己的现状很苦恼，整天闷闷不乐，脸上没了笑容，晚上也睡不好，情绪低落。最后，李某寻求社工帮助。

讨论：假设你是社工，如何介入开展个案工作？

参考答案

重点回顾

重点回顾

目标检测

参考答案

一、单项选择题

1.（ ）正成为世界性问题，引起世界各国的高度重视。

A.人口问题　　　　　　　　　　B.失业问题

C.环境问题　　　　　　　　　　D.贫穷问题

2.人口问题的实质是人口再生产与（ ）不相适应。

A.物质资料再生产　　　　　　　B.自然环境

C.生产资料　　　　　　　　　　D.社会发展

3.生态环境问题的本质在于人与（ ）之间关系的严重失调。

A.社会　　　　　　　　　　　　B.经济

C.政治　　　　　　　　　　　　D.自然

二、思考题

1.社会问题有哪些特征？

2.什么是文化堕距论？

3.解决社会问题的一般途径是什么？如何对社会问题进行综合治理？

第十一章　社会控制

　　社会的正常运转、人类群体的正常生活需要一定的社会规范，依靠社会的规范和制度等对社会成员进行有效控制和约束，这就是社会控制。随着社会结构的日益复杂化，社会控制的重要性也随之日益上升。为保障社会成员的社会行为符合社会运转的要求，维护社会发展的秩序，避免和减少失范行为的不利后果，就必须采取相应的社会控制。

第一节　社会控制概述

　　"宁做太平犬，莫做离乱人"，在失去控制的社会，社会运行紊乱，社会成员基本生存都难以保障。社会控制对保障社会运行具有重要作用，了解社会控制可以帮助我们更有针对性地运用社会控制措施，维持社会的稳定运转。

一、社会控制的概念

　　社会控制最早由美国社会学家爱德华·罗斯提出。1901年他在出版的《社会控制》中提出了"社会控制"（social control）概念，首次从社会学意义上使用"社会控制"一词。他在1920年出版的《社会学原理》一书中作了系统阐述。

　　爱德华·罗斯认为社会控制是指社会对人的动物本性的控制，限制人们做出不利于社会的行为。他认为，在人的天性中存在一种"自然秩序"，包括同情心、互助性和正义感三个组成部分。人性的这些"自然秩序"成分，使人类社会处于自然秩序的状态，人们守望相助、相互约束，自行调适个人的行为，避免出现因人与人的争夺、战争而引起的社会混乱。

19世纪末20世纪初美国经济快速发展，随之带来了城市化和大规模移民，美国社会的初级群体和社区迅速解体，快速的人口流动、新建的居住区域等瓦解了原有熟悉的社区人际关系、事务，社会互动呈现客观化和非个人化，社会关系的转变导致仅仅依靠人性中的"自然秩序"难以保障社会运行的基本秩序，出现大量越轨、犯罪等现象，成为影响社会成员、社会关系的社会问题。罗斯认为，必须通过"用稳定的不受人情感影响的关系逐步取代变化的人际关系"这种新的机制来维持社会秩序，即社会控制。他认为，社会的发展和进步取决于如何在社会稳定和个人自由之间取得平衡，要保障社会和谐、稳定，就需要社会控制。社会控制是以建立和维护社会秩序为目标，社会对个人或集团的行为进行约束，有意识、有目的的社会统治系统，包括采用舆论、法律、信仰、宗教、礼仪、艺术乃至社会评价等手段。罗斯认为，影响社会控制变迁的因素主要有社会需要的变化、阶级的出现和阶级冲突、人类文化和习惯的变化等。1930年中国社会学家吴泽霖出版了《社会约制》一书，将罗斯的社会控制理论介绍到国内，吴泽霖提出"社会约制"的概念，阐明了狭义的社会约制和广义的社会约制，区分了社会约制的工具与方法，还对社会约制的组织进行了分类。吴泽霖的研究反映了当时我国社会学界积极推动西方社会学理论中国化的努力。

以罗斯为代表的社会学家们的理论研究奠定了社会控制理论的基本知识体系，形成了社会控制理论的基本观点，反映了当时社会学界的基本立场和观点。也有学者认为，把社会控制仅仅归结为对人的动物本性的控制，而忽略了人的社会属性，无法解释复杂的社会关系、社会结构问题。

二、社会控制的含义

社会控制就是社会组织体系利用社会规范及相应的手段和方式，对社会成员（含个人、社会群体、社会组织）的社会行为实施约束的过程。广义的社会控制，泛指对社会成员一切社会行为、价值观念的控制；狭义的社会控制，特指对越轨的社会成员实施社会处罚和再教育的过程，即越轨行为的控制。

例如，不同国家和地区都有其就餐礼仪，中餐餐桌常用圆桌表示团圆，在安排就餐座位时，通常将长幼有序、尊重长者作为基本标准，位高权重者、年长者、客人或聚餐庆贺对象等首先入座并坐首席，首席（也称上席）位置为坐北朝南或正对门厅处，其余就餐人员按其长幼地位、权位依"左为上，右为次，上座之左为三座，次座之右为四座"等依次就座。这种就餐席位的文化就是一种社会约定的规范，参与就餐的人员都按照这个规范就座，这就是社会控制。假如你参与宴席时误坐了不符合你在社会或家庭中身份设定的席位，这可视为一种社会越轨；当你的长辈或宴席组织者请你到相应席位就座，这就是一种对越轨行为的社会控制。

从社会学的角度来看，社会控制应该不仅仅狭义地理解为对社会越轨行为的控制，还应该包含对所有社会行为的控制，目的在于保障社会正常运转。

三、社会控制的类型

按照不同的分类标准，可以将社会控制划分为不同的类型。

（一）正式控制与非正式控制

按照是否采用制度化方式实施社会控制，可将社会控制分为正式控制（硬控制）和非正式控制（软控制）。

1.正式控制 是社会控制组织化、制度化、规范化的一种表现。正式控制是使用法律、法规、规则等明确的制度对社会成员的价值观、行为实施控制，具体表现为制度化的规章制度。正式控制有明确的组织机构实施，例如军队、警察、法院、监狱等。例如《中华人民共和国道路交通安全法》（2011年4月22日修正）规定"饮酒后驾驶机动车的，处暂扣六个月机动车驾驶证，并处一千元以上二千元以下罚款。因饮酒后驾驶机动车被处罚，再次饮酒后驾驶机动车的，处十日以下拘留，并处一千元以上二千元以下罚款，吊销机动车驾驶证。醉酒驾驶机动车的，由公安机关交通管理部门约束至酒醒，吊销机动车驾驶证，依法追究刑事责任；五年内不得重新取得机动车驾驶证。"（节选该法律条文部分内容）

2.非正式控制 是采用非明文规定如伦理道德、风俗习惯、公众舆论等控制社会成员的价值观和行为方式。非正式控制通常没有明确、固定的组织机构实施，也没有明确的规章制度。例如，在一些地区流传：在除夕夜与大年初一交汇时刻在寺庙烧头炷香，将获得神灵护佑，保得家人幸福平安、人旺财顺。这种传说导致一些地区出现竞标、拍卖头炷香，但一些僧侣则劝导这些信众："文明敬香，定得佛佑，不在量多，贵在心诚。"

（二）积极控制与消极控制

按照采取激励或惩处的方式实施社会控制，可分为积极控制和消极控制。

1.积极控制 是指运用舆论、宣传和教育等方式引导社会成员的价值观和行为方式，以激励社会成员遵循社会规范的控制方式。例如，很多组织会为本单位设立绩效考核，对达标的员工给予相应绩效、奖励，激励员工积极努力工作。

2.消极控制 是指运用惩罚性的措施对已发生的社会越轨行为实施惩处。消极性控制也可认为是狭义上的社会控制，针对特定的社会越轨人群、组织。例如，电动自行车便捷、实用，成为群众出行的选择，一些企业通过共享电动自行车为群众提供便利。但电动自行车不规范使用、骑乘导致发生不少事故。某地为规范电动车使用，保障群众安全及交通秩序，制定的电动自行车管理条例规定"违反本条例第二十一条第二款规定，互联网租赁电动自行车经营者未随车配备安全头盔，未及时维修破损车辆、回收废弃车辆，未及时对禁停区域内车辆进行清理的，由城市管理执法部门责令改正，拒不改正的，处警告或者二千元以上二万元以下罚款。"

（三）外在控制与内在控制

按照社会控制是否依靠外部力量，分为外在控制和内在控制。

外在控制是指由外在社会力量控制社会成员，使其符合社会规范的控制方式。内在控制是社会成员内化、认同社会规范而实施的控制，是社会成员社会化的结果。例如，行人、车辆均应遵循交通规则出行，某地发现，在新规划城区有不少行人在通过人行通道时闯红灯，经过观察，发现闯红灯的一部分群众是年纪较长的新市民，他们幼年生活的乡村没有交通红绿灯的设置，也缺乏这种交通规范的教育。有关部门针对闯红灯人群的特点组织开展宣传教育，组织青少年"反哺"引导老年人学习、了解交通规则，大大减少了闯红灯现象，这种就是内在控制。而在某城市，针对行人不按交通信号指示通行的行为，当地管理部门出台政策，对闯红灯的人实施罚款措施、在路口的系统大屏上进行实时显示曝光，政策实施后，行人闯红灯现象明显减少，这种就是外在控制。

四、社会控制的特征

（一）普遍性

社会控制是保障社会正常运行的必然手段，任何社会要维持正常运转，都必须采取相应的社会控制，缺乏社会控制的社会是难以想象的。

海地位于加勒比海北部，面积约2.775万平方公里，人口大约1100万，是西半球最贫穷国家之一。针对海地长期以来的政治动荡、自然灾害、社会治安问题和人道主义危机等，中国、美国等五个联合国安理会常任理事国对海地提出了严厉批评。外界观察到海地行政管理能力混乱、低下，国际社会大力援助建立的海地执法、司法体系对有组织犯罪视若无睹，国家被各类黑帮控制；联合国和国际社会援助大量流失，媒体报道海地3/4的人处于赤贫之中，当地粮食短缺导致出现不少民众用泥土混合盐、黄油等配料，制作成"泥饼干"果腹，对身体产生明显副作用。

（二）阶级性

社会控制的阶级性表现为，社会控制的内容和现实始终体现统治阶级的利益。现代社会，阶级的利益几乎都是通过政党来代表，社会控制通常以全体人民的名义实施，但本质上是维护统治阶级的利益和阶级统治。例如，美国代表资产阶级利益的民主党和共和党

"通过大选"轮流执政，代表无产阶级利益的党派、个人不可能竞选上总统和国会议员。

（三）统一性

社会控制体系包含多种手段、多个层次，虽然社会控制的作用范围、实施方式存在多样性，但总体目标是一致的，就是保障社会正常运转。社会要保持正常运行、维持良好的社会秩序，也需要通过统一的意志、一致的规则来约束社会成员和社会群体的行为。社会控制的准则必须是统一的，控制准则对全体社会成员都是一致的，不允许有超越于社会控制准则的社会特权阶层。例如我国宪法明确规定"任何组织或者个人都不得有超越宪法法律的特权"。

（四）强制性

社会控制的强制性是社会控制阶级性的体现，也是社会控制统一性的保障。任何社会都存在服从社会规范的社会成员，也存在反社会分子，这就需要社会控制的强制性控制这部分社会成员，保障其他社会成员的安全和维护社会运行。社会控制的阶级性意味着统治阶级与被统治阶级之间存在矛盾、冲突，需要强制被统治阶级服从统治阶级的统治。例如，2021年12月24日，全国人民代表大会常务委员会通过了《中华人民共和国反有组织犯罪法》，规定"对有组织犯罪的罪犯，执行机关应当依法从严管理。黑社会性质组织的组织者、领导者或者恶势力组织的首要分子被判处十年以上有期徒刑、无期徒刑、死刑缓期二年执行的，应当跨省、自治区、直辖市异地执行刑罚。"

五、社会控制方式

社会控制是通过具体的社会控制措施，预防、规范、惩处社会成员的社会行为，特别是对已发生的社会越轨行为实施控制。社会控制包含文化控制、制度控制、组织控制等。

文化控制是运用人类在长期的共同生活中创造的、人类共同遵守的行为准则和价值标准对社会成员进行控制的方式，包括习俗、道德、舆论、宗教、信仰等。文化控制具有非强制性的特点，通常不以强制力推行，除了有组织的宗教，其他往往都是采用非正式的控制方式。制度控制是通过明文规定的各类准则、规范对全体社会成员进行约束、调节，制度控制具有强制性、规范性等特点，制度控制的方式包含政权及法律法规等。组织控制是某一具体的社会组织运用组织指令、规章等对本组织及下属组织实施控制，例如企业运用自身制度，通过引导、激励等控制企业员工行为。本部分简要介绍以下几类社会控制。

（一）习俗

习俗即风俗习惯，是人们在长期的社会生活中逐渐形成、自觉遵守的风俗、习惯。习俗调节、约束的主要是人们的日常生活，例如婚丧嫁娶、社交礼仪、节日庆典、衣食住行等。习俗呈现出地域、群体的特点，民间有"十里不同风，百里不同俗"的说法，例如中国人在春节贴红色对联，韩国人过春节则贴白色对联；我国一些地区流传哭嫁习俗，有的地区是出嫁当天新娘哭嫁，有的地区则是新娘出嫁的前半个月开始哭泣。习俗体现为从众、随大流，例如，我国各地婚丧仪式、新生儿满月及周岁、人们建房及入住新居等都有本地区独特的习俗，违背习俗的人常常会受到周围其他人的取笑、攻击和孤立。

对于社会控制，习俗同时具有积极和消极两面。良好的习俗有利于维护社会成员之间的关系，促进社会的进步。例如在一些农村地区有"红事不请不来，白事不叫自到"的规矩，当村民去世后，其他村民会自然、主动、自发前往协助处理丧事，有效协助家属处理后事，这种就是习俗的积极一面。

（二）道德

道德是社会成员在共同生活中形成的价值标准体系，通过对善与恶、正义与非正义、正当与不正当等行为的价值判断来实施社会控制。道德是习俗经过统治阶级的选择、提炼和整理，演化成的教化人的规范体系。在社会控制中，社会成员的道德行为会受到社会表扬、激励。例如市民梁某18年来细致照顾未婚独居、疾病缠身的五保户，获得周边群众的认可和效仿，有关部门为他颁发好人称号，表扬他爱老敬老的精神与行动。不道德的行为则会受到社会成员的谴责、排斥，使违背道德行为者承受社会舆论、内在思想等压力，促使社会成员遵循道德规范。

（三）宗教

宗教的特点是相信存在超自然的神秘力量或实体主宰着自然和人的命运，宗教是一种与神或神圣物相联系的信仰和规范体系。宗教通过宗教教规和宗教仪式约束信众。

（四）政权

政权是占统治地位的统治阶级运用国家机器实行阶级统治的权力，是国家一切权力的基础。不同社会发展阶段，政权采取的社会控制方式存在差异，封建社会的政权主要采用暴力实施社会控制，现代社会中各个国家主要通过教化方式引导社会成员遵从社会规范。政权的社会控制范围是全体社会成员。政权的社会控制体现在建立行政体系，通过军队、警察、法庭、监狱等有组织、有层级地实施社会控制。例如我国开展扫黑除恶行动，对影响社会安全、危害人民利益的黑恶势力进行打击，确保社会安全稳定。

（五）法律法规

法律法规，指现行有效的宪法，及围绕宪法制定、颁布的法律、行政法规、地方性法规和规章、部门规章及其他规范性文件，以及对于相关法律法规修改、补充以及司法解释。法律法规调整社会成员个人行为、普遍社会关系，使统治秩序合法化、固定化，是实现国家职能，推动经济和社会发展的最重要的、经常的、不可缺少的手段。只有社会大众普遍认可，才能实现其权威，只有"法律面前，人人平等"，才能建立良好的法律秩序及社会秩序，达到社会控制的作用。例如，《中华人民共和国劳动合同法》立法、执法涉及亿万劳动者切身利益，有学者研究认为对于困扰农民工的工资、劳动权益、市民化等问题，该法从根本上解决了农民工"洗脚上岸"后的身份问题，在促进经济社会发展、保障公民权益等方面有重要的里程碑作用。

（六）社会舆论

社会舆论是多数社会成员对某项社会事件、社会现象发表的评价，这种评价通常包含社会成员的某种社会价值判断，具有倾向性。社会舆论通过广泛传播而形成的社会氛围对社会成员产生压力，引导、制约社会成员自觉或不自觉地接受舆论的导向。社会舆论对社会控制有积极作用。例如公共汽车上设置爱心专座，优先服务老弱病残孕等特殊人群，经过社会舆论的传播，人们乘坐公共汽车时会礼让老弱病残孕等特殊人群优先就座。社会舆论对社会控制也会产生消极作用，一些创新事务在萌芽时期通常难以被社会大众理解。例如电子游戏在一段时期内被称为"电子海洛因"，各类反对舆论屡见不鲜，但随着电子游戏的发展，现已发展成为一项重要的经济产业及竞技体育活动。

第二节　社会越轨与社会控制

社会学中的越轨（deviance）行为是指社会成员违反法律、规章制度、道德规范和社会习俗的所有行为。越轨是古老又现代的社会问题，一些越轨推动社会变革、进步，一些越轨则破坏人们的正常生活和社会的正常运行。社会控制的目的就是要使人们正常生活、社会正常运行。本节将对越轨行为进行专门的讨论，把握越轨的类型，降低越轨的负面影响，发挥越轨对社会的积极作用。

一、越轨的定义

火车沿着铁轨前行，假如火车越出轨道，则可能会发生事故。越轨就是越出轨道，是指社会成员的言语、行为违反或偏离社会规范。

社会规范存在成文和不成文类型，成文的社会规范如法律法规、单位规章制度，不成文的社会规范包含道德习俗等。越轨行为具有普遍性和相对性，越轨是在任何社会中都存在的社会现象。例如，一些国家和地区，在当地可以合法吸食大麻、嚼食恰特草等；但在我国，种植、持有、贩卖、走私、服食大麻和恰特草等都属于违法犯罪行为。因此，社会越轨在某些地区或群体是正常行为，在另外一些地区和群体则是越轨行为。

二、社会越轨与社会问题

社会越轨与社会问题具有一定的联系，但并不一定产生社会问题。当某种越轨行为在社会成员中频繁地发生，且对社会造成了危害并使相当数量的人受到威胁时，才会转化为社会问题。另外，越轨行为不完全等同于社会问题，但越轨行为与社会问题是有关系的。例如，个别中小学生辍学属于越轨行为，但尚不成为社会问题；假如大量中小学生辍学，则这种越轨行为转化为社会问题。

如何理解越轨？首先要注意理解"轨"是什么。近代中国社会剧烈变迁，制度规范几经更替，不同地区发展差异巨大，因而不同社会成员、社会群体对规则、规范存在不同的理解，衍生出众多社会规则，有时要讲法，有时要讲理，有时要讲情面，有时要讲"关系"。电影《我不是药神》引发舆论热议，关于社会成员对规则的破坏，有的人认为这是违法犯罪，有的人认为这是合情不合法，也有的人将罪犯视为英雄等，这些现象体现了我国社会秩序的复杂性。

三、越轨行为的判断

越轨是违反某种社会行为规范的行为。那么，谁来认定某种行为是否越轨？某种行为会一直被判断为越轨吗？是否存在过去认定为越轨而现在不被认定为越轨的行为？

判断越轨行为需要依据行为发生区域。例如，在一些地区，人们用餐时，会请长者和贵客食用鸡头，表示尊敬；但在另外一些地区，在春节前的"尾牙"中，鸡头朝向的那个人将被解聘，但是如果鸡头朝向老板自己，大家就可放心，没有人会被解雇。

判断越轨行为需要依据行为发生时间。例如，在过去，人们穿牛仔裤、染发烫发曾被认定为不正经、不良行为；但现在，穿着奇装异服被视为个性的表达，染发烫发等通常不会被认定为越轨。

判断越轨行为需要依据行为发生环境。例如，改革开放初期，率先下海经商、创业的人群往往被认为是没有稳定工作、不务正业、盲流（流浪）的人群，辞去公职、离开国企、脱离农业生产等被视为越轨行为；但现在，经商、创业被认为是正常及值得支持、表扬的行为。

因此，我们应了解社会行为、社会规范有其相应的适用范围和适应群体，在理解了这个特点之后，再判断相应行为是否为越轨行为。

四、越轨行为分类

（一）按照越轨行为特点划分

1.违法行为　是指违反法律规定的行为。违法类越轨行为可细分为违法、犯罪两种行为。

（1）违法越轨行为　违反了现行法律但不具备犯罪构成的主客观要件，因而不给予刑罚处罚，日常生活中的违法通常指违反行政法规。例如，张某随车携带管制刀具，被某地警方在巡逻盘查过程中发现，虽然张某携带管制刀具未给社会及其他人员造成伤害，但其行为已触犯了法律，公安机关根据治安管理处罚法对其进行处罚。需要注意，违法指的是违反一切法律，包括作为根本法的宪法、全国人民代表大会及其常务委员会制定的法律、国务院制定的行政法规、某些地方国家机关制定的地方性法规以及民族自治地区人民代表大会制定的自治条例和单行条例等。

（2）犯罪行为　是违法行为中的特殊类型，是指触犯刑律且受到刑罚处罚的违法行为。犯罪行为是对社会安全、社会秩序危害性最大的越轨行为。例如，某物业管理有限公司垃圾压缩车驾驶员李某擅自将垃圾箱中的渗滤液倾倒在某区县道上，经检测，渗滤液中铬、铅、镉等多种重金属含量超过国家标准三倍以上，法院以污染环境罪判处被告人李某有期徒刑并处罚金。

2.违警行为　是指违反有关维护社会治安和公安秩序的规则、规定、条例的行为，如违反交通规则、不遵守公共秩序等。违警行为可能转为违法行为。例如，在某大型活动中，刘某插队、不服从管理，且袭击执勤民警，法院经审理宣判刘某犯袭警罪，判处有期徒刑六个月。刘某的插队行为原本是不遵守公共秩序的越轨行为，但随之转化为违法行为。

3.违规行为　是指不遵从社会大众的常规认识、道德、习俗等一般性社会规范的行为，是较为常见的越轨行为。违规行为通常不会对其他社会成员及社会秩序产生危害。例如，一些cosplay（利用服装、饰品、道具以及化妆等来扮演、模仿相关动漫作品、游戏或知名人物的角色）的爱好者穿着服装，离开他们通常聚集的展演区域而来到公众场合。

（二）按照越轨行为主体划分

1.个人越轨　是指单个社会个体违反社会规范或者群体规范的行为。例如，某单位规定，近期工作期间将召开某个重要活动，要求全体员工穿黑色西装参加活动，并明确了个人着装、仪表要求，刘某未按照要求，穿着红色运动服参加活动，即是一种个人越轨行为。

2.群体越轨　是指某一社会群体（如单位、企业、机构等）违反社会规范的行为。例如，某公司发现社会对观看电影的需求大，于是建立了在线网站播放未获授权的电影、视频，这就是一种群体越轨行为。

五、越轨的社会作用

越轨行为会对社会产生积极和消极的作用。对社会越轨行为，要具体事项具体分析，采取不同的社会控制措施。

（一）越轨的积极作用

社会规范既可以保障社会秩序的稳定运行，也可能会造成封闭保守。越轨行为可以打破原有的社会规范束缚，是推动社会发展的一种力量。例如，企业的结构、流程、制度等一方面是提升企业经营效益的保障；另一方面企业面临市场日益激烈的竞争，促使企业实施创新驱动战略以确保在行业、市场竞争中获得优势，原有的企业规范可能制约企业创新，因而一些企业鼓励员工、部门积极开展创新，主动越轨促进企业发展。

随着社会的发展，一些规范尚未明文规定或模糊不清，越轨行为可以推动社会明确行为规范。例如，在地铁等公共场合的扶手电梯，由于以往未明确乘坐规则，人员拥挤导致乘客发生争执、引发事故，一些地区开始在扶手电梯处注明"左行右立"，引导一般乘客站立在电梯右边，急需快速通过的乘客从左边通行，以减少事故、提升通行效率。

惩处越轨行为可以促使社会成员提高对社会规范的遵从度。例如，在参加考试中作弊的社会成员被取消成绩、取消学位、禁止一定期限内再次报考资格等，可以引导人们努力学习，提高知识技能水平；对未礼让行人通行的机动车予以扣分、罚款，可以引导机动车驾驶员注意避让行人，降低安全事故发生率。

（二）越轨的消极作用

一些越轨行为破坏现有的社会运行秩序、侵害其他社会成员的权益，对社会发展起到消极阻碍作用。消极性社会越轨行为未受到实质性惩罚、控制时，会弱化人们对社会规范的遵从度，影响社会运行。例如，一些较为知名的演艺人员吸毒被公安机关抓获，这些人员辩称因缓解释放压力、文艺创作需要或社交需要等吸食毒品，部分演艺人员的"粉丝"也通过不同形式追随、为其辩护，为避免影响社会大众吸毒，有关部门、行业组织采取措施禁止吸毒艺人复出。

六、社会越轨的理论分析

越轨行为的普遍性引起了众多学者的兴趣，生物学、心理学、社会学等学科学者都开展了丰富研究。生物学主要认为是个体生理结构中的某些特征导致了越轨，如意大利的"犯罪学之父"隆布罗索对犯罪人员开展研究后，提出了罪犯生理上具有的18项特征；也有学者研究发现，罪犯的内分泌缺陷和混乱是正常居民的2~3倍；而中国封建社会时期流传的相面术，也将一些人群的特征归结为容易犯罪。心理学的研究认为，"本我""自我""超我"之间的平衡是人格健全的基础，越轨是"本我""自我""超我"之间的平衡被破坏，缺乏控制的"本我"导致越轨。生物学和心理学的研究可以在一定的范围内解释社会成员个体的越轨行为，但面对普遍的社会越轨行为，却难以广泛地解释。社会学主要从社会环境、社会关系和社会结构、社会文化方面进行研究，对越轨的理论分析主要有社会失范理论、文化冲突理论、标签理论等。

（一）社会失范理论

社会失范理论的代表有法国社会学家涂尔干、美国社会学家默顿等。涂尔干首次提出失范的概念，他认为现代社会中的失范是由于社会从机械团结到有机团结的转型尚未完成，社会分工的发展快于这种分工所要求的道德基础，这样，社会的某些规范缺失就会导致社会失范。当社会发生急剧变迁时，新、旧社会行为规范存在模糊、空白之处，旧的社会行为规范被质疑、抛弃，新的社会行为规范尚未建立或尚未被广泛接受，导致社会成员无所适从，社会中的制度、规则对人们的控制力下降，导致社会越轨。例如，在推进重大改革时，由于改革前后的政策、制度等发生巨大变化，社会上出现各类越轨现象，改革开放初期，人们对观看国外电影、发型仪表、服装着装、知识分子经商等产生热烈的讨论，反映了转型时期的社会失范。

（二）文化冲突理论

社会的复杂性、多样性体现在文化的多元性，文化冲突理论强调社会越轨是不同文化之间引发的冲突造成的。塞林认为，文化冲突包含横向文化冲突和纵向文化冲突。横向文化冲突是在同一时空内，两种不同的文化准则对立产生冲突；纵向文化冲突是指随着文明的发展，不同时期的文化之间产生冲突。文化冲突为我们观察社会越轨提供了一个有价值的窗口。例如，有的地区将食用狗肉作为一种节日习俗，但另外一些人群则予以反对；一些欧美人群指责日本人不应该捕杀鲸、海豹等海洋生物，但日本人则指责对方不应该食用牛肉等。

（三）标签理论

标签理论认为任何行为本身都不属于越轨范畴，越轨者之所以被判定为越轨，是因为其行为被贴上了某种标签，从而产生真正的越轨行为。埃德文·雷梅特将越轨划分为初级越轨和再次越轨。初级越轨指社会成员偶尔违反社会规范的行为，并未对个人的心理形象和社会角色扮演发生持续的影响；再次越轨是社会成员再次违反社会规范的行为，被其他人标签为越轨者而且越轨者本人也这样接受了。标签理论关注的重点是社会成员、社会结构中谁具有标签的权力，社会控制者（社会权力的掌握者）有权将某些成员、某些行为定义为越轨并贴标签。该理论注意到，社会阶层中的上层是贴标签者，下层是被贴标签者，标签反映了社会不平等的特点。

七、犯罪行为的社会控制

犯罪行为是一种特殊、严重的越轨行为，犯罪行为违反了国家法律，对社会秩序、人们的安定生活造成影响。控制犯罪有利于保障社会制度稳定和社会正常运行。犯罪行为被心理学、生理学、刑法学、社会学等众多学科研究，本部分从社会学角度介绍关于犯罪行为及其控制的一些基本研究。

（一）犯罪的概念

犯罪一般是指违反了刑法的行为，《中华人民共和国刑法》（2020年12月26日修正，以下简称《刑法》）第三条规定"法律明文规定为犯罪行为的，依照法律定罪处刑；法律没有明文规定为犯罪行为的，不得定罪处刑。"第十三条规定"一切危害国家主权、领土完整和安全，分裂国家、颠覆人民民主专政的政权和推翻社会主义制度，破坏社会秩序和经济秩序，侵犯国有财产或者劳动群众集体所有的财产，侵犯公民私人所有的财产，侵犯公民的人身权利、民主权利和其他权利，以及其他危害社会的行为，依照法律应当受刑罚处罚的，都是犯罪，但是情节显著轻微危害不大的，不认为是犯罪。"

犯罪具有时代特点，在同一个国家，可能某一行为在以前属于犯罪，但现在不属于犯罪。例如，我国1979年刑法明确了投机倒把罪，1987年国务院有关部门发布《投机倒把行政处罚暂行条例》。随着市场经济的发展，投机倒把罪等罪名与我国经济社会发展脱节，社会广泛讨论投机倒把罪等罪名背后的相关行为及其性质，并对有关法律法规进行废止、修订。

犯罪具有地域特点，某一行为在一个国家是犯罪，在另外一个国家则不一定是犯罪。例如，在一些国家，男子可合法娶2个以上妻子，但在我国则犯重婚罪；一些国家允许种植、销售、食用大麻，但在我国则属于犯罪。

通常，犯罪具有三大特征，分别是社会危害性、刑事违法性和应受刑罚处罚性。在社会学研究的犯罪概念中，犯罪是违背社会规范最严重的越轨行为，犯罪行为一般会冲击社会运行秩序、给社会成员社会生活的正常开展带来影响。

（二）犯罪的特征

1.社会危害性　犯罪是危害社会正常运行的行为，犯罪行为会破坏社会的正常运行和影响人们的正常生活。社会危害性是犯罪的本质特征。例如，我国刑法规定的危害国家安全罪，危害公共安全罪，生产、销售伪劣商品罪，走私罪等。

2.刑事违法性　是犯罪的基本特征。例如，根据我国刑法规定的走私罪，具体规定为"走私武器、弹药、核材料或者伪造的货币的，处七年以上有期徒刑，并处罚金或者没收财产；情节特别严重的，处无期徒刑，并处没收财产；情节较轻的，处三年以上七年以下有期徒刑，并处罚金。走私国家禁止出口的文物、黄金、白银和其他贵重金属或者国家禁止进出口的珍贵动物及其制品的，处五年以上十年以下有期徒刑，并处罚金；情节特别严重的，处十年以上有期徒刑或者无期徒刑，并处没收财产；情节较轻的，处五年以下有期徒刑，并处罚金。走私珍稀植物及其制品等国家禁止进出口的其他货物、物品的，处五年以下有期徒刑或者拘役，并处或者单处罚金；情节严重的，处五年以上有期徒刑，并处罚金。单位犯本条规定之罪的，对单位判处罚金，并对其直接负责的主管人员和其他直接责任人员，依照本条各款的规定处罚。"

3.应受刑罚处罚性　即所有的犯罪行为都应受到刑事处罚，犯罪行为应承担刑事处罚的后果。在刑罚执行中存在的"不需要惩罚"，是指行为人的行为已经构成了犯罪，本应受刑罚惩罚，但考虑到具体情况，例如犯罪情节轻微，或者有自首、立功等表现，从而免予刑事处罚。免予刑事处罚说明，行为还是犯罪的，只是不给予行为人刑罚处罚。

（三）犯罪的影响因素

不同国家的法律对犯罪的类型定义不同，根据《刑法》，在我国，犯罪类型有：危害国家安全罪，危害公共安全罪，破坏社会主义市场经济秩序罪，侵犯公民人身权利、民主权利罪，侵犯财产罪，妨害社会管理秩序罪，危害国防利益罪，贪污贿赂罪，渎职罪，军人违反职责罪等。

由于社会的复杂性和犯罪类型的多样性、每次犯罪行为的独特性，单一的某种理论难以全面解释全部的犯罪行为。犯罪行为作为一种越轨行为，需要从社会生活多个角度深入研究分析。

1.个体心理因素　影响犯罪的个体心理因素包括如下。①抑郁：有学者对我国留守儿童的偏差行为研究发现，留守儿童的抑郁症状与其不良行为呈正相关，而留守儿童的抑郁症状与父母长期外出存在直接关系。②被歧视：人们感知到歧视会产生消极情绪，消极情绪增加人的反应性攻击。对缓刑人员的研究发现，歧视感知与未来犯罪危险性呈正相关，另外一些对刑满释放人员的研究也支持这个观点。③药物滥用：学者对强戒所内的在戒吸毒人员研究发现，药物滥用人员更容易犯毒品类犯罪。④错误判断：对我国酒驾醉驾人员的研究发现，男性醉驾者低估了乙醇对驾驶能力的负面影响，并判断自己被警察发现查获的可能性非常小。⑤低自控力：有学者研究发现，发生网络越轨行为的人，其自我控制度相对较低。个体心理因素对犯罪有一定的影响，但需要注意的是，个体心理因素与社会因素是密切相关的，例如留守儿童的越轨行为与家庭、社会经济运转模式密切相关。

2. 社会因素 ①亚文化：在一些地区，盗猎、走私、拐卖妇女、盗窃等并不被认为是犯罪，反而成为发家致富的行为。②家庭关系：父母离异因素、家庭氛围、父母受教育水平等显著影响青少年犯罪行为。研究发现，父母外出、母亲外出的留守儿童更容易被侵犯。③朋辈群体：研究发现，与不良同伴交往较多的青少年更容易犯罪，也更可能在互联网上欺凌他人。④情境：与犯罪相关度较高。研究发现，监控条件、社区绿地面积、文明水平、社区居民与犯罪率密切相关，监控条件较好、社区绿地面积大、文明水平高、社区居民互动率高的地区更能阻吓、降低犯罪行为；反之，环境设施破旧、脏乱差等环境中，犯罪行为更容易发生。

3. 政治经济因素 原始社会没有阶级、国家、法律，也就不存在犯罪的概念，各国刑法标定何种行为属于犯罪带有强烈的政治色彩。例如，我国幅员辽阔，为了加强民族团结，考虑到少数民族及其自治地区的特殊情况，《刑法》第九十条规定"民族自治地方不能全部适用本法规定的，可以由自治区或者省的人民代表大会根据当地民族的政治、经济、文化的特点和本法规定的基本原则，制定变通或者补充的规定，报请全国人民代表大会常务委员会批准施行。"因此，一些行为在某些地区属于犯罪，但在某些地区因其独特的生产、生活习俗而不属于犯罪。

犯罪行为与治理体系和治理能力密切相关。例如，香港"警廉冲突"之前的一段时间，被拍摄成众多电影、电视剧，警匪勾结、腐败贿赂等为社会大众诟病；2018年以来，我国在全国范围内开展为期三年的扫黑除恶专项斗争，针对黑恶势力背后的保护伞，最高人民法院扫黑办指导全国法院建立健全"两个一律""一案三查"、线索双向移送和反馈等工作机制，深挖彻查违法犯罪线索，推动开展排查整治，对涉黑恶公职人员依法从严惩处。

市场经济的发展使金钱在社会生活中发挥重要的作用，导致部分群体将金钱作为唯一的评价标准，只要能够获取物质财富，不论何种违法犯罪方式都会被一些社会成员尝试。随着社会经济的发展变化，传统的盗窃、抢夺等暴力犯罪呈减少趋势，使用网络空间或运用网络实施新型网络犯罪如诈骗、赌博、传播淫秽物品、侵犯公民个人信息、帮助信息网络犯罪活动等则呈现增长趋势，犯罪类型和手段不断迭代更新。

4. 道德因素 随着经济社会的快速发展，原有的道德观念在社会发展中逐步"落伍"，新的道德观念在重新酝酿、形成，社会的道德准则趋于离散，一些群体或个人失去了道德的约束，以快速获得物质享受为目标，在金钱或社会的压力下越轨，甚至破坏法律秩序，道德观念的变化为越轨、犯罪行为提供了改变基础。另一方面，社会大众对犯罪等越轨行为的道德感知也在不断变化，一些争议案件引发社会大众对越轨、犯罪的因素和边界进行讨论，为重新确立符合社会大众期望的规范、保障社会稳定发展提供了道德支持。

（四）犯罪的社会控制

犯罪的成因多样，从社会学的角度分析犯罪的社会控制，预防犯罪、避免犯罪再次发生，可以改善环境，消除或降低犯罪的诱因。

1.预防犯罪　需要通过政治、经济、社会、教育等多个维度系统实施控制政策，通过改善社会因素来影响社会环境，消除犯罪产生的社会土壤，降低犯罪发生概率。从社会学的角度分析，预防犯罪包含社会预防、家庭预防、社区预防。社会预防包含：①提高社会大众的道德素养，让社会成员可以提供自身的控制力，避免因法治漏洞而犯罪；②健全法律法规，由于法律具有一定的滞后性，且法律的惩罚具有事后性的特点，不一定能够完全预防犯罪；③公正执法，加强法制宣传教育，强化法律的威信，避免执法不公导致犯罪；④完善各类社会政策，加强社会福利供给。家庭预防包含：①营造和谐的家庭关系和家庭氛围；②积极解决家庭矛盾；③传递积极价值观，促进父母与子女的良好沟通；④支持离异、重组家庭建立和谐、关爱的家庭。社区预防包含：①推进社区居民形成守望相助的社区；②改善社区规划；③更新社区基础设施；④建设优良的社区文化。

2.避免再次犯罪　犯罪者的受歧视（污名化）是犯罪人员获释后回归社会正常生活面临的最直接的问题之一，也是影响犯罪者能否顺利重返社会的最大因素。犯罪者释放后，其所在的社区、社会关系网络如带着犯罪标签对待犯罪者，不提供就业机会、接纳融入等，则犯罪者有更高的概率再次犯罪。为避免再次犯罪，可以：①建立健全就业、住房、教育、社会福利机构、社会组织之间的合作机制；②给予困弱者帮扶，避免其陷入贫困状态；③防止犯罪者受歧视，加强宣传以引导社会接纳；④帮助融入社区关系，提高就业、职业能力；⑤提供就业机会；⑥加强社会组织建设。

八、其他越轨行为的社会控制

我国当前仍然处于社会转型发展时期，经济体制从传统管制型的计划经济向自由竞争、优胜劣汰的社会主义市场经济转变，在这个过程中，社会结构发生了巨大变化，且这个过程仍在持续进行。针对越轨行为的不同类型，社会控制措施可以减轻越轨行为带来的负面性影响，保障社会稳定，促进社会和谐发展。

（一）健全社会政策，促进社会转型

社会转型是社会结构发生变迁并重组的过程，伴随着社会制度、规范的革新，产生了大量的越轨行为。越轨行为是社会转型的必然。推动社会转型应维持必要的社会秩序，需要在推进改革进程中尽量减少社会解组。社会转型引起不同利益群体的分化，对在转型过程中的利益受损群体，应从保障社会公正、维持社会秩序角度，制定社会政策以补偿利益受损群体、弱势群体。

（二）建立社会预警系统

社会预警系统是针对社会状况、社会问题、社会矛盾建立的指标体系及跟踪监测、分析、建议系统，发现社会重大问题、安全隐患，配合社会应急处置系统做出反应决策，降低社会运行风险。例如，一些国家采用移动目标感知技术、大数据、人工智能等开展社会治安预警。

（三）强化法治建设

法制作为一种特殊的社会规范，是维护社会稳定运行的重要基础，我国已经形成并不断完善以宪法核心，以宪法相关法、民法商法、经济法、行政法、社会法、刑法、诉讼和非诉讼程序法等法律为主干，由法律、行政法规、地方性法规等多个层次的法律规范构成的中国特色社会主义法律体系。由于社会转型的特殊情境，法治建设不仅与法制有关，更与司法、执法密切相关，为降低越轨行为对社会的负面影响，应在以国家强制力为基础的法治建设基础上，发展道德、民俗、社会团体规范，推进非强制的沟通、协商等。

第三节　聚众行为的社会控制

在各国，由于群体的聚众行为导致发生众多惨案，一些聚众行为冲击社会秩序导致国家发生重大变革。聚众行为成为各国社会密切关注的议题。

一、聚众行为的特点

聚众行为（crowd behavior）也称为群体行为，是指一定数量的人员自发组织的共同活动，聚众行为通常具有以下特征：

1.**自发性**　聚众行为不是政府部门、企业及社会组织、社会团体等有组织、有策划的活动，而是一群无组织的人基于某种动机采取的无组织、无计划的活动。例如，一些快闪活动背后是特定的团体提前组织策划，不属于聚众行为；在某地，一名醉酒人员闯入机动车道肆意阻拦车辆、挑衅过往行人，引发司机、行人集体对其采取行动，这种集体性的行为是现场人员临时激情决定，无组织、无计划。

2.**情绪性**　参加者在聚众过程中情绪往往兴奋甚至处于狂热状态，难以控制自己的行为。例如，一些大型足球比赛现场，全场观众突然集体行动掀起人浪，或者对赛场内的精彩瞬间、裁判判罚等做出群体反应。

3.**传染性**　聚众行为的参加者会迅速接受其他参加者发出的信息并做出反应、传递，相信信息的真实性不容置疑。例如，我国一些群众受"非典"、日本核泄漏等事件中的谣言蛊惑，抢购食盐、板蓝根等。

4.临时性 聚众行为在时间上往往较为短暂、突发，参加者在强烈的情绪下参与，通常在情绪宣泄后结束，或转化为有组织的行动。例如，一些学校在毕业季流行"喊楼"，早期的"喊楼"兴起只是学生群体临时起意，而一些学校的学生组织则将这种临时性的行为转化为"传统"。

5.去个性化 参与者在聚众行为中隐匿自己的个性，屈从于群体的压力、意识，人人处于匿名状态，往往导致"法不责众"。例如，一些国家的游行、集会在后期往往演变为抢劫、骚乱。

互联网及新媒体的快速发展，QQ、微信等社交媒体为聚众行为向组织化发展提供了技术支持，自发性、临时性的聚众行为向常规性、持久性转化，聚众行为在新时期出现了一些新的变化。

二、聚众行为的理论分析

勒庞（Le Bon）认为，个体一旦参与到群体之中，由于匿名、模仿、感染、暗示、顺从等心理因素的作用，个体就会丧失理性和责任感，表现出冲动而具有攻击性等过激行为。勒庞认为聚众行为的特点有：①匿名性，聚众人群呈现个人匿名使得个人责任下降；②传染性，信息和思想在群体中快速传播；③暗示性，在人群中，个体心理服从于一种"集体心理"，它从根本上改变了个体的行为。

威廉·麦独孤（William McDougall）研究发现，聚众行为中有两个重要的现象：①个人在群体中，情绪得到强化；②个人在群体中，智力水平会降低。麦独孤观察到在聚众行为中，同样情绪的人越多，则传染性就越大，集体情绪因相互作用而得到强化；在集体情绪的影响下，个人失去了批评、反对的力量和智力。

三、聚众行为的进程

聚众行为的发生一般包括如下过程。

（一）刺激与互动

在场人群（包括使用互联网在网络上的群组）被共同感兴趣的问题和事件吸引，互动、传递信息，并做出情绪性、非理智性的反应。

（二）情绪强化

在人群密集场合、互联网群组等中，参与人员情绪相互感染，个人情绪与他人情绪共振、引发连锁反应，在个人、群体间不断循环反馈、增强。

（三）集体冲动

在聚众行为中，参与者相互影响，参与者集体突破社会行为规范及个人自我控制。例如，在某些社会泄愤的群体性事件中，与事件无关的商店、设施被砸抢；在一些地区发生山火后，市民自发驾驶摩托车、汽车等参与救援，引起更多市民产生共鸣、参与救援。

四、负面性的聚众行为

（一）社会恐慌

明清时期，我国太湖流域一带的江南地区多次发生妖术恐慌事件，引起底层社会民众的恐慌，进而影响了社会秩序；在传染性疾病暴发时，一些人散发不实信息导致药物脱销、抢购，也是恐慌的表现。恐慌是指在社会危机状态下，人们面对现实的或想象的威胁做出的不合作或不合理的心理与行为反应。引发社会群体恐慌的原因是复杂、多样的，包括：①主流媒体不能有效报道；②社会成员无知或对获取信息不当判断、未思考判断并产生过敏性反应；③流言耸人听闻并关系着个人直接利益；④激活了对以往历史记忆的不恰当反应。社会恐慌最重要的特征是不合作性和不合理性。不合作指人们在恐慌状态中的行为打破了相互合作的社会关系，并使得情境加剧对成员的威胁，群体的目标与行为将南辕北辙。例如，在一些交通要道，当发生拥堵时，如果每个驾驶司机都期望自己最快速地通过，通常导致在场的车辆堵在一起无法通行。

（二）社会骚乱

聚众行为发生后，参与群体在聚集过程中的行为、情绪在不断增强，在相互影响下，形成暴力、破坏性的集体行动，就是骚乱。骚乱缺乏明确的诉求、目标和组织，表现为无明确诉求。骚乱参与者与事件本身不一定有直接利益关系，或参与者本身没有直接的利益诉求，但参与者为借机宣泄长期积累下的个人不满情绪，在聚众情境中将个别事件或微小矛盾纠纷发酵成大规模的社会冲突。

五、聚众行为的诱因

总体而言，当前社会引发聚众行为的因素主要有以下几个方面。

（一）社会不公平感

社会不公平感是引发聚众行为的根本因素，例如美国白人警察殴打黑人引发的聚众行为。我国在深化改革的过程中，对利益分配的调整必然影响各个社会群体、社会阶层对社会公平的认知变化，从纵向看，我国经济、社会发展取得显著成绩，人民生活水平不断提升；但从横向对比看，一些人仍然会感到自己落后于社会、落后于他人，产生剥夺感、失落感及负面情绪。例如，我国贫富差距和财富分配的差距引发部分群体的社会不公平感，当人们认为某些不公平的事没有得到正式纠正、处置时，可能尝试通过聚众行为解决、宣泄情绪。

（二）社会公信力下降

人们长期积累的社会不公平感并不会一致性同时爆发，不同群体、个体的负面情绪也不会同时宣泄，当遇到与负面情绪相契合的事件时，就会迅速聚集人群宣泄长期积累的负面情绪。聚众行为针对的目标是实施社会控制的基层政府、基层官员或有关的掌权者，背后的原因在于一些基层政府、基层官员、相关组织漠视甚至侵犯群众利益；一些地区基层政府"见利就争，见责就让"，在公共产品与公共服务方面供给不力、区别对待均等化供给，影响人们对政府合法性和合理性的认同，降低了社会大众对政府的信任。

（三）社会控制力薄弱

在社会变迁的过程中，原有的旧控制体系、控制力量瓦解，新的控制模式、控制体系逐步形成，社会存在治理真空区域。我国社会变迁过程中，面向社会大众的基层治理力量需要社会组织、社会力量参与，以弥补正式的政府控制力量的不足。但在实际过程中，一些宗教性组织及宗族、有组织团体等形成黑恶势力、灰色力量，或合法的行业组织、基层组织异化、扩大自身控制力量，侵夺国家的控制力量，侵犯社会大众的合法利益。例如，一些非法的拉面协会、馒头协会向相关从业人员收取费用、垄断性提升物价，一些邪教蛊惑群众开展非法活动。

（四）价值观念冲突

快速的社会变迁导致人们形成不同的群体，产生不同的行为规范和生活方式，这些行为规范和生活方式在不同群体间可能会产生价值、规范之间的冲突。例如，一些"宠物爱好者及动物保护者"追踪动物贩卖，要求当地政府禁止食用狗肉，而当地餐饮企业及民众则要求尊重自己的风俗习惯；欧美一些群体指责日本捕鲸并开展行动，而日本人则指责他们食用牛肉。在网络上，一些争议性话题带动人们在网络上激烈争论，不同观点、立场的群体通过互联网进行"论战"。

（五）突发事件

当地震、海啸等突发事件发生时，社会大众因缺乏应对经验、规则等而难以应对，引发人群聚集、恐慌等。境内外敌对势力利用个别事件煽动、操纵，挑拨是非，加剧矛盾冲突，在人权、宗教、民族等问题上试图激化矛盾。

六、聚众行为的控制

没有一个社会系统是完美无瑕的，包括聚众行为在内的社会冲突是社会常态。聚众行为是任何社会形态中都会发生的一种社会现象，引导聚众行为发挥积极作用、减少聚众行为的负面性影响是保障社会稳定运行的重要研究议题。

（一）客观辩证分析聚众行为

引发聚众行为有不同的原因，对社会的作用不同，聚众行为通常存在从小到大的变化过程，是社会矛盾从量变到质变转化过程中的突然性暴发。聚众行为释放社会成员积聚的不满情绪，是社会对官僚主义、社会治理薄弱点的反应。通过客观分析聚众行为，社会可在新的基础上做出调适，构建更加稳定、和谐的社会关系。

（二）增强社会公平感

建立更加公平合理的利益协调机制，保障各个群体特别是弱势群体谈判权、表达权、知情权，降低社会矛盾的共振效应。提升民生需求服务水平，围绕社会大众关注的医疗、治安、教育、住房等切身利益，加强公共服务供给，降低民生负担。

（三）加强社会大众参与

畅通民意表达渠道，强化民主协商。加强社会组织建设，增强社会成员的社会参与，发挥社会组织在国家与公民之间的矛盾缓冲器功能，增强社会应对聚众行为的韧性。

（四）提升控制能力

强化聚众行为预警机制建设，提升政府现场应急处置能力建设，善用柔性手段处理矛盾冲突和破坏性行为，强化信息公开，及时准确发布舆情信息，争取大众理解、支持，避免谣言误导产生社会恐慌。

岗位情景模拟

近日，一些家长向学校反映自己的小孩（中学生）变化很大，不想上学的情绪严重，有些人和校外的不良群体交往。该中学通过对学生、家长开展调查发现：一些学生存在厌学、逃学情绪，有的学生还有轻微自残等自我伤害行为，有的学生交往了一些社会不良青年等，有的家长在管教时较为简单粗暴而出现冲突，家庭关系日渐紧张。

讨论： 请结合本章有关知识，分析这些学生的行为并针对采取的措施给出建议。

参考答案

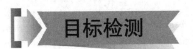

重点回顾

参考答案

重点回顾

目标检测

一、单项选择题

1.下列不属于社会控制中的正式控制的是（　　）。

A.军队　　　　　　　　　　　　B.法院

C.监狱　　　　　　　　　　　　D.风俗

2.近年来某单位运营收益逐年提升，取得了良好的经营效益，为鼓励单位员工继续努力工作，单位决定对年度考核优秀员工进行专题报道。这种方式称为（　　）。

A.正式控制　　　　　　　　　　B.非正式控制

C.积极控制　　　　　　　　　　D.消极控制

3.针对窗口服务不排队、随意插队而引发众多纠纷的现象，某地政府部门就窗口服务发布规范，要求有关公共服务必须设立一米线，安排专门人员引导排队、维护文明秩序。这种控制属于（　　）。

A.文化控制　　　　　　　　　　B.制度控制

C.非正式控制　　　　　　　　　D.习俗控制

二、思考题

1.请根据你所在地区的实际，举例说明家庭或社区中生活习俗的规范作用。

2.请查阅资料，从家庭的角度分析预防犯罪。

3.请结合查处非法社会组织的案例，分析聚众行为的应对策略。

参考文献

［1］马克思恩格斯文集（第1卷）［M］.北京：人民出版社，2009.

［2］马克思恩格斯全集（第42卷）［M］.2版.北京：人民出版社，2016.

［3］郑杭生.社会学概论新修［M］.5版.北京：中国人民大学出版社，2019.

［4］《社会学概论》编写组.社会学概论［M］.2版.北京：人民出版社，2020.

［5］孙立平.社会学导论［M］.5版.北京：首都经济贸易大学出版社，2020.

［6］向德平，华汛子.中国社区建设的历程、演进与展望［J］.当代中国史研究，2019，26（04）：152.

［7］王思斌.社会学教程［M］.5版.北京：北京大学出版社，2021.

［8］孙喜林，赵艳辉.管理心理学：理论、应用与案例［M］.北京：人民邮电出版社，2018.

［9］胡俊生.社会学教程新编［M］.2版.武汉：武汉大学出版社，2016.

［10］吴增基，吴鹏森，苏振芳.现代社会学［M］.5版.上海：上海人民出版社，2014.

［11］潘允康.婚姻家庭社会学［M］.北京：北京大学出版社，2018.

［12］尹保华.社会学概论［M］.北京：知识产权出版社，2018.

［13］黄源协.社会工作管理［M］.上海：华东理工大学出版社，2018.

［14］边燕杰，陈皆明.社会学概论［M］.北京：高等教育出版社，2013.

［15］吴铎，文军.社会学［M］.2版.北京：高等教育出版社，2011.

［16］宁鸿，田芳芳.社会学［M］.沈阳：辽宁大学出版社，2016.